삼세번
"한 평생 누구에게나 세 번의 기적이 있다"

삼세번

"한 평생 누구에게나 세 번의 기적이 있다"

다니엘 최 지음

행복우물

"깜깜한 밤길을
        걷고 있는 사람들에게."

차례

제1부
다니엘의 첫 번째 기적

(1) 어린 시절의 추억 ············ 15

엄마 등에 업혀서 / 꼬맹이 산타클로스 /
기와집 공부자의 과수원 / 1번 국도 신작로와 평화건설 /
국민학교 입학하다 / 자지에 반지를 낀 미군 /
우윳가루 배급과 강아지 / 눈이 오면 우리 형제는 썰매를 메고 논으로 /
종달새를 키우다 / 가을운동회와 전교생 대항 기마전 /
미꾸라지 퍼내기와 산토끼 잡기

(2) 엄마의 자식 사랑, 그리고 아버지와의 추억 ············ 35

아, 엄마, 우리 엄마 / 때까치와 오줌싸개의 싸움 /
사촌형의 앙꼬빵, 그리고 엄마의 죽음 / 아부지, 사친회비 줘유 /
하마터면 유복자가 될 뻔한 이야기 / 동탄면의 천하장사 /
보리밭, 여치, 그리고 문둥이 / 겨울이면 연 날리고 /
제기차기, 다마놀이, 딱지치기, 가이생, 좃박기, 굴렁쇠 굴리기

(3) **새엄마가 들어오다** ············ 54

나 온도계 훔쳐가지 않았어요 / 새엄마, 그리고 딸과 아들 /
끝없는 방황, 고모네 집 / 또 가출, 장동희네 집에서의 이틀 /
새엄마네 식구와의 이별

(4) **서울 금호동 생활 시작되다** ············ 64

금호동 나룻배와 샛강, 그리고 아이스케키 장사 /
당인리와 물 길어 나른 이야기 / 은방에 취직하다 / 바지에 똥을 싸다 /
나에게 아주 잘해주셨던 공장장 아저씨 / 중학교 1년 과정을 6개월
속성으로 / 동북중학교를 갈 수 있었는데 / 기술자 아저씨 돌아가시다

(5) **전축 케이스 공장, 그리고 전축과의 인연** ············ 82

전국에 불어닥친 전축 열풍 / 호카이카 공장에서의 에피소드 /
영등포역 앞 창녀촌의 전축 공장 / 그 많던 극장은 다 어디로 갔을까? /
마침내 우리 가게를 오픈하다 / 나는 판매사원 & 수금사원 & 수리기사 /
버스 안내양의 비애: "나는 코 풀러 간다"

(6) **첫 번째 기적 이루어지다** ············ 96

어느 날 갑자기 고등학교 3학년 학생이 되다 / 군대 신체검사와 입영 영장 /
예비고사에 합격하다 / 중앙대학교 무역학과에 합격하다

제2부

다니엘의 두 번째 기적

(7) 군대 생활 35개월(1971년 3월~1974년 1월) ·········· 107

보병 제1사단 의무중대, 빠따 맞은 기억 밖에는 / 1971년 6월 장단반도 무장 공비 침투 사건 / 어느 여고생의 안타까운 죽음 / 전차 중대에서의 사고 수습 / 포경수술 해주고, 그 돈으로 술 먹고

(8) 도약의 준비기간: 중앙대학교 시절 ·········· 118

이대 영문과 학생들과의 미팅 / "무역학과는 영어만 잘하면 돼." / 무역사 자격증과 무역영어 검정시험 / 녹음기를 들고 파주 용주골로 / 노량진 니나노 집의 추억 / 현대종합상사에 합격하다

(9) 현대그룹 시절(1978년 1월~1981년 9월) ·········· 131

정주영 회장님과의 어색한 만남 / 첫 오더를 받다 / 회사에서 아내를 만난 이야기 / 현대자동차 수출관리부 중동지역 담당 / 첫 번째 해외 출장 / 특명, 리비아 시장을 뚫어라! / 두 번째 출장 / 남이섬의 추억 / 세 번째 출장 / 아내와의 결혼 / 네 번째 출장 / 강남 영동영업소 연체 담당으로 발령나다

(10) 진흥기업 사우디 육사(KAMA) 건설 현장
　　　(1981년 10월~1986년 9월) ············ 165

영동 AID차관아파트, 내 인생에서 제일 행복했던 시절 / 영어 잘하는
사람 두 명을 보내주세요 / 사우디 5년 시작되다 / 현장 생활의
이모저모 / 첫 번째 휴가 / 외국 근로자들의 패싸움과 사우디 공권력 /
클레임 업무 / 한 친구의 참으로 이상한 휴가 / 필리핀 근로자들과 한국
현장소장 부인 / 클레임 성공하고 귀국하다 / 미국과 영국 관광

(11) 미국법인 레지스가드 한국지사(1986년 10월~1991년 9월) ············ 195

미국계 바잉오피스에 입사하다 / 불자동차 포니 엑셀을 몰고 전국을
씽씽~ / Big Mouth Ms. Susan McKenna / Spring Import Fair 1987 /
1987년 9월, 나는 인민재판을 보았다 / 뇌물은 사람을 망친다 /
미국 어느 장로님의 환대 / 미국은 살 만한 나라인가? /
보스턴 공항에서 대만 여자 담당자와 싸운 이야기 /
"아니, 부장 진급했는데 왜 그만둬요?"

(12) 세종대학교 계열 세종서적(1991년 12월~2006년 9월) ············ 229

나쁜 일은 꼭 겹쳐서 찾아온다 / 세종호텔의 신규사업팀 책임자로
들어가다 / 시장조사, 사업계획서 통과, 그리고 본격적인 사업착수 /
외국서적 사업 호황을 누리다 / 큰 조직의 리더는 무언가 다르다 /
좋은 친구는 먼저 떠나고 / 세종서적주식회사로 독립하다 /
영국 출판조합으로부터 초청받다 / 아, 1997년 12월 IMF 외환위기 /
세종서적, 이제는 출판사업부가 먹여살린다

제3부
다니엘의 세 번째 기적

***(13)* 도서출판 행복우물**(2006년 10월~현재) ·········· 261

학내 분규, 관선이사 파견, 그리고 강제 퇴사 /
강제퇴직의 충격, "그래, 넘어진 김에 쉬었다 가자." /
건설회사에 취직 되었다가 취소된 이야기 /
나의 첫 책 〈박정희 다시 태어나다〉 / 가평으로 이사하다 /
내 사랑 야옹이 / 노벨문학상의 역설 / 조금씩 나아지기 시작한다 /
세번째 기적이 일어났다

제4부
다니엘의 7030 처세 성공법

***(14)* 다니엘의 운칠기삼론**(運七機三論) ·········· 287

사람의 운명은 태어나면서 70%가 결정된다 /
30%가 더 중요하다: 노력과 끈기 / 호기심이 중요하다(Curiosity to Know) /
수불석권(手不釋卷): 독서로 간접경험의 폭을 넓힌다 /
1만 시간의 법칙: 한 우물을 파야 성공한다 / 목표가 있는 사람은
쓰러지지 않는다 / 남을 지적하거나 비난하지 말라 /
고난을 이기는 힘: 가족-건강-믿음

(15) 하나님 – 예수 그리스도, 어떻게 믿을 것인가? ·········· 309

내가 기독교를 믿게 된 과정 / 성경과 예수 그리스도를 부정하는
사람들 / 예수를 믿으면 수명이 5년 연장된다 /
나는 이런 이유로 예수를 믿는다 / 내 믿음의 전성기: 예닮교회
청년부장 5년 / 교회만 열심히 나가도 인생의 절반은 성공한다 /
새벽기도의 효과

(16) 나는 100살까지 살기로 했다 ·········· 328

닦고, 조이고, 기름치자 / 섭생: 어떻게 먹어야 하나? /
술은 좋은가? 나쁜가? / 체중 조절: 배가 나오는 것은 죄악이다 /
운전: 70년 무사고가 목표다 / 대인관계, 어떻게 해야 할까? /
잠을 잘 잔다 / 착하게 살려고 노력한다 / 좋은 음악을 듣는다 /
어린아이처럼 생각하고 행동한다

책을 마치며 ·········· 349

희망, 희망, 희망만이 살 길이다

제1부

다니엘의 첫 번째 기적

(1) 어린 시절의 추억

엄마 등에 업혀서

어느 겨울날이었던 걸로 기억한다. 내가 엄마 등에 업혀서 시골 논길을 가고 있었다. 옆에 아버지는 지게에 무슨 짐인가를 지고 계셨다. 겨울이었는데 동탄면의 산척저수지가 있던 배마루라는 동네에서 평택군 진위면의 갈곶리 집까지 가는 길이었다. 나중에 알고 보니 20리(8km) 정도 되는 상당히 먼 거리였다.

아! 그때 엄마는 얼마나 힘드셨을까? 한겨울에 등에는 나를 업고 머리에는 짐 보따리를 이고, 아마 한 손에는 또 다른 무엇인가를 들고 가시지 않았을까? 그렇게 업고, 이고, 들고 겨울 칼바람이 몰아치는 시골 논길을 하염없이 걸어야 했던 엄마. 지금처럼 따뜻한 오리털 방한복이 있던 때도 아니었으니 오죽했을까 싶다. 길도 지금처럼 평평하고 곧은 것도 아니었다. 양쪽의 논 옆으로 겨우 한 사람이 다닐 수 있을 정도로 좁은 논둑길이었다. 지금도 눈을 감으면 벼를 벤 흔적들과 얼음이 꽁꽁 얼어 있었던 겨울 논 풍경이 눈에 선하다.

그 길이 참으로 멀다고 느낀 것은 그로부터 한참 후, 내가 아홉 살 때 엄마가 돌아가셔서 울면서 상여를 따라간 기억 때문이다. 지금 같으면 화장을 해서 영구차에 싣고 유족도 함께 타고 가기 마련이지만, 1958년 당시 이동 수단이라고는 거의 다가 도보요, 아니면 가끔 우마차가 있었을 뿐이었다.

네 살 즈음의 어느 여름날이었는데, 나는 발가벗겨져서 집 뒤에서 놀고 있었다. 당시 시골에서는 흔히 아이들을 발가벗겨서 키웠다. 옷이 없기도 했고 흙투성이로 놀아대는 어린아이들의 옷을 빨아 줄 시간적 경제적 여유도 없었기 때문이리라. 우리 집 뒤에 조그마한 웅덩이가 있었다. 어디서 난 것인지는 몰라도 우리 집에는 드럼통을 반으로 자른 커다란 통이 있었다. 아마도 인근 미군 부대에서 얻어온 것이 아닌가 싶다. 겨울에는 그것으로 목욕물을 데우기도 했고, 여름이면 집 뒤의 웅덩이에서 물놀이용 보트로 쓰기도 했다.

나는 위로 누나가 하나, 형이 둘 있었는데, 형들은 여름이면 나를 그 보트에 태워서 물놀이를 시켜주곤 했다. 그런데 하루는 나 혼자 마당에서 놀고 있는데 저쪽에서 수탉 한 마리가 나를 보더니 쏜살같이 달려오는 게 아닌가. 그러더니 놈은 발가벗은 내 몸을 사정없이 쪼았다. 나의 자지러지는 비명을 듣고 물놀이를 하고 있던 형들이 뛰어와서 구해주었다. 그래서 지금도 나는 수탉을 보면 무서운 생각이 든다.

당시는 어느 집이나 할 것 없이 집에서 돼지, 닭, 오리, 토끼를 키웠는데, 나도 토끼풀을 뜯어다 토끼장에 넣어주고 돼지우리도 치우며 집안일을 거들었다. 클로버라는 이름으로 불리는 토끼풀은 토끼들이 제일 좋아하는 먹이다. 닭은 미꾸라지를 제일 좋아한다. 당시는 농약이란 것이 아예 없던 때였기에 집 근처의 웅덩이나 개울에만 가면 미꾸라지가 많이 있었다. 그걸 잡아다가 마당에 뿌리면 닭들이 콕콕 쪼아서 얼마나 잘 먹던지, 옆에서 그런 광경을 보는 것 또한 큰 즐거움이었다.

꼬맹이 산타클로스

내가 살던 갈곶리는 50여 호가 도로를 사이에 두고 나뉘어 있었다. 아, 갈곶리라는 지명을 설명해야 하겠다. 그 옛날에는 갈곶리까지 서해의 바닷물이 들어왔단다. 그래서 갈곶리이다. 포항의 호미곶이나 황해도의 장산곶과 비슷한 개념이다.

어느 해인가는 집에서 시루떡을 했다. 엄마는 작은형과 나를 불러 몇몇 이웃집에 돌리라고 심부름을 시켰다. 열다섯 살 위인 누나가 고등학교 교복을 입고 다닐 때였으니까 나는 네 살이고 작은형은 일곱 살이었을 것이다.

그날은 눈이 하얗게 쌓였다. 작은형과 나는 밤늦게 밖에 나가서 놀지 못하는 것이 불만이었는데, 그런 호재를 만났으니 그야말로 신이 났다. 형은 곧 꾀를 내어 썰매에 떡을 싣고 돌아다니자고 했다. 나는 떡을 끌어안은 채로 썰매에 앉고 형은 앞에서 새끼줄에 묶은 썰매를 끌고 하면서 동네를 돌아다녔던 기억이 난다. 우리들은 한마디로 꼬맹이 산타클로스였던 셈이다. 그때의 기억은 70년이 지난 지금도 여전히 아름다운 추억의 한 장면으로 남아 있다.

또 기억에 남는 것은 밤이면 밤마다 동네를 도는 야경꾼이다. 왜 야경을 돌았는지는 잘 모르겠다. 형들의 말로는 도둑을 막기 위해서라고 했는데, 어쨌든 밤이면 온 동네를 돌아다니는 야경꾼들의 북소리와 딱딱이 소리에 무서워 몸을 떨다가 잠이 들곤 했다. 야경꾼보다 더 무서운 순사도 있었다. 엄마는 내가 늦게까지 잠을 안 잘라치면, "떠들면 순사가 잡아간다."는 말로 나에게 겁을 주셨다. 일제의 치하에서 해방된 지가 불과 10년도 되지 않던 시절이었기에 곳곳에 일본 통치 시기의 흔적이 남아 있던 때였다. 그래서 순사라는 호칭도 '순경'으로 바뀌었지만 여전히 우리들은 경찰을 무서워했다. 지금도 기억나는 일은, 순경들이 가끔 동네를 순찰하면서 술을 몰래 담가먹는 집이 있는지를 감시하던 일이다. 또 산에서 나무를 함부로 잘라와도 경찰에게 잡혀가곤 했다.

기와집 공부자의 과수원

비가 억수같이 오고 바람이 부는 날이면 나는 친구들과 부리나케 기차길 옆에 있는 과수원 밑으로 달려갔다. 과수원의 철조망 아래 도랑에서 쪼그리고 앉아 있다 보면 비바람에 떨어진 사과가 둥둥 떠내려오기 때문이었다. 우리들은 그것들을 주워서 그 자리에서 먹기도 하고, 운이 좋으면 몇 개는 집으로 가져오기도 했다. 그런데 어찌 알았는지 하루는 과수원지기가 숨어서 우리들을 기다리고 있었다. 그날 우리들은 사과도 못 건져 오고 흠씬 두들겨 맞고 돌아왔다. 그 과수원은 마을에 하나밖에 없는 기와집에 사는 공부자의 소유라고 했다.

그때는 어른이 때리면 어린아이는 당연히 맞는 걸로 생각했다. 그런데 한참 세월이 흐른 뒤에 곰곰이 생각해 보니 우리가 무엇을 잘못했나 하는 생각이 들면서 그때 괜히 매를 맞았다는 억울한 생각이 들었다. 비바람에 떨어진 사과는 우리들이 줍지 않으면 냇가로 떠내려가서 결국은 썩어질 것이 아닌가? 그것을 좀 주워왔기로 과수원에 우리가 무슨 피해를 준 것도 아니지 않은가?

2020년에 고향 동네를 차근하게 돌아 볼 기회가 있었다. 10여 년 전에 부모님의 산소를 진위면 산업단지 인근의 전주 최씨 종중 산에 새롭게 조성하여 모셨는데 그곳을 참배하며 옛 고향 동네를 둘러보게 된 것이었다. 마침 그때 큰 형님의 친구가 여전히 그곳에 살고 계셔서 우리가 살던 동네를 자세한 설명을 하며 데리고 다니셨다. 온 동네가 다 아파트 단지로 탈바꿈해 있었지만, 놀랍게도 그 기와집만큼은 여전히 마을 한복판에 그대로 보존되어 있었다. 마치 서울에서 북촌 한옥마을을 둘러보는 느낌이랄까? 물론 기와나 담장은 퇴락해 있었지만, 집이나 담은 옛 모양 그대로였다.

옛날 어른들은 왜 좀 더 마음이 너그럽지 못했을까? 그랬더라면 어린아이들의 마음에 상처를 주지 않아도 되었을 것을.

1번 국도 신작로와 평화건설

내가 일곱 살 때, 갈곶리의 정 중앙에 새로 집을 지었다. 비록 흙벽돌로 지은 초가집이었지만, 앞마당도 있고 뒤에는 너른 텃밭도 있었다. 새집은 먼저 살던 방 한 칸짜리 집에 비하면 그야말로 대궐이었다. 어린 나의 가슴을 더 뿌듯하게 한 것은, 새집이 바로 마을 한복판에 있다는 사실이다. 먼저 살던 작은 집은 갈곶리의 동북쪽 맨 끝자락 산밑에 있어서 밤이면 더욱 무서웠다.

갈곶리에서 청호리(현재의 오산시 청호동) 쪽으로 가려면 산 하나를 넘어야 하는데, 옛날에 어떤 처녀가 거기서 목을 매달아 죽었다고 하여 우리들은 그 산을 '목매달아 죽은 산'이라고 불렀다. 그 산은 6.25전쟁 때 전투가 치열했던 곳으로 곳곳에 파인 웅덩이가 있었다. 거기에는 터지지 않은 박격포 탄도 흔했다.

아이들은 그야말로 호기심 덩어리요 장난꾸러기들이 아닌가. 병정놀이를 하다가 포탄을 발견하면 그걸 두들겨 분해해서 화약을 꺼내곤 했다. 화약을 모래알처럼 졸졸 뿌리고 한쪽 끝에서 불을 지르면 불이 치지직~ 하는 소리를 내면서 타들어는 것을 보는 통쾌함이란 말로 표현할 수 없을 정도인데, 그런 일은 국민학교에 다니는 형들이 하게 마련이었다. 어느 날인가는 박격포 탄이 터져서 한 명은 즉사하고 한 명은 팔이 떨어져 나간 큰 사건이 벌어지기도 했다. 우리 나이 어린 친구들은 거기서 몇 걸음 떨어져 있어서 머리카락이 그을리는 정도로 그쳤다. 그 일로 아버지들이 몇 차례나 오산 지소에 끌려가서 고초를 겪곤 하였다. 나중에 들은 이야기로는 수원의 경찰서에서 높은 분까지 내려왔다고 했다.

새집으로 이사 오고 얼마 지나지 않았을 때였다. 갈곶리와 평택을 잇는 신작로는 그때까지 흙먼지 길이었다. 그래서 오산까지 갔다 올 때면 흙먼지를 뒤집어써야만 했다. 차가 지나가면서 흙먼지를 일으키기도 했고 바람이 불어서 먼지가 날리기도 했다.

어느 날 도로포장을 한다면서 이런저런 장비들이 들어왔다. 그러자 이집 저집에 일꾼들이 하숙을 하겠다고 찾아왔다. 엄마도 어떤 아저씨 한 사람을 들였다. 그 아저씨는 서울에서 살다가 왔는데 아저씨의 커다란 가방 속에는 책이 많이 있었다.

그 아저씨가 자기의 보물이라며 나에게 만화책을 보여주었다. 지금도 잊혀 지지 않는 책은 3권짜리 〈코주부 삼국지〉였는데, 아저씨는 그 책을 나 말고는 다른 아무에게도 보여주지 않았다. 그 아저씨가 우리 집에서 하숙하는 여섯 달 동안 나는 날마다 만화를 보고 또 보았다. 만화책을 끌어안고 그 방에서 그대로 잠이 들곤 했다. 그러는 중에 자연스럽게 한글을 터득할 수가 있었다. 그때부터 작은형의 국민학교 2학년 교과서도 줄줄 읽게 되었다.

갈곶리에서 오산까지 가는 길에는 여러 가지 장비와 트럭 들이 있었는데, 거기에는 '평화건설'이라는 이름이 적혀 있었다. 나중에 내가 30대에 중동 건설 현장에서 5년을 있었는데, 그때 롯데그룹에서 평화건설을 인수하여 '롯데평화건설'이라고 이름을 붙였고, 그후 지금의 롯데건설로 이름을 바꾸었다.

일곱 살짜리 우리 꼬마들은 날마다 건설 현장 주변을 들락날락했다. 거기엔 생전 보지 못한 장비와 기계들이 널려있었다. 커다란 쇠바퀴를 단 차, 땅을 고르게 갈며 앞으로 나아가는 차, 수십 명이 삽으로 담아야 할 엄청난 흙을 단 한 번에 퍼 담는 차 등등, 그저 모든 것이 신기하기만 했다.

도로포장을 한 덕에 우리들이 제일 많이 재미를 본 것은 타마구였다. 아마도 아스팔트의 재료인 콜타르(coal tar)를 일본식으로 발음하여 '타마구'라고 했던 것 같은데, 어쨌든 우리들은 타마구를 가지고 여러 가지 장난감을 만들었다. 제일 쉽고도 재미있는 것은 타마구로 만드는 작은 방망이였다. 드럼통에 담겨있는 타마구를 나무 꼬챙이 끝에다가 둥글게 뭉쳐서 하루 정도 놓아두면 막대 눈깔사탕처럼 된다. 그러면 그걸 가지고 친구의 머리통을 때려주곤 하는 것이다. 그런데 타마구는 옷에 한 번 묻으면 여간해서는 지울 수가 없다. 그래서 엄마에게 여러 차례 야단을 맞은 기억도 난다.

지금은 서울과 부산을 잇는 1번 국도가 거의 고속도로처럼 넓어졌으니 이 또한 격세지감(隔世之感)이요 상전벽해(桑田碧海)라고 하지 않을 수 없다.

국민학교 입학하다

어느 날 엄마의 손에 이끌리어 국민학교에 갔다. 지금은 초등학교라고 부른다. 갈곶리에서 5리(2km) 떨어진 오산에 있는 성호국민학교이다. 그 때에 우리 집은 행정구역상으로는 평택군 진위면에 속해 있었지만, 생활권으로는 화성군 오산면에 가까웠다. 지금 내가 살고 있는 가평도 행정구역상으로는 경기도에 속해 있지만 생활권으로는 춘천권역으로 분류되는 것이나 마찬가지이다.

엄마는 나에게 깨끗한 옷을 입히고 앞가슴에는 손수건을 달아주셨다. 입학식 날 학교에는 학생들과 학부모들이 그야말로 새까맣게 모였다. 당시 성호국민학교는 전교생이 1,600명이라고 했다. 교장 선생님이 단 위에 서서 한 참을 무어라고 하셨고, 훈시가 끝나자 우리 반 아이들은 선생님의 호루라기 소리에 맞추어 교실로 갔다. 우리 선생님은 윤은영 선생님이었는데, 아주 곱고 예쁜 분이셨다. 선생님이 뒷걸음질을 치면서 우리들을 보고 "하나 둘!" 하면 우리들은 "셋 넷!" 하면서 따라가는 형식이었다. 선생님은 잠시 후부터는 호루라기를 "휘휘!" 불었고, 우리들은 "셋 넷!" 하면서 교실로 들어갔다. 그때의 광경은 지금도 여전히 즐거운 추억으로 남아 있어서 가끔 혼자서 미소를 짓곤 한다. 마치 암탉이 병아리들을 데리고 다니는 장면이 그와 비슷하지 않을까?

지금 돌이켜보면 1957년 내가 1학년 때 선생님들의 보살핌은 정말로 눈물겨웠다. 지금이야 아이들이 얼마나 영악스러운가? 그러나 당시는 모두가 코를 질질 흘리며 학교를 다녔고, 그래서 늘 검정 교복 소매는 콧물이 말라붙어 번질거렸다. 그 옷도 거의 다가 형들이 입던 것을 대물림하여 입은 것이다. 공부하다가 오줌을 싸는 아이들이 흔히 있었고, 심지어 어떤 아이들은 바지에 똥을 싸기도 했다. 그럴 때도 선생님은 얼굴을 조금도 찌푸리지 않고 그 아이를 변소에 데리고 가서 깨끗이 씻겨주곤 했다. 지금은 화장실이라고 부르고 어느 곳에 있던지 따뜻한 물이 나오고 휴지가 비치되어 있지만, 당시는 변소 앞에 우물이 있었을 뿐, 더운물은 아예 꿈도 꾸지 못할 때였다. 선생님들은 한겨울에도 그런 아이들을 우물로 데리고 가서 찬물로 씻겨주셨다. 그런 선생님들의 사랑과 희생으로 우리들이 배우고 자라서 1970년대의 산업역군이 되고 대한민국을 이만큼 발전시킨 것이다.

자지에 반지를 낀 미군

국민학교 1학년 때의 일이다. 6.25한국전쟁이 끝난 지 겨우 4년이 지난 1957년이었던지라, 오산 근처에는 미군 기지가 많이 있었다. 갈곶리에서 오산을 잇는 길을 우리는 신작로(新作路)라고 불렀는데 '새로 만든 길'이라는 뜻이다. 그 길을 다니는 차라야 미군 트럭 말고는 한 시간에 한 번씩 서울까지 가는 버스가 있을 뿐이었다.

1학년 아이들의 걸음에 2km가 얼마나 먼 거리인가. 우리들은 미군 트럭이 지나가면 태워달라고 손을 들곤 했다. 미군들의 차는 거의 다가 쓰리쿼터로 뒤에 짐을 싣게 되어 있는 트럭이었다. '쓰리쿼터'라는 말이 'Three-Quarter' 즉 1톤의 3/4를 의미하니까, 적재량 750kg의 요즘 쌍용 SUB밴을 떠올리면 쉬울 것 같다. 그들은 간혹 그냥 지나치기도 했지만 대개는 세워서 우리들을 태워주곤 했다. 그런데 문제는 학교를 지나치는 경우였다. 그럴 때면 우리들은 트럭의 운전석 쪽을 손으로 꽝꽝 두드리며, "시덥! 시덥!"하면서 차를 세워달라고 했다. "Stop"이라는 단어를 그렇게 발음했는데 미군들은 용하게도 우리들의 말을 알아듣고 차를 세워주곤 했다.

어느 날은 나 혼자서 갈곶리까지 가야 했다. 아마도 반 청소 당번이었을 것이다. 그날도 혹시 미군 트럭이 오지 않나 하고 연신 뒤를 돌아보며 가고 있는데 아니나 다를까, 미군 트럭 한 대가 서더니 타라고 한다. 그것도 짐칸이 아닌 앞자리에 말이다. 나는 기쁜 마음에 잽싸게 올라탔다. 그런데 미군 병사는 오산과 갈곶리의 중간쯤 되는 곳에 차를 세우더니 따라 내리라고 하는 것이 아닌가. 덜컥 겁도 났지만 1학년 어린아이가 무슨 힘이 있겠는가? 미군은 나를 길옆의 논 가운데로 데리고 가서 바지를 훌떡 내리더니 자기 자지를 보여주었다. 그런데 이게 어찌 된 일인가? 주변으로 시커먼 털이 난 미군 병사의 자지에는 누런 반지가 끼워져 있는 게 아닌가! 그러더니 미군은 나에게 자기 자지를 만져보라고 했다. 충격도 그런 충격이 없었다.

  나는 미군의 손을 뿌리치고 울며불며 논길을 가로질러 집까지 뛰어왔다. 그때가 아마도 가을이었던 것 같다. 가을걷이를 끝낸 논에는 벼를 벤 자국들이 뾰족뾰족 나 있었다. 집에 오니 엄마가 온통 흙투성이에 눈물 콧물로 범벅이 된 나를 붙들고 무슨 일이냐고 물었다. 나는 아무 일도 아니라며 울기만 했다. 엄마는 더 이상 묻지 않았다. 아마도 동네 아이들과 싸우기라도 한 게 아닌가 하는 정도로 생각했던 것 같다.

  엄마가 무관심해서 그런 것도 아니었다. 당시 시골의 엄마들은 이른 새벽부터 밤늦게까지 그야말로 눈코 뜰 새 없이 바쁘고 고달프게 살아야 했기 때문이었다. 새벽의 소 죽 끓이기부터 시작해서 아침밥 짓고 설거지하기가 무섭게 밭에 나가서 들일하고 돌아오면 또 빨래에 저녁밥 짓기가 기다린다. 그야말로 1인 3역 4역을 해야 하는 고달픈 신세였다. 그러니 네 명의 자식 중 하나가 울고 들어왔다고 해서 그 사연을 꼬치꼬치 캐물을 정신이 없으셨던 거다.

  이 한 가지 나쁜 추억을 빼고는 미군들에 대한 추억은 다 좋은 것들이었다. 미군들을 볼 때면 "할로, 껌!"하면 그들은 껌이나 초콜릿을 던져 준다. 그러면 우리들은 서로 달려들어서 그것들을 주워서 자랑스럽게 가지고 오곤 하였다.

  또 다른 추억은 미국 비행기들에 대한 추억이다. 그때는 왜 그랬지 미국 비행기들, 그중에서도 헬리콥터들이 아주 낮게 날아다녔다. 우리들이 운동장에서 뛰놀 때면 미군 헬리콥터들이 거의 학교 지붕에 닿을 정도로 날아다니곤 하였다. 얼마나 낮게 떴는지, 조종사의 헬멧은 물론 검정 안경까지 다 보였다. 심지어는 헬기 조종사가 우리들을 보고 엄지척! 하는 모습까지도 볼 수 있었다. 미군 조종사들의 눈에 한국의 풍경이 신기해서 그랬나 보다.

우윳가루 배급과 강아지

하루는 큰형이 어디선가 예쁜 강아지를 얻어왔다. 하얀 털이 복슬복슬한 강아지로 태어난 지 며칠 되지 않은 아주 어린 새끼였다. 너무 어려서 밥을 주어도 잘 먹지를 못했다. 당시는 사료라는 것이 아예 없었고 그냥 집에서 먹다 남은 밥을 주는 게 고작이었다. 그런데 다행스럽게도 강아지를 데리고 온 바로 다음 날이 학교에서 우윳가루 배급을 주는 날이었다.

큰형은 아침에 학교 가는 나에게, 우윳가루를 배급받는 즉시로 학교에서 꾸물거리지 말고 빨리 뛰어오라고 했다. 그때는 6.25한국전쟁이 끝난 지 얼마 되지 않은 때였으므로 생활의 상당 부분을 미국의 구호 물품에 의지하고 있었다. 학교에서 우윳가루를 배급해 주는 것도 일종의 원조 물품이었다. 봄과 가을 두 차례에 배급받는 날 아이들은 집에서 통을 하나씩 들고 와야 했다.

원체 먹을 것이 귀하던 때였기에 우윳가루는 무척이나 인기가 좋았다. 그걸 그냥 숟가락으로 퍼먹기도 했고, 죽을 끓여먹기도 했다. 또 우윳가루에 물을 붓고 불에 바짝 졸이면 딱딱한 사탕 비슷하게 되기도 했다.

학교가 파하자마자 부리나케 뛰어오면서 보니 큰형과 작은형이 갈곳리 언덕에서 나를 눈이 빠지게 기다리며 서 있었다. 우리들은 서둘러 집으로 가자마자 그걸 물에 타서 강아지에게 주었다. 강아지는 그렇게 우유 물을 먹고 무럭무럭 컸다. 우리 삼 형제는 꼬마 강아지에게 '바르트'라는 이름을 지어주었다. 그 얼마 전에 보았던 만화 중에 〈용감한 개 바르트〉라는 만화책이 있었는데, 거기서 주인공을 살리고 죽은 개의 이름이 바르트였기 때문에 붙인 이름이었다.

우리 삼 형제는 강아지를 차지하기 위해 서로 싸웠지만 싸움은 곧 싱겁게 끝났다. 큰형은 서울의 고등학교까지 통학하느라고 강아지와 자주 놀지 못했고, 세 살 위인 작은 형은 총을 만들고 딱총약을 구하려고 여기저기 뛰어다니느라 강아지에게 신경 쓸 시간이 없었다. 그래서 나는 날마다 강아지와 온 동네를 뛰어다녔다.

그러던 어느 날, 밤새 눈이 와서 온 세상이 하얗게 되었다. 그런데 눈을 떠 보니 바르트가 보이지 않는 것이 아닌가. 개 집 안에도 없고, 집 주변을 아무리 소리치며 돌아다녀도 대답이 없었다. 새벽같이 통학 열차를 타기 위해 오산으로 떠난 큰형을 제외하고 작은형과 나는 온 동네를 뛰어다니며 목이 터지도록 바르트를 불렀다. 그런데 녀석은 바로 집 옆의 밭에 꽁꽁 얼어 죽어있었다. 한밤중에 쥐약을 먹은 모양이었다. 그 며칠 전에 여기저기 쥐약을 놓았는데, 그걸 바르트가 먹어버린 것이었다. 어린 나는 뻣뻣해진 강아지를 끌어안고 펑펑 울었다. 그렇게 나와 강아지와의 첫 인연은 겨우 석 달 만에 끝나 버렸다.

눈이 오면 우리 형제는 썰매를 메고 논으로

겨울 방학이 되고 아침에 눈이 오면 작은형과 나는 아침밥도 먹는 둥 마는 둥 하고 논으로 향한다. 동네를 벗어나서 철길을 건너가면 넓은 논이 있었는데, 형은 썰매를 메고 나는 빗자루를 들고 논으로 향했다. 보통은 우리 형제가 제일 먼저이고 조금 있으면 다른 아이들이 하나둘씩 모여든다. 그때는 겨울이 지금보다 훨씬 더 추웠다.

눈이 하얗게 덮인 논바닥을 비로 쓸면 반짝반짝 빛나는 유리 같은 얼음판이 나타난다. 가을에 벼 베기를 하고 난 논에 비가 와서 물이 차고 그것이 그대로 꽁꽁 얼어붙은 것이다. 군데군데는 벼를 벤 자국이 남아 있어도 우리는 묘기를 부린답시고 이리저리로 피해 가면서 썰매를 지쳤다.

작은형과 나는 썰매를 만드는 데도 일가견이 있었다. 특히 나보다 세 살 위인 작은형은 손재주가 좋아서 갈곶리에서 썰매건 새총이건 제일 잘 만드는 '천재 소년'이었다. 제일 구하기 힘든 것이 썰매의 밑바닥에 대는 철사 줄이었는데, 작은형은 어디서 구해오는지 그것도 곧잘 구해오곤 했다. 양손에 하나씩 잡고 썰매를 앞으로 나아가게 하는 꼬챙이(스틱)도 잘 만들어야 한다. 그것의 핵심 기술은 소나무 끝에 박은 철사를 날카롭게 가는 것인데, 우리들은 썰매를 만들면 그걸 철둑길의 다리까지 가지고 가서 콘크리트 벽에 꼬챙이를 뾰족하게 갈았다.

썰매 타기 중에서도 늦은 겨울 얼음이 막 녹을 즈음에 타는 썰매는 거의 국가대표 수준의 기술이 필요하다. 논에 있던 얼음이 약간은 녹아서 썰매를 타고 가면 몸무게 때문에 얼음이 물속으로 가라앉는다. 우리들은 옷을 다 적셔가며 썰매를 탄 채로 물속을 드나드는 묘기를 부리곤 했다. 그러다가 옷이 흠뻑 젖으면 논 옆에 불을 피워놓고 옷을 말린다. 그런데 늦은 겨울에 방죽에서 썰매를 타는 것은 아주 위험하다. 논에서는 물에 빠져보았자 옷만 적시면 그만이지만, 방죽은 물이 깊어서 그대로 얼음 밑으로 빠져서 죽기 때문이다. 실제로 썰매를 타다가 죽는 아이들이 우리 학교 전체에서 해마다 한 명씩은 생기곤 했다.

몇 년 후 내가 서울 금호동으로 이사를 와보니 금호동 아이들도 썰매를 만들어 타는데, 그건 우리들이 시골에서 만들어 타던 썰매에 비하면 그야말로 어린애 장난감 수준이었다. 썰매를 타는 곳도 시골 여기저기에 널려있는 논처럼 깨끗한 물이 얼은 얼음판이 아니었다. 이집 저집에서 버린 더러운 물이 얼어붙어서 생긴 얼음판이라 넘어져서 옷이라도 더러워지면 심하게 냄새가 나곤 했다. 그래서 나는 한동안 서울 생활에 잘 적응하지를 못했다.

아, 고향의 논은 얼마나 깨끗했던가? 우리들이 썰매를 타다가 목이 마르면 꼬챙이로 얼음을 깨서 그냥 우적우적 깨물어 먹었으니까.

종달새를 키우다

나는 새를 두 번 키워봤다. 그것도 요즘처럼 애완용 새가 아닌 야생에서 태어난 새를 집에서 키운 것이다.

오산의 성호국민학교를 가려면 들판을 지나고 야트막한 야산을 하나 넘어야 했다. 물론 신작로 큰길을 따라가도 되지만, 나는 봄이면 꽃구경, 여름이면 파란 벼가 자란 논, 가을이면 메뚜기 같은 자연이 좋아 주로 시골 들길을 이용했다.

1학년 때의 일이다. 5월 어느 날인가는 학교를 가는데 숲속에서 새 소리가 났다. 그 장소를 유심히 보아두었다가 돌아오는 길에 자세히 뒤져보니 이제 막 알에서 깨어난 종달새가 인기척을 듣고는 노란 입을 벌리며 찍찍~ 울음소리를 내고 있었다. 나는 세 마리의 새끼 중 한 마리를 꺼내 가지고 집으로 돌아왔다. 아직 날개도 제대로 나지 않은 새끼를 날마다 먹이를 주며 열심히 키웠다. 아기 종달새의 먹이는 집 뒤의 텃밭에 무궁무진하게 있었다. 당시는 농약이 없던 때였으므로 배추밭에만 가면 초록색 배추벌레들을 쉽게 발견할 수 있었다. 종달새는 내가 배추벌레를 잡아서 입가에 대면 노란 입을 벌리고 벌레를 꼴깍꼴깍 잘도 삼켰다.

종달새의 날개가 어느 정도 자라자 나는 날마다 운동을 시켰다. 손가락에 앉은 종달새에게 턱걸이를 반복하게 만든다. 그런 훈련 방법은 동네 형들이 하는 것을 보면서 터득한 것이었다. 그렇게 며칠을 하고 나면 종달새는 가까운 거리를 날아다닐 수 있게 된다.

나는 학교가 끝나면 부리나케 집으로 뛰어왔다. 그러면 녀석은 내가 집에 도착하기가 무섭게 날아와서 내 어깨에 앉곤 했다. 그런데 가을이 되자 어느 날 갑자기 종달새가 사라졌다. 나는 며칠을 울고불고 하면서 종달새를 찾았다.

그 옛날에는 봄이면 하늘 높은 곳에서 종달새가 지지배배~ 하면서 노래를 부르는 모습을 흔히 목격할 수 있었다. 엄마가 산에 나무를 갈 때도 따라가서 숲에 누워 있으면 하늘에서는 여지없이 종달새가 이리저리 날아다니면서 울어댔다. 그런데 어느 날부터인가는 종달새가 우리나라에서 아예 자취를 감추었다. 전문가들 말로는 대기오염 때문이라고 한다. 그 옛날 내가 종달새를 키운 기억은 어른이 되어서도 나를 계속 어린아이의 세계에 머물게 하는 아름다운 추억이다.

가을운동회와 전교생 대항 기마전

지금 이런 일이 벌어졌다면 학부모들이 필경은 난리를 치면서 "학교장 물러가라!"며 데모를 했을 것이다. 아니 그런 발상을 아예 할 수도 없었을 것이다. 2학년 때의 가을운동회에 마지막 행사로 전교생 기마전을 벌인 것이었다. 여학생들과 어린 1학년 남학생들을 제외한 600여 명이 기마전을 벌였다. 기마전이란 아마도 일본에서 유래된 것이 아닌가 싶은데 그 짜임새는 이렇다. 먼저 두 명이 팔을 받쳐서 한 아이를 위에 태운다. 그렇게 기수를 태우고 말이 일어서면 다른 한 명은 뒤에서 기수의 엉덩이를 떠받치는 형국으로 싸움터로 나가는 것이다.

승부는 어느 쪽이 상대편 기수의 모자를 많이 뺏느냐에 따라 갈린다. 체격이 크고 힘이 좋은 형 둘이 말을 만들고, 내가 기수로 올라타고, 한 명은 뒤에서 나의 궁둥이를 떠받쳤다.

호루라기 소리와 함께 청군과 백군으로 갈라져서 싸움을 시작했다. 우리들은 그야말로 죽기 살기로 상대편의 모자를 빼앗았고, 결과는 우리 청군의 승리였다. 기마전 도중 코피가 터진 아이들은 셀 수조차 없고, 팔이 부러진 아이들도 여럿 나왔다. 그래도 당시의 학부형들은 학교에 항의하는 일은 아예 꿈도 꾸지 못했다. 그저 학교에서 하는 일이려니, 운동을 하다 보면 다칠 수도 있으려니, 하는 정도였다. 지금 생각하면 참으로 격세지감을 느끼게 하는 일이다. 또 다른 한편으로 보면 당시 선생님들의 권위가 얼마나 컸는지, 학부모들이 선생님들을 얼마나 존경했는지를 알 수 있는 일화이다. 그리고 비록 어렸지만, 우리들이 얼마나 남자다웠는가 하는 생각도 해 본다.

운동회는 1년에 한 번 있는 가장 큰 축제이므로 모든 학부모들이 인근에서 모여든다. 그런데 원체 가난했던 시절이므로 먹을거리라야 어느 집이나 할 것 없이 다 똑같았다. 찐 고구마와 삶은 계란, 김밥이 고작이었고, 좀 여유가 있는 집이라야 떡을 해오는 정도였다. 달리기나 씨름에서 등수 안에 들면 상품으로 공책을 주곤 했는데, '상(賞)'이라는 도장이 찍힌 공책을 들고 우리 멍석으로 뛰어오면 나를 끌어안으며 기뻐하던 엄마와 그 옆에서 흐뭇해하시던 아버지의 모습이 지금도 눈에 선하다.

미꾸라지 퍼내기와 산토끼 잡기

정월대보름이 지나면 동네 아저씨들은 들판 먼 곳의 논으로 간다. 미리 점찍어 놓은 웅덩이의 물을 모두 퍼내고 거기 진흙 속에 묻혀 있는 미꾸라지와 붕어 같은 물고기들을 건져내는 것이다. 이 일은 동네 남자들의 큰 축제이다.

나도 큰형과 작은형을 따라서 겨울 고기잡이를 간 적이 있었다. 그 웅덩이는 논 한가운데에 있는 것으로 폭이 5~6m는 될 만큼 컸다. 먼저 큰형보다 더 어른인 아저씨들이 웅덩이의 양옆에 서서 커다란 두레박으로 물을 퍼낸다. 한참을 하다가 힘들면 다른 아저씨들과 몇 차례 교대하다 보면 어느 사이에 바닥이 보이면서 물고기들이 파닥거리며 뛰는 게 보인다.

그러면 그때까지 기다리던 꼬맹이들이 모두 바지를 걷어 올리고 웅덩이 속으로 뛰어든다. 미꾸라지와 붕어 들은 한겨울에는 모두 바닥에 들어가서 겨울잠을 잔다. 몇몇 놈들이 두레박 소리에 놀라서 물

위로 올라오기도 하지만 대개는 땅속 깊숙이 들어가 있게 마련이다. 그것들을 준비해 온 깡통과 대바구니에 집어넣는 즐거움이란 경험해 본 사람이 아니면 모른다.

우리 고향 갈곶리에서는 산토끼 사냥을 별로 하지 않는데, 아버지의 고향인 동탄면 배마루에서는 겨울이면 으레 산토끼 사냥을 했다. 산토끼 사냥은 눈이 많이 와야 한다. 산이 눈에 덮여 있어야만 산토끼들이 제대로 뛰지 못하기 때문이다. 배마루 형들과 아저씨들은 매년 토끼 사냥을 해서 어느 산, 어느 지점을 가면 토끼들이 많이 있는지를 이미 훤히 알고 있다. 모두가 기다란 작대기를 하나씩 갖고 그것으로 눈밭을 쿡쿡 찌른다. 그러면 어디선가 토끼가 휙 튀어나와서 산 위로 도망간다.

천천히 토끼 발자국을 따라서 한참을 올라가 발자국이 멈춘 곳 근처를 자세히 보면 토끼 굴이 있게 마련이다. 그러면 노련한 아저씨들이 토끼 굴에 손을 집어넣고 토끼를 끌어내는 것이다. 보통 반나절을 하면 대여섯 마리는 잡는다. 그렇게 잡은 토끼를 긴 장대에 메고 의기양양하게 내려와서 가죽을 벗기고 고기는 맛있는 토끼탕을 해 먹는다. 토끼털가죽으로는 귀마개를 해주었다. 토끼털 귀마개만 있으면 아무리 추운 겨울날이라도 아무 걱정 없이 뛰놀 수 있다.

큰형은 어린 시절 시골에서 먹었던 토끼고기 맛을 못 잊어서 내가 아내와 연애할 때 아내에게 토끼탕을 끓여주었다. 처음 형네 집에 아내를 데리고 갔는데, 큰형이 얼마나 기뻤던지 토끼탕을 끓여놓았다. 그런데 부잣집에서 곱게 자란 아내로서는 토끼고기가 처음 경험이었다. 큰형은 금호동 집에서 정성껏 기르던 토끼로 음식을 마련했으니,

쉽게 말하면 소를 잡고 돼지를 잡은 것이나 마찬가지였다. 그야말로 최선을 다한 접대였지만 결과는 처참한 실패였다. 그 후로 아내로부터 계속 원망을 받았으니 말이다.

(2) 엄마의 자식 사랑, 그리고 아버지와의 추억

아, 엄마, 우리 엄마

우리 엄마는 갈곶리에서 유일하게 한글을 읽을 줄 아는 여성이었다. 지금도 눈에 선한 것이, 동네 아줌마들이 편지를 읽어달라고 엄마에게 찾아오던 일이다. 엄마는 동네 아줌마들에게 〈심청전〉〈장화홍련전〉 같은 책들을 읽어주곤 했다. 그것도 요즘과 같이 제대로 된 책이 아니라 누런 종이에 엄마가 글씨로 써서 만든 종이 묶음이다. 아마도 처녀 시절에 어디서 책을 보고는 필사를 한 것이 아닌가 하는 생각이 든다.

엄마는 또 상당한 선각자셨다. 1950년대, 딸은 그저 시집가서 애나 낳으면 된다는 생각이 지배적이었던 시절, 엄마는 여자도 배워야 한다면서 누나를 서울의 수도여고에 통학을 시키셨던 것이다.

지금도 기억에 또렷하게 남아 있는 것은 누나의 하얀 교복과 물 수

(水)자 비슷한 버클이다. 허리를 잘룩하게 묶어 맨 가운데에서 반짝반짝 빛나던 우리 누나의 버클, 오동통한 얼굴의 예쁜 우리 누나. 누나 뿐만이 아니라 큰형도 서울의 동도고등학교라는 곳까지 통학을 시키셨다.

엄마는 또 무당과 굿을 좋아하셨다. 엄마가 비록 깨어있었다고는 하나, 그냥 시골 농사꾼의 아낙일 뿐이었다. 여성들이 점과 굿, 그리고 무당에게 많이 의존하던 시대였기에, 우리 엄마 역시도 무당집을 자주 드나들었다. 나도 엄마를 따라서 몇 차례인가 무당집을 갔던 기억이 난다. 무당집의 좁은 방안에는 붉고 푸른 깃발들이 걸려있고, 벽에는 무슨 할머니의 형상이 그려진 그림이 붙어 있었던 걸로 기억된다. 무당이 깃발을 몇 개씩 들고 손을 벌벌 떨면서 주문을 외우던 모습, 그리고 소제(燒祭)라고 해서 하얀 종이를 태우고 그것이 천장으로 올라가는 모양을 보고 점괘를 알려주던 장면이 눈에 선하다.

엄마는 또 맹렬 여성이셨다. 집에서 콩나물을 기르고, 달걀을 모았다가 오산 장에 갖고 가기도 했다. 당시는 거의 모든 생활에 지푸라기가 필수품으로 사용되었는데, 달걀을 열 개씩 지푸라기에 넣어서 장날이면 엄마는 콩나물을 광주리에 이고 가고 나는 달걀 꾸러미를 들고 갔던 기억이 난다.

우리 집의 논밭은 거의 다가 집에서 5리(2km) 정도 떨어져 있었는데, 모내기 철이면 엄마는 커다란 광주리에 일꾼들이 먹을 음식을 담아 머리에 이고, 나는 막걸리가 가득 든 커다란 정종병을 들고 엄마의 뒤를 따라갔던 기억이 난다.

당시 땔감을 마련하는 일도 거의 다가 엄마의 몫이었다. 엄마가 동네 아줌마들과 산에 가서 나무를 할 때면 나도 엄마를 따라가곤 했다. 여자들이 하는 나무라야 솔잎을 긁어모으는 것이 전부였다. 왜냐하면 당시는 나무를 베면 경찰에 잡혀가던 시절이었기 때문이다. 무슨 법인지는 잘 모르겠으나, 그런 법 때문에 나무는 꺾거나 벨 수가 없고 또 오래된 고목의 뿌리 같은 것은 곡괭이로 파야 하니까 여자들이 할 수 없고, 그러다 보니 그저 솔잎을 긁어모으거나 부러진 나뭇가지를 줍는 정도였다.

엄마와 동네 아줌마들이 나무를 할 때면 나는 나무 그늘에 앉아서 멀리 지나가는 기차를 바라보며 이런저런 생각을 하곤 했다. 저 기차는 어디로 가는 걸까? 칙칙폭폭 연기를 내품으며 잘도 가네. 몇 칸인가? 하나, 둘, 셋, 넷… 아홉, 열, 참 길기도 하네, 뭐 이런 두서없는 생각을 했던 것 같다. 그러다가 누워서 잠이 들기도 했는데, 잠에서 깨어나 보면 옷에 노란 송화가루가 묻어 있었던 기억이 난다.

엄마는 뛰어난 의상 디자이너셨다. 당시 시골에서는 이불을 만드는 것도, 옷을 만드는 것도 모두가 다 여인들이 자기 손으로 직접 해야만 했다. 어떤 날엔 집에 방물장사 아줌마가 머리에 상자를 이고 온다. 상자 속에는 바늘, 실, 골무, 실패 등, 주로 여인네들이 살림할 때 쓰는 용품들이 있었는데, 실만 해도 굵은 실, 가는 실, 명주실 등 여러 가지에, 바늘도 이불을 꿰맬 때 쓰는 굵은 바늘, 옷을 만들 때 쓰는 작은 바늘 등, 여러 가지였다. 그중에서도 내가 제일 눈독을 들이고 있는 것은 어린아이용 양말이었다. 엄마는 가끔씩 나에게 새 양말을 사주시곤 했다.

우리 엄마는 일을 너무 많이 한 탓인지 젊어서부터 눈이 잘 안 보이기 시작했다. 바늘에 실을 꿸 때면 항상 눈이 좋은 나에게 실을 꿰어 달라고 하셨다. 내가 그 즉시 바늘귀에 실을 쏙 집어넣으면, 엄마는 "기특하네~" 하면서 내 머리를 쓰다듬어 주시곤 했다.

엄마는 아버지의 바지저고리와 두루마기도 혼자서 다 만드셨다. 자로 치수를 재고 그걸 가위로 자르고, 저고리 동정에는 풀칠을 해서 붙이고, 또 바늘로 꿰매고, 그리고 완성되면 다림질까지, 엄마는 그야말로 일류 '디자이너'였고 나는 그런 디자이너의 충실한 '시다'였다.

때까치와 오줌싸개의 싸움

2학년이 시작되는 해 5월쯤부터 나는 때까치를 키웠다. 종달새는 주로 야산의 자그마한 나무 밑이나 덤불 속에 둥지를 만들지만, 때까치는 아주 높은 나무 꼭대기에 집을 짓기 때문에 여간해서는 새끼를 잡기가 쉽지 않다.

우리 동네의 입구에는 커다란 은행나무가 있었다. 동네 어른들의 말로는 임진왜란 때부터 있던 나무라서 매우 영험하다고 했다. 6.25한국전쟁이 나기 전에는 비가 오는 날이면 날마다 그 나무 위에서 황구렁이가 슬피 울었다고도 했다. 사람들은 그 나무를 동네의 수호신 비슷하게 생각했다.

어느 날인가 은행나무 옆을 지나는데 위에서 때까치가 요란한 소리를 내면서 둥지를 드나드는 게 보였다. 나는 직감적으로 저기에 때까치 집이 있다고 생각했다. 며칠을 유심히 살펴본 후, 때까치 새끼를 꺼내오기로 했다.

밑에서 친구들 두 명이 망을 보고 나는 나무를 기어오르기 시작했다. 내가 거의 나무 꼭대기까지 기어오르자, 때까치 두 놈이 나를 보면서 위협을 하기 시작했다. 몇 차례나 날아와 바로 내 앞에서 휙~하고 다시 하늘로 솟구치곤 한다. 밑에서 구경하는 아이들이 위험하니 그만 내려오라고 했지만 나는 포기하지 않았다. 머리 바로 위에 둥지가 보였다. 손을 넣어보니 따뜻한 새끼가 손에 잡혔다. 아마 두세 마리는 되지 않나 싶었는데, 나는 손을 뻗어 그중 하나를 움켜쥐고 아래로 내려왔다.

때까치는 작년의 종달새와는 비교가 되지 않았다. 우선 잡기가 어렵다. 종달새는 누구라도 쉽게 잡을 수 있지만, 때까치는 사나워서 잡기가 여간 어려운 게 아니다. 몸집도 크고 발톱도 훨씬 더 날카롭다. 먹는 먹이도 다르다. 종달새는 주로 벌레를 먹이로 하지만 때까치는 뱀, 개구리, 쥐 같은 것들을 먹이로 한다.

울음소리도 요란하다. 그놈은 내가 집 근처에 가면 멀리서도 나를 알아보고 "때깟, 때깟, 때깟~"하면서 내 어깨 위에 내려앉는다. 동네 아이들 중에는 아무도 때까치를 키워 본 아이가 없었기 때문에 수시로 우리 집에 때까치를 보러 놀러 오곤 했다.

그런데 하루는 때까치와 오줌싸개가 싸움이 붙었다. 초 여름으로 우리 집 뒷마당 코스모스에 막 꽃이 피기 직전이었다. 때까치가 코스모스에 앉아 있는 커다란 오줌싸개를 발견한 것이다. 요즘은 사마귀라고 부르지만, 우리들이 어렸을 때는 '오줌싸개'라고 불렀다. 때까치는 "때깟, 때깟, 때깟~" 요란한 소리를 내며 오줌싸개에게 날아들었다. 오줌싸개도 지지 않고 커다란 앞발을 들어 때까치에게 맞섰다. 그렇게 몇 차례의 위협을 가하던 때까치는 안 되겠다 싶었는지 공격을 중단하고 집 뒤쪽으로 날아가 버렸다. 그야말로 동물, 식물, 인간이 함께 살던 아름다운 시절이었다. 그런데 종달새가 되었건 때까치가 되었건, 모두 이상하게 가을이 되면 날아가서 다시는 돌아오지 않았다. 아마도 동물의 습성인 모양이다.

　엄마는 날마다 자리에 누워있으면서도 내가 때까치를 키우는 것을 보고 늘 대견해하셨다. 내가 뒷마당에서 때까치를 손가락 끝에 올려놓고 놀다 방에 들어가면 나를 가까이 오라고 해서 내 머리를 쓰다듬어 주시곤 했다. 그럴 때면 엄마는 한참이나 나를 물끄러미 바라보곤 하셨다. 그건 이별이 가까워서였을 것이다. 나는 그 사실을 엄마가 돌아가시고 나서 한참 뒤에야 알았다.

사촌형의 앙꼬빵, 그리고 엄마의 죽음

어느 날 그렇게나 생활력이 강하고 억척스러웠던 우리 엄마가 병이 나셨다. 나는 어려서 잘 몰랐지만, 사람들은 엄마의 병을 '주마담'이라고 했다. 인터넷 검색을 해보니 주마담이란 세균이 혈관을 따라다니며 몸의 여기저기를 썩게 만드는 병이라고 되어 있었다.

　나중에 누님이 들려준 이야기로는 이랬다. 어느 날 엄마가 낮에 밭에 나가 하루 종일 일을 하고 와서 저녁에 수수밥을 먹었는데 그것이 체했단다. 당시는 먹을 것이 원체 귀하던 시대였으므로, 쌀밥은 언감생심 꿈도 못 꾸고 그저 보리밥이라도 실컷 먹을 수 있으면 호사라고 생각하며 살 때였다. 그날은 아마도 수수로 밥을 해 먹은 모양이었다. 그런데 그것이 체했다는 것이다.

그 시절 오산에 의원이 딱 하나 있었다. 거기에 꾸준히 다니며 페니실린 주사만 계속 맞았어도 충분히 고칠 수 있는 병이었다. 엄마는 거기를 한 번 다녀온 후로는 보통의 시골 사람들이 하던 대로 무당을 불러 굿을 했다. 나도 집에서 굿을 하는 것을 몇 번 보았다. 병은 점점 더 깊어지고 급기야 내가 숟가락으로 엄마의 몸에서 고름을 긁어내기도 했다. 숟가락에 세균이 얼마나 많았을 것인가. 그로 인한 감염은 병을 점점 더 악화시켰음이 분명하다.

엄마는 날마다 누워만 계셨다. 여름이었는데 방에서는 심한 고름 냄새가 났다. 아버지는 날마다 술만 드셨으니 참으로 안타까운 일이었다. 게다가 엄마가 병이 들었을 때는 누나와 형들은 모두 돈 벌러 서울로 올라가고 집에는 아홉 살 먹은 나와 날마다 술만 드시는 아버지밖에 없었다. 작은형과 큰형은 동대문시장에서 무슨 장사를 한다고 했고, 누나는 무슨 회사에 취직해 다닌다고 했다.

병이 아주 깊어진 1958년 여름의 어느 날이었다. 하루는 사촌형이 어머니 병문안을 왔다. 사촌형은 누나보다 한 살이 더 많았으니까 그때 스물다섯 살이었다. 그 당시 사촌형은 서울의 어느 대학에 다닌다고 했다. 큰집에서 그야말로 논 팔고 밭 팔고 하여 사촌형에게 올인한 결과였다. 사촌 집에는 형제들이 모두 세 명이 있었는데, 위로 큰형은 집안을 이어받아서 동탄면 배마루에서 농사를 짓고 있었고, 둘째 형이 바로 병문안을 온 형이었다. 그리고 작은형은 서울의 철공소에서 기술자로 일한다고 했다.

사촌형은 병문안을 오면서 오산에서 앙꼬빵을 사 왔다. 누런 봉투에 네 개가 들어 있었는데, 엄마는 병이 깊어서 자리에서 일어나지도 못할 때였다. 사촌형이 엄마에게 빵을 권하자, 엄마는 한입을 베어 먹는 둥 마는 둥 하고는 바로 앞에서 침을 꼴깍거리며 쳐다보고 있는 나에게로 그걸 내밀었다. 나는 그걸 냉큼 받아서 먹고는 또 빵 봉지를 쳐다보았다. 그래서 두 번째 빵도, 세 번째 빵도, 그리고 네 번째 빵도 결국은 다 내가 먹어 치웠다. 한참 자랄 아홉 살 나이였으니 얼마나 식욕이 왕성했겠는가.

지금 생각해 보면 빵이라는 것을 생전 처음 맛본 철부지 코흘리개 아이가 이것저것을 생각할 겨를이 있었을까 싶기도 하다. 그리고 나서 엄마는 보름도 더 살지 못하고 돌아가셨던 것 같다. 빵을 사 온 때가 여름이었고 엄마가 돌아가신 계절도 여름이었으니까. 그래도 어린 마음에 양심은 있었던가 보다. 20리(8km) 길을 울며불며 상여를 따라가는 어린 나를 보면서 동네 사람들도 함께 울었다고 했다. 그러나 울어 본들 무슨 소용일까? 어머니는 이미 이 세상 사람이 아닌 것을.

요즘도 나는 부모님의 산소에 가면 그때의 일로 후회를 하곤 한다. 그때 그 빵을 왜 내가 다 먹었을까? 형들과 누나는 왜 모두 서울에 있었을까? 아버지는 왜 그렇게 날마다 술만 드셨을까? 그때 우리 형제들이 좀 더 효심을 발휘해서 엄마를 간호했더라면 충분히 살릴 수 있지 않았을까? 돌이켜 보면 나뿐만이 아니라 형들도 누나도, 그리고 아버지도 결국은 모두가 무지했기에 엄마를 일찍 떠나보낸 것이다. 한평생을 두고 계속 후회가 되는 일이다.

아부지, 사친회비 줘유

엄마가 돌아가시고 나자 아버지는 전보다 훨씬 자상해지셨다. 아마도 코흘리개 아들이 엄마도 없이 지내는 모습이 불쌍해서 그랬을 것이다. 이웃에서도 우리가 불쌍하다면서 수시로 도와주었다. 또 누나가 가끔 서울에서 내려와 반찬을 해놓고 가기도 했다. 그야말로 아버지와 나는 '그럭저럭' 살았다.

당시 학교에는 '사친회비'라는 것이 있었다. 지금으로 치면 '수업료' 정도가 될 것이다. 금액이 그렇게 많지는 않았던 것으로 기억되는데, 한 마디로 우리 집에는 돈이 없었다. 우리 집뿐만이 아니었다. 반의 아이들 절반은 사친회비를 제때 내지 못하여 매일 선생님으로부터 수업이 끝나면 매를 맞아야 했다. 매는 아이들에게 손을 내밀게 하고 회초리로 손바닥을 때리는 것이었는데, 그렇게 몇 대를 맞고 나면 손가락 마디마디가 볼록하게 튀어 오른다.

며칠이 지나면 돈을 못 내는 아이들이 대여섯 명으로 줄어든다. 그 때까지도 못 낸 아이들은 교장실로 불려 가서 야단맞아야 한다. 교장 선생님이 직접 때리지는 않으셨는데 우리들은 학교의 큰 어른이신 교장선생님에게 불려 가는 것을 제일 무서워했다.

하루는 아버지가 오산 장날에 무엇인가를 사러 오셔서 마침 수업이 끝난 나와 함께 갈곶리 집에까지 가게 되었다. 그날은 교장선생님에게 야단을 맞은 뒤였던지라 나는 울면서 아버지에게 사친회비를 달라고, 내일까지 갖고 가지 못하면 이번에는 더 크게 야단맞는다고 했다. 어쩌면 학교를 못 다닐지도 모른다고도 했다. 그래도 돈이 없으니 어쩌겠는가? 아버지와 아들의 대화는 오산에서부터 갈곶리 집에 도착할 때까지 이어졌다. 평택이 가까워서 그랬는지 우리 동네 사람들 모두는 충청도 사투리 비슷한 말을 했다.

"아부지, 돈 줘유~"

"읍써 임마!"

"아부지, 돈 줘유~"

"읍써 임마!"

"아부지, 돈 줘유~"

"읍써 임마!"

먼 훗날 내가 어른이 되고나서, 그때의 아버지 심정을 생각해 보았다. 두 달 전에 세상을 뜬 아내와의 이별에 아직도 마음이 아픈데, 아들은 울며불며 돈 달라고 하고, 가진 돈은 없고……. 그날 약간 찬 바람이 불었던가? 하얀 광목 두루마기를 걸치고 앞에서 휘적휘적 걸어가시던 아버지의 옷자락에 매달리며 돈 달라는 어린 아들의 손을 뿌리치시던 아버지의 가슴은 얼마나 아프셨을까?

그러나 아버지와의 추억 중에 즐거운 것도 있다. 거의 비슷한 시기에 아버지와 자장면을 먹은 기억이다. 갈곳리 동네에서 걸어와 오산의 초입에 들어서면 중국집이 하나 있었다. 그곳을 지나칠 때면 냄새가 얼마나 좋았던지 아이들은 일부러 그 집 앞을 왔다 갔다 하기도 했다. 하루는 아버지가 나를 데리고 들어가서 자장면을 사주신 것이다. 내 나이 아홉 살이 되어서 처음 먹어 보는 음식이었다. 나는 그렇게 맛있는 자장면을 그다음 어디서도 또다시 먹어 본 기억이 없다.

하마터면 유복자가 될 뻔한 이야기

아버지는 밤에 새끼를 꼬면서 나에게 이런저런 옛날 이야기를 많이 해주셨다. 옛날이야기들은 그냥 재미있는 이야기로 기억에 남아 있을 뿐이지만, 그중에 하나, 아버지의 전쟁 경험담은 두고두고 나의 기억에서 사라지지 않는다. 그 이야기는 이랬다.

6.25한국전쟁이 터지자, 아버지는 서둘러 가족들을 아버지의 고향이자 아버지의 형님들이 살고 있는 동탄면 배마루로 옮겨 놓으셨다. 그런데 서둘러 가족들을 피신시키다 보니 갈곶리 집에 꺼내올 세간이 더 있었나 보다. 그래서 집에서 가마솥도 떼어서 지게에 싣고 또 다른 옷가지들을 잔뜩 챙겨서 배마루로 돌아가고 계셨다. 전쟁이 나고 며칠이 지난 1950년 6월 말의 어느 날이었다고 하셨다.

그런데 오산의 밀머리라는 동네의 야산을 지나가는 중에 돌연 국군의 검문에 걸렸다. 장교가, "남들은 다 남쪽으로 피란을 가는데, 너는 어찌하여 북쪽으로 피란을 가느냐? 이놈 아무래도 이상하다."라면서 "너, 간첩이지?"라고 하더란다. 아버지가 아무리 설명해도 원체 급박한 전쟁 통인지라 그 장교도 민간인 하나 죽는 일에 길게 생각할 시간적 여유가 없었을 것이다. 그 자리에서 병사에게, "저 산속으로 끌고 가서 죽여버려!"라고 명령하더란다.

당시는 전쟁 중이었기에 군대의 하급 장교에게도 현장 처형권이 있었다. 이대로 총살을 당하면 그것으로 아버지의 인생은 끝나는 순간이었다. 끌려가면서 아버지가 눈물을 철철 흘리고 손발을 싹싹 빌며 하소연하자 아버지를 끌고 가던 병사의 마음이 움직였다. 그가 아무리 보아도 평범한 시골의 농사꾼이 아닌가? 그런 사람을 죽인다는 게 마음에 걸렸던 모양이었다. 그는 아버지의 손목을 묶은 밧줄을 풀어주면서, "야, 빨리 도망가!"라면서 북쪽을 가리키더란다.

그래서 아버지는 구사일생으로 살아나셨다고 한다. 덕분에 나

유복자가 될 뻔한 신세를 면하게 된 것이다. 아버지의 이야기를 듣고 계산해 보니, 그때 아버지의 나이는 41세였고, 나는 엄마의 뱃속에서 이제 100일만 더 있으면 세상에 태어날 참이었다. 참으로 하늘이 도운 기적과도 같은 이야기가 아닐 수 없다.

동탄면의 천하장사

아버지는 손마디가 굵고 기골이 장대하신 분이다. 전형적인 농사꾼의 모습이라고 하면 좋을 것 같다. 내가 50대 중반의 어느 날, 동탄면 시골의 전주최씨 선산에서 시제를 지낼 때의 일이다. 우리 전주 최씨 지평공파는 매년 11월이면 선산에 모여서 커다란 제사를 지냈는데, 사람들은 그 행사를 시제(時祭)라고 불렀다. 선산에는 공동묘지라고 할 만큼 많은 산소가 있었다. 시제를 지낼 때면 제일 어르신의 묘부터 차례로 술을 따르고 제사상을 차려 놓고 모두가 그 앞에서 제일 웃어른의 명령에 따라서 절을 하고 무릎을 꿇은 채로 있어야 한다. 그렇게 차례차례로 순서를 따라서 내려오기를 한 두어 시간 하면 제사는 다 끝나고 그때부터는 돗자리에 앉아서 음식을 먹으며 이런저런 이야기들을 나눈다.

최씨 집안의 부인들이 이른 아침부터 솥단지를 걸어놓고 돼지고기를 삶는다, 국을 끓인다, 전을 부친다 하며 음식이 푸짐하게 차려지면 남자들은 삼삼오오 모여 앉아 술을 마시면서 이런저런 이야기들을 하게 마련이다. 그때 사촌 형님이 나에게 난생처음 들어보는 이야기를 들려주셨다. 엄마가 돌아가시기 전에 앙꼬빵을 사 가지고 문병오신 바로 그 사촌 형님이다.

아버지가 엄마와 결혼하고 얼마 지나지 않아서 동탄면 전체 씨름대회에서 장원을 하여 황소를 한 마리 탔다고 하는 것이 아닌가. 나는 그때까지도 우리 큰형이나 작은형으로부터도 그 이야기를 들은 적이 없었다. 그래서 그때부터 아버지를 우러러보게 되었다. 그냥 시골에서 농사만 짓는 분으로만 알고 있었는데, 아버지가 동탄면의 천하장사라니!

그런 아버지의 건강한 체력 덕분인지 나 역시도 지금껏 수술이라고는 열여덟 살 때 맹장 수술이 전부다. 코로나로 온 나라가 들썩일 때조차도 나는 말짱했다. 74세 생일이 6개월이나 지난 지금도 복용하는 약 하나 없이 건강하게 하루하루를 살고 있는 것이 다 천하장사 아버지 덕분이 아닌가 싶다.

보리밭, 여치, 그리고 문둥이

학교까지 가는 길엔 논도 많고 밭도 많았다. 5월이면 보리가 아이들 어깨만큼이나 자랐다. 그 당시에는 여치가 많았다. 학교를 가고 오는 길의 보리밭이나 야산에서는 여치들의 노래가 여기저기서 들려오곤 했다.

여치 소리가 나는 곳에 다가가면 놈들은 어찌 알았는지 울음소리를 딱 멈춘다. 그러나 내가 누구인가? 종달새도 기르고 때까치도 기른 내가 아닌가. 학교를 가고 오면서 죽여서 나무에 걸어놓은 뱀도 백 마리는 될 것이다. 잠시 숨을 죽이고 기다리고 있으면 여치들은 다시 울기 시작한다. 그렇게 해서 여치를 잡아서 집으로 돌아온다. 보리 줄기로 집을 만들고 여치를 그 속에 넣어두면 놈들은 하루 종일 노래를 해댄다.

여치들이 제일 좋아하는 것은 상추다. 집 뒤뜰에 있는 상추밭에 가서 상추를 뜯어 넣어주면 아작아작 잘도 갉아먹는다. 그 당시의 상추는 요즘 상추와는 달라서 기다란 줄기에 잎이 달려 있었다. 그걸 따면 그 끊어진 곳에서 하얀 물이 나오곤 했는데, 어른들은 그것이 졸음을 오게 하는 효과가 있는 성분이라고 알려주셨다.

우리들은 보리밭을 지나칠 때면 아주 빨리 내달렸다. 왜냐하면 보리밭 속에는 문둥이들이 산다고 들었기 때문이었다. 문둥이들은 보리밭에 숨어 있다가 아이들이 지나가면 번개같이 나타나 아이들을 보리밭 속으로 끌고 들어가서 간을 빼먹는다고 했다. 어른들에게서 들은 이야기인데, 그때만 해도 우리들은 그 말을 정말로 알고 그렇게 보리밭을 무서워했다. 내가 조금 더 커서야 그 말이 모두 거짓말인 것을 알게 되었다. 보리밭 속에 문둥이들이 살지도 않을 뿐만 아니라, 문둥이는 피부병에 걸린 환자일 뿐이라는 사실을 알게 된 것이다.

아, 문둥이! 그 사람들은 얼마나 힘든 삶을 살아야 했을까? 세상의 잘못된 편견으로 인하여 죄인 아닌 죄인으로 살아야만 했으니 말이다. 오죽하면 서정주 시인이 그들의 아픔을 이렇게 표현했을까 싶기도 하다.

해와 하늘빛이 문둥이는 서러워
보리밭에 달뜨면 애기 하나 먹고
꽃처럼 붉은 울음을 밤새 울었다.

　　　　　- 서정주 '문둥이' 1936

우리 어린 꼬맹이들은 행여 동네에 문둥이가 올라치면 그들을 따라다니면서 돌을 던지곤 했다. 그때는 왜 그랬는지 모르겠지만 하여튼 그랬다.

겨울이면 연 날리고

겨울 방학이 시작되면 제일 먼저 하는 일이 연을 만드는 일이다. 당시는 그런 것을 만들어서 파는 곳이 아예 없었기에 모든 장난감을 손수 만들어야 했다.

연을 만드는 방법은 이렇다. 먼저 준비물로 창호지와 대나무가 있어야 한다. 창호지는 집에서 문짝이나 창문에 바르고 남은 것을 쓴다. 대나무는 그때 모든 우산이 대나무로 만들어졌으므로 못 쓰는 우산을 잘 두었다가 그걸 쪼개서 쓴다.

먼저 대나무를 잘 다듬어야 한다. 아주 얇게 쪼개서 그걸 직사각형의 창호지에 풀로 붙이는 것이다. 종이는 가로 두 뼘, 세로 세 뼘 정도로 자르는 것이 좋다. 연이 너무 크면 잘 뜨지를 않고 또 너무 작으면 다른 친구들과의 연싸움에서 불리하기 때문이다. 직사각형 종이 가운데 구멍을 뚫는데 그 이유는 바람이 통과할 수 있는 공간을 남겨주어야 하기 때문이다. 직사각형 종이에 X자로 대나무를 붙이고 X자의 위 끝과 가운데 구멍 있는 쪽에 세로와 가로로 대나무를 댄다. 그리고 가로로 대나무를 대지 않은 제일 밑부분에는 꼬리를 단다. 꼬리는 가운데 것을 길게 하고 양 가장자리의 것은 작게 만든다. 비행기로 치면 가운데 것이 주 날개이고 양옆의 것이 방향을 잡아주는 보조날개인 셈이다.

다음은 연에 실을 매는 과정이다. 제일 위에 가로로 댄 대나무를 양 옆에서 실로 묶어 둥글게 당긴다. 가운데 가로 대나무에도 실을 묶어 당겨주는데 윗부분의 실은 좀 더 팽팽히 당기고 가운데 부분의 실은 조금 느슨하게 당겨야 한다. 이 실을 얼마나 팽팽하게 또는 느슨하게 당겨서 연을 활처럼 휘게 하느냐는 그날의 바람의 세기에 따라 달라진다. 바람이 아주 거세게 부는 날은 연을 조금 더 동그랗게 하여 바람을 되도록 적게 받도록 해야 한다. 그렇지 않으면 바람의 힘을 이기지 못하고 연줄이 끊어지게 된다.

이제 연과 얼레를 연결하는 실을 묶는 순서가 남았다. 연의 윗부분에 실을 묶고 연의 배꼽 정도에 해당하는 대나무 살 좌우에 구멍을 내어 실을 묶는다. 그 세 개의 꼭지점을 얼레에 연결하면 연날리기 준비가 끝나는 것이다.

나는 연을 수도 없이 만들어서 놀았던지라 나의 연 만드는 솜씨나 연날리기 솜씨는 가히 타의 추종을 불허한다. 그래도 다른 친구들은 형들이 만들어주곤 했는데, 나는 형들도 모두 서울로 가고 없어서 나 혼자서 연을 만들고, 나 혼자서 연을 띄우며 놀아야 했다. 한 번은 동네 친구들과 연싸움을 벌였다. 나도 집에서 연을 정성 들여 만들고 연싸움에 준비를 철저히 한다고 했는데 다른 아이들의 연은 아버지가 만들어주기도 하고 형들이 만들어주기도 했다. 그래서 내 연은 다른 아이의 연과 싸움을 벌일 때 줄이 끊어지고 말았다. 나는 집에 사기가루가 없어서 실의 중간 중간에 풀에 모래를 섞은 것을 조금씩 발라주었는데, 상대방 아이는 집에서 형들이 사기 가루를 곱게 빻아서 실에 풀을 먹인 것이었다.

두 개의 연이 하늘 꼭대기까지 올라가면서 실이 서로 교차했는데, 그만 내 연의 줄이 끊어지고 만 것이었다. 끊어진 내 연은 빙글빙글 돌면서 바람에 날려 '목매달아 죽은 산' 너머로 사라져 버렸다. 나는 바람에 팔랑거리며 끝없이 날아가는 연을 따라서 그 산 너머까지 갔지만 끝내 연을 찾지 못했다.

문학작품 속에서 우리의 연날리기와 아주 흡사한 풍습을 가진 나라가 등장하는데, 그곳은 탈레반으로 유명한 아프가니스탄이다. 아프가니스탄이 공산화되고 미국으로 건너가 미국시민이 된 할레드 호세이니가 2003년 미국에서 발표한 소설 속에 등장하는 대목으로, 하인 하산이 끊어진 연을 찾아 막 출발하려는 장면이다.

"하산, 꼭 연을 찾아와!"
"주인님을 위해서라면 천 번이라도 그렇게 할게요."
- 〈연을 쫓는 아이〉 p.105

제기차기, 다마놀이, 딱지치기, 가이생, 좃박기, 굴렁쇠 굴리기

겨울철이면 우리들이 즐겨하던 제기차기는 아이들 모두가 거의 달인 수준이어서 한 번에 백 번은 보통이고 이백 번 씩도 하곤 했다. 요즘에는 편의점이나 문방구에서 제기를 팔지만 옛날에는 다 자급자족이었다. 그것을 만들려면 미령지라고 하는 아주 얇은 종이와 가운데 구멍이 뚫린 동그란 엽전이 필요하다. '미령지'라는 말이 표준말인지는 어떤지는 모르겠으나 그것은 아주 얇은 종이로 결대로 찢으면 그것이 제기의 '술' 즉, 날개가 되는 것이다.

먼저 동그란 엽전을 미령지에 돌돌 말아서 그 양 끝을 다시 엽전의 가운데 구멍으로 빼낸다. 거기서 나온 종이 두 뭉치를 아주 얇게 쪽쪽 찢어서 술을 만든다. 그러면 제기가 완성되는 것이다. 여기서 관건은 엽전의 크기이다. 너무 커도 안 되고 너무 작아도 안 된다. 이때 중요한 것은 제기의 머리 부분, 즉 엽전을 담배 은박지로 싸야만 한다는 것이다. 그래야만 제기를 오래 차도 망가지지 않는다.

다마놀이는 또 다른 즐거움이다. '다마'라는 말도 일본 말인데 요즘은 '구슬'이라고 한다. 유리 속에 꽃 같은 모양이 들어있는 꽃다마, 제일 값이 싼 알다마, 아주 묵직한 쇠다마 등, 종류도 다양했다. 다마놀이 중에서는 제일 재미있는 것은 5m 쯤 되는 거리에 삼각형을 그려 넣고 그 안에 각자 자기의 다마를 걸고(판 돈) 멀리서 다마를 던져서 그걸 맞추어 삼각형 밖으로 끄집어내면 자기 것이 되는 놀이이다. 또 물주가 다마를 손 안에 쥐고 흔들면 주변의 아이들이 자기 다마를 몇 개씩 걸고 잇찌(一), 니(二), 산(三), 시(四)를 불러서 물주의 손 안에 들어 있는 숫자를 맞추는 게임이다. 아, 우리 꼬마들은 얼마나 선각자였던가? 요즘의 도박장에서 하는 도박을 이미 65년 전에 터득하고 생활화하고 있었으니 말이다.

아홉, 열 살 때 참으로 이런저런 놀이도 많이 했다. 어쩌면 엄마가 없는 슬픔을 잊으려고 그렇게 놀이에 열중했던 것은 아니었을까? 딱지치기도 많이 했고, 굴렁쇠를 굴리면서 온 동네를 쏘다니기도 했다.

놀이 중에 제일 과격한 놀이는 가이생이었는데, 가이생이라는 말이 무슨 뜻인지는 모르겠으나 일본에서 유래된 것만은 분명하다. '시계부랄 가이생'도 있었고, '8자 가이생'도 있었다. 8자 가이생이란 땅

바닥에 8자 모양의 금을 그어 놓고 그 안에 들어가 있는 아이들을 원 밖에서 끄집어내는 놀이이다. 그때만 해도 아이들이 놀 수 있는 것은 흙바닥밖에 없었기에 아이들은 그렇게 흙에서 뒹굴면서 놀았다.

또 좆박기도 있었다. 술래 편 아이들이 한 명은 벽에 다리를 벌리고 서고, 나머지는 그 앞으로 머리를 앞 아이의 사타구니에 박고 말처럼 늘어서는 것이다. 그러면 이긴 쪽 아이들은 멀리서부터 뛰어와서, 요즘의 텀블링에 올라타듯 등 위로 올라타는 것이다. 이렇게 세 명, 네 명이 다 타면 맨 앞에 있는 아이와 가위바위보를 하는 놀이이다. 그런데 여기서 이기면 다행이지만, 지면 그 편은 계속해서 말 역할을 해야 한다. 요즘은 '가위바위보!'라고 하지만 그 옛날에는 '짱깨미뽀!'라고 했다. 그것 역시 일본 말이지만 우리들은 그냥 쓰곤 하였다.

(3) 새엄마가 들어오다

나 온도계 훔쳐가지 않았어요

엄마가 돌아가시고 나니까 학교도 가기 싫어지고 자꾸 밖으로만 돌게 되었다. 그러던 어느 날 배마루 사촌형네 집을 갔다. 배마루 시골 동네 역시도 50여 호가 모여 사는 전형적인 농촌이다.

때는 가을걷이가 한창인 10월이었다. 첫 번째 오촌 아저씨네 집에 가니 아무도 없었다. 부엌에 들어가서 솥뚜껑을 열어보니 보리밥이 놋그릇에 담겨 있었다. 나는 장독대에 가서 김치를 꺼내와서 허겁지겁 먹어치웠다. 그러고는 곧장 사촌형네 집으로 갔다. 그때는 친척이라면 모두가 그냥 일가(一家)였다. 즉, 친척 전체가 한 식구로 어느 집이든 부엌에 들어가서 솥을 열고 밥이 있으면 꺼내 먹으면 되던 시절이었다.

오촌 아저씨는 최씨들 일가 중에서 뛰어난 선각자셨다. 학문도 조금 한 모양으로 집안의 대소사에서는 항상 중요한 일을 맡아서 하고 계셨다. 딸이 하나에 아들이 셋 있었는데, 큰아들이 나보다 두 살 많고, 작은아들은 나보다 한 살 어렸는데 우리들은 그냥 친구처럼 지냈다. 그 밑으로 있는 동생은 나보다 다섯 살인가가 어렸다.

오촌 아저씨는 자식들의 교육에 굉장히 열성이셨다. 그래서 나중에 큰 아들은 한양대 요업과를 졸업하고 요업개발공사 이천분원의 분원장을 하였고, 가운데 아들은 아주대에서 컴퓨터 박사학위를 받았다. 그래서 시골집임에도 불구하고 그 당시에 집에 온도계가 걸려 있었다. 지금은 그런 온도계가 있을까 싶기도 하지만 당시만 해도 집에 온도계가 걸려 있는 집은 아무 데도 없던 시절이었다. 세로 20cm에 가로 5cm 정도 크기의 수은온도계인데 가운데 빨간 색의 눈금이 온도를 나타내는 아주 간단한 것이었다. 나는 그 집에 갈 때면 그게 신기해서 항상 온도를 들여다보곤 하였다.

그런데 문제는 그로부터 며칠 후에 터졌다. 사촌 집에서 하루를 자고 갈곶리 집에 왔다 며칠 후 다시 배마루를 갔다. 오촌 아저씨는 그 때 벼를 베어서 마당에서 훑고 계셨다. 그때는 '홀태'라는 참빗과 비슷한 작동 원리의 도구에 벼 줄기를 넣고 그걸 힘으로 당겨서 벼 낱알을 떨어내곤 하던 시절이었다. 아주 원시적인 농기구인데 조금 잘 사는 사람들은 발로 구르며 벼를 터는 타작기를 쓰기도 했다.

아저씨는 인사하는 나를 보더니 다짜고짜로, "너 인마, 온도계 훔쳐갔지?" 하시며 손에 쥐고 있던 벼 짚 묶음으로 나의 얼굴을 후려치는 것이었다. 나는 "안 훔쳤어요."라면서 항변해 보았으나 아저씨는 그냥 막무가내였다. 그래서 나는 사촌형네에 들르지도 않고 그길로 울면서 갈곳리 집으로 돌아왔다. 아마도 지난주에 내가 다녀간 후로 온도계가 없어진 모양이었다.

그 사건으로 나는 어린 마음에 큰 상처를 입었다. "엄마가 없다고 이렇게 천대를 받아도 되나?" 하는 서러운 마음이 들었다. 그 상처는 두고두고 나를 괴롭혔다. 내가 50살쯤 되었을 때 오촌 아저씨 장례식장에서 나는 그 이야기를 육촌 형제들에게 했다. 그들도 그 옛날에 내가 온도계를 훔쳐갔다는 말을 듣고 반신반의했는데, 그것이 오해인 줄 오늘에야 알았다면서 나에게 사과하였다.

새엄마, 그리고 딸과 아들

어느 날, 새엄마라는 분이 오셨다. 엄마가 초여름에 돌아가셨는데, 딱 1년이 지난 초여름의 어느 날이었다. 새엄마는 뽀얗게 화장하고 고운 한복을 입고 오셨는데 우리 엄마보다 대여섯 살은 젊어 보였다. 새엄마가 오고 나서 한 달이나 지났을까? 나보다 한 살 어린 남자아이와 두 살 많은 여자 아이가 왔다. 새엄마의 자식들로 그들은 동두천이라는 곳에서 살았다고 했다. 나는 그들과 친해지려고 나름대로 노력했지만 그게 말처럼 쉽지 않았다.

우리 셋은 건넌방에서 함께 잠을 잤는데, 하루는 아침에 일어나보니 내가 오줌을 싼 것이 아닌가. 충격도 그런 충격이 없었다. 동생은 모른 체 했지만, 누나가 그걸 일러바친 모양이었다. 내가 열 살, 이제 몇 달만 더 있으면 열한 살이 되는데 오줌을 싸다니……

새엄마는 나에게 키를 씌워서 이웃집에 가서 소금을 얻어오라고 했다. '키'란 대나무로 엮은 것인데, 그 위에 곡식을 얹어놓고 위로 까불면서 곡식 껍데기를 걸러내는 도구이다. 그걸 머리에 뒤집어 쓰면 거의 무릎 종아리까지 내려올 정도로 크다. 아마도 그때에는 오줌을 싸는 아이에게 그런 벌을 내리는 습관이 있었던 것 같다. 내가 싫다고 하자 새엄마는 나에게 회초리를 들이대며 나를 협박했다. 하는 수 없이 울면서 이웃집 영기네 집 문을 두드렸다. 잠시 후 영기 엄마가 나오더니 발가벗고 키를 머리에 둘러쓴 나를 보고는 깜짝 놀랐다. "에구, 이 녀석아, 이게 무슨 꼴이냐?"

대략 그런 말씀을 하신 것 같다. 그 말을 듣는 순간 나도 모르게 참았던 울음이 펑펑 쏟아졌다. 어떻게 주체할 수가 없었다. 곧 있다가 영기가 나왔다. 그 아이는 나와 같은 반으로 나의 단짝 친구였다. 우는 내 모습을 본 영기가 따라 울자, 그때까지 가만히 있던 영기 엄마도 함께 울었다. 잠시 후 영기 엄마는 울음을 그치고 내가 쓴 키를 작대기로 툭툭 몇 번 두드리더니 들고 간 바가지에 소금을 담아주셨다. 나는 어려서부터 단 한 번도 오줌을 싸 본 적이 없었다. 아마도 환경이 바뀌어서 내가 스트레스를 많이 받은 모양이었다.

나는 점점 더 밖으로만 돌았다. 아침에 학교를 간다고 나와 가끔은 학교를 가지 않고 중간에 '목매달아 죽은 산' 근처를 어슬렁거리거나 학교 앞 방죽 둑길을 걷다 오곤 했다. 어떤 날은 배마루 사촌 집에 가서 자고 오기도 했다. 또 다른 날은 아침에 학교를 간다고 나와서 엄마의 무덤가에 앉아 있다가 배가 고프면 사촌 형수가 점심으로 싸준 삶은 고구마를 먹고 그대로 잠이 들기도 했다. 더욱 서러운 건, 내가 그렇게 몇 밤을 밖에서 자고 와도 집에서는 아무도 나에게 "어디 갔었느냐?"라고 물어보는 사람이 없었다.

끝없는 방황, 고모네 집

그런데 새엄마가 오고 여섯 달이나 지났나? 막 새해가 시작되는 무렵에 우리는 갈곶리 집을 팔고 오산의 양철지붕 집으로 세를 얻어 이사 가게 되었다. 그때는 그런 생각을 아예 하지도 못했지만, 한참 세월이 흐른 뒤에 이런저런 생각을 해보았다. 어떻게 해서 갈곶리의 좋은 집을 팔게 되었을까? 서정리(현재의 평택시 서정동)로 가는 도로변의 너른 논은 어디로 갔을까? 오산으로 가는 길옆의 밭은 또 어디로 갔을까? 아마도 아버지가 새엄마를 모셔 오는데 많은 돈을 썼거나 아니면 놀음을 해서 재산을 탕진하셨나보다 하고 추측을 해보았지만 이미 다 끝난 후의 일이었다. 그것 또한 내가 다 성장해서 해본 막연한 추측일 뿐 정확한 내막은 알 길이 없다.

그때부터 나는 서울의 고모네 집을 찾아가기 시작했다. 그때까지 두 차례 아버지를 따라서 고모네 집을 간 적이 있었는데, 그때의 기억을 되살려서 나는 혼자서 고모네 집을 단번에 찾아갔다. 서울역에서 전차를 타고 종로3가에서 내린 다음 피카디리 극장 옆 골목으로 한참을 꼬불꼬불 들어가면 고모네 집이 있다는 사실을 어느 사이엔가 기억하고 있었던 것이다.

고모는 아버지의 동생으로 나를 끔찍하게 아껴주셨다. 나를 보면 꼭 끌어안고 "아니구, 내 새끼 왔구나."라면서 나를 귀여워해 주시곤 했다. 고모네 집에는 작은누나와 큰누나가 있었고 아들은 없었다. 고모부는 일찍 돌아가셨다고 들었다. 고모는 일찍부터 종로3가에서 여관을 해서 돈을 많이 벌었다. 'ㄷ' 자 형태의 한옥 기와집에 방이 다닥다닥 붙어 있었는데, 방마다 몸을 파는 여자들이 살고 있었다. 그런데 거기 사는 아줌마나 누나들도 내가 여러 번 가자, 나를 무척이나 귀여워해 주어 사탕도 주고 어떤 때는 양말도 줬다.

누나들도 나를 사랑하기는 마찬가지였다. 나를 데리고 미도파백화점을 데리고 간 적도 있었다. 생전 처음으로 백화점이라는 곳을 가보았는데 거긴 완전히 별천지였다. 그렇게 해서 나는 점점 더 시골집이 싫어지고 틈만 나면 서울을 올라오곤 했다.

또 가출, 장동희네 집에서의 이틀

몇 달 후, 또다시 이사를 가게 되었다. 지난 번의 양철지붕 집보다도 더 허름한 집으로, 집 앞 공터 너머로는 오산역의 창고들이 죽 늘어서 있었다.

나는 단 하루도 집에 붙어 있기가 싫었다. 내가 생각해도 참으로 희한한 일이 벌어진 것이었다. 갈곶리 어린아이들이 오산의 성호국민학교까지 다니는 것이 너무 힘들겠다고 하여 나라에서 갈곶리에 새 학교를 지어주었는데, 이제 나는 정반대로 오산에서 갈곶리로 다니는 꼴이 되었으니 말이다. 학교를 가는 둥 마는 둥 했지만 그래도 여전히 나는 반장이었다. 공부를 열심히 하지도 않았는데도 언제나 반장이나 회장은 나의 몫이었다.

성호국민학교 다닐 때 장동희라는 단짝 친구가 있었다. 그의 집은 오산 장터 근처에 있었는데 집도 크고 방도 여러 개였다. 나는 성호국민학교 시절에 그 아이의 집에 자주 놀러 가곤 하였는데, 갈곶국민학교로 간 후 한두 번 밖에 보지 못하고 있었다. 그러던 어느 날 아침, 새엄마가 벤또를 싸 주면서, 내 것에는 보리밥만 넣고 누나와 동생의 벤또에는 쌀밥만 넣는 것을 보게 되었다. 밥을 담아서 벤또 세 개를 나란히 놓고 반찬으로 무장아찌를 넣으려는 순간에 내가 힐끗 보게 된 것이었다. 어린 마음에도 순간적으로 욱! 하는 감정이 치솟았다. 그래도 나는 아무렇지도 않은 표정으로 집을 나왔다.

학교에 가기가 싫어졌다. 공부도 다 때려치우고 싶었다. 그때 떠오른 아이가 장동희였다. 나는 오산을 벗어나 산척저수지를 지나 엄마의 산소가 있는 산으로 갔다.

오산과 산척저수지 중간쯤에 무슨 군부대 통신대가 있었는데, 거기에는 하늘 꼭대기까지 안테나가 치솟아 있었다. 항상 군부대 옆을 지날 때면 웅~ 하는 소리가 났었다. 군부대 바로 옆으로는 꽤 큰 도랑이 있었는데, 그 물은 산척저수지로부터 내려오는 물이었다. 예전에도 그 길을 갈 때면 도랑 속에 빨갛고 파란 물고기들이 신기해서 그것들을 열심히 들여다보곤 했는데 이제는 그것도 다 귀찮았다. 앞에서 아이들이 재잘거리며 학교로 가고 있었다. 나는 그중에서 혹시라도 아는 아이가 있을까 하여 일부러 밑으로 내려가서 물고기를 살피는 척했다. 참으로 서글펐다. 아이들은 학교 쪽으로 가고 있는데 나는 정반대 방향으로 가고 있으니 말이다.

나는 엄마의 무덤 앞에 앉아 이런저런 생각을 했다. 엄마와의 즐거웠던 시절을 떠올리기도 했다. 턱 밑으로 수건을 대고 내 얼굴을 씻겨주시던 엄마 생각을 하니, "흥, 코풀어!"하며 내 얼굴을 닦아주시던 엄마의 목소리가 들려오는 것 같기도 했다. 학교에서 우등상장을 받아 오면 내 머리를 쓰다듬어 주시던 엄마, 그 생각을 하자 내 까까머리 위로 엄마의 손길이 스쳐 지나가는 느낌이 들기도 했다.

그래도 아직 해는 중천에 걸려있었다. 앞으로도 한두 시간은 더 있어야 장동희가 집에 돌아오겠지. 무덤 옆에 있는 나무 밑에서 책보를 풀고 벤또를 꺼내 먹었다. 그러다 곰곰이 생각해 보니 내일 학교 갈 일이 걱정되었다. 선생님께 무어라고 핑계를 대야 하나? 지금쯤 열심히 공부하고 있을 아이들 생각도 났다. 이런저런 생각을 하다가 스르르 잠이 들었다.

　무덤 뒤쪽 길에서 사람들의 소리가 들려서 잠에서 깨어났다. 어느덧 해가 꽤 많이 기울어 있었다. 이제쯤 가면 장동희가 오지 않았을까? 나는 책보를 둘러메고 산에서 내려와 오산으로 향했다.

　그날이 오산 장날이었나 보다. 어쩐지 아침에 오산 장터 앞을 지나칠 때 사람들이 평소보다 많다고 생각했다. 장터 근처에 오니 이곳저곳에서 왁자지껄 떠드는 소리가 들린다. 구수한 국밥 냄새도 났다. 사람들을 헤치고 장동희네 집으로 갔다. 장동희의 여동생이 나와서 오빠는 아직 안 왔다고 했다. 세 살 어린 여동생은 나를 알아보고는 생긋 웃었다. 머리에 띠를 두른 모습이 무척 귀여워 보였다.

　들어와서 기다리라는 여동생의 말을 뒤로하고 나는 다시 장터를 어슬렁거리며 시간을 보냈다. 근처에는 우시장도 있었다. 소들이 음메! 음메~ 울고 있었고 사람들이 흥정하는지 무어라고 열심히 떠들어대고 있었다. 다시 국밥집 앞을 왔다. 냄새가 너무 좋았다. 김이 모락모락 나는 국밥 솥단지를 물끄러미 보고 있는데 누가 내 어깨를 탁! 치면서, "야, 임마!"하고 소리친다. 장동희였다.

　장동희는 2학년 때 나에게 자기 벤또를 양보하던 아이였다. 엄마가 돌아가시고 나서 벤또를 싸 오지 못하는 날이 많았다. 내가 슬며시 교실 밖으로 나갈라치면 그 아이는 자기 벤또를 나에게 건네주곤 했다. 자기는 집에 가서 먹으면 된다고 하면서.

우리는 집에 가서 그동안 못 나누었던 이야기들을 했다. 저녁도 함께 먹고 밤에 잠도 함께 잤다. 거기서 이틀 밤을 지내며 재미있는 이야기도 많이 나누었다. 장동희는 자기는 다음에 크면 목사님이 될 거라고 했다. 나는 교회라고는 갈곶리에 천막 교회가 생겼을 때 잠깐 가 본 것이 전부였기 때문에 목사가 무엇을 하는 사람인지 잘 몰랐다. 천막 교회에서 공책과 연필을 공짜로 준다고 하여 친구 따라서 한두 번 가본 것이 전부였다.

새엄마네 식구와의 이별

새엄마와 1년쯤 살았다. 싫으니 좋으니 해도 막상 동생과 누나와 헤어지려니까 눈물이 났다. 누나와는 별로 친하게 지내지 않았고 사이도 좋지 않았다. 누나는 조금 바람기가 있어 동네에 형들이 수시로 집 근처를 어슬렁거렸고, 저녁때 나가면 밤이 늦어서야 집에 돌아오곤 했다. 그래도 새엄마는 누나에게 무어라고 하지 않았다.

동생은 나보다 한 살이 어렸는데, 뒷머리가 아주 많이 튀어나와서 나는 항상 동생을 '뒷꼴통'이라는 별명으로 불렀다. 동생은 "형아, 형아!" 하면서 나를 따라다녔지만 나는 언제나 퉁명스럽게 대하곤 했다. 누나와 동생은 학교 성적이 영 신통치 않았다. 그건 아마 머리가 나빠서라기보다는 동두천이라는 곳에서 낯선 땅 갈곶리와 오산으로 옮겨와서 이 학교 저 학교로 전학을 다녀서 그럴 것이다.

새엄마네 식구는 버스를 타고 서울로 가서 거기서 동두천으로 가는 버스로 갈아타야 한다고 했다. 이른 아침에 헤어지면서 동생과 나는 오산 버스 정거장 앞에서 한참 동안을 껴안고 울었다. 동생에게 좀 더 잘해줄 것을 하면서 후회도 많이 했다.

생각해 보면 새엄마가 나에게 무엇을 특별히 잘못한 것도 아니었다. 단지 먹을 것도 귀하고 옷도 귀하던 때였으니까, 자기가 낳은 아이들에게 좀 더 잘 먹이고 좀 더 좋은 옷을 입히려고 했을 뿐이었다. 새엄마라고 해서 장화홍련의 엄마나 콩쥐팥쥐의 엄마처럼 나쁜 사람이 아니었는데 내가 공연한 반항심이 생겨서 밖으로만 돈 것뿐이었다. 사실 이런 생각도 그 당시는 하지 못했다. 새엄마와 헤어진 후 내가 스무 살이 넘어서 군대에 가서야 "그때 왜 그랬을까?"하는 후회가 되었다. 그로부터 얼마 지나지 않아 아버지와 나도 짐을 꾸렸다. 이제부터 서울 생활이 시작되는 것이다.

(4) 서울 금호동 생활 시작되다

금호동 나룻배와 샛강, 그리고 아이스케키 장사
큰형이 금호동에 방 두 칸짜리 세를 얻었다. 지금의 금호역 바로 밑이다. 앞으로는 꽤 넓은 개울이 흐르고 있었는데, 물은 그 위의 매봉산에서 내려온다고 했다. 몇 년 후에는 복개 공사를 하여 시멘트로 다 덮어버렸다. 그런데 이상한 것은 비가 많이 와도 굵은 모래만 쓸려 내려올 뿐, 물고기는 눈을 씻고 찾아보아도 보이지를 않는 것이 아닌가.

시골 갈곶리에서 살 때는 비만 왔다 하면 체와 깡통을 들고 철도 옆의 개울로 갔다. 개울가에 체를 물 흐르는 방향과 반대로 대고 있으면 곧 톡! 톡! 하며 신호가 온다. 송사리나 피라미가 물을 거슬러 올라가려다가 체에 걸리는 것이다. '체'라는 것은 쌀가루나 밀가루를 거르는 부엌의 취사 도구로, 쉽게 설명하자면 그물의 축소판이라고 보면 된다. 한두 시간만 있어도 송사리, 피라미, 붕어, 민물새우 같은 것들을 20, 30마리는 쉽게 잡는다. 어떤 때 운이 좋으면 예쁜 버들붕어도 잡을 수 있었다. 그런데 여기 금호동의 개천에는 물고기가 단 한 마리도 없는 것이었다. 나에게는 엄청난 문화적 충격이었다.

서울 온 지 한 달 정도 지난 어느 날 아침, 옆집 친구가 아이스케키 장사를 하러 같이 가자고 했다. 금남시장에 '거북당'이라는 꽤 유명한 아이스케키 공장이 있었다. 친구는 100개를 받으면서 나에게도 100개를 받으라고 하는 것을, 나는 경험도 없고 하여 50개만 달라고 했다. 친구가 자기는 어제 강 건너 샛강에 가서 재미를 보았다고 나에게 거기로 가보라고 했다.

지금의 경의중앙선 옥수역과 응봉역 사이 철길 건너였다. 1961년 당시 강에는 나룻배가 있었다. 강변에는 인근 동네에 사는 아줌마들이 빨래해서 말리려고 널어놓은 옷들이 즐비했다. 커다란 가마솥을 걸어놓고 옷을 물들여주는 아저씨도 있었다. 옷이 원체 귀할 때였으므로 군복을 검정색으로 염색해 입는 것이었다. 그때는 군복 색깔을 국방색이라고 불렀는데 그걸 그대로 입으면 처벌을 받을 때였다. 그때 금호동 쪽 한강에는 강을 오가는 나룻배도 있었다. 사공은 서른 살쯤 된 애꾸눈 아저씨였는데 반바지를 입고 노를 저었다. 참으로 격세지감(隔世之感)이라고 아니 할 수 없다.

금호동 쪽에서 배를 타고 강을 조금 건너가면 중간에 '샛강'이라는 모래톱 섬이 있었다. 그 건너가 바로 지금의 압구정이다. 금호동과 샛강 작은 섬 사이의 강에는 중랑천의 똥물이 흐르고, 샛강 작은 섬과 압구정 사이의 강에는 뚝섬 쪽에서 내려오는 맑은 물이 흐른다. 그래서 수영을 즐기려는 사람들은 일부러 배를 타고 건너와서 맑은 물이 흐르는 샛강 쪽으로 가는 것이다.

친구는 어제 거기서 100개를 순식간에 다 팔고 왔다고 했다. 그런데 열두 살 어린아이의 걸음으로 아무리 가고 또 가도 사람들은 보이지 않았다. 중간에 서너 명을 만났는데, 그들은 아이스케키를 안 사 먹었다. 결국은 한참을 걸어가서 샛강까지 왔지만 고작 다섯 개를 판 것이 전부였다. 통을 열어보니 물로 흥건하였고, 성한 것이라고 해도 뼈대에 얼음만 조금 붙어 있을 뿐이었다. 나는 울면서 남은 아이스케키를 먹었다. 아마도 20개 이상은 먹지 않았을까 싶다.

아이스케키 공장에 돌아와서 친구를 물어보자, 친구는 이미 다 팔고 돌아갔다고 했다. 나는 하나도 못 팔았다고 사정 이야기를 해보았으나 소용이 없었다. 결국 책임자 아저씨로부터 흠씬 두들겨 맞고 울면서 집으로 돌아왔다. 당시 아이스케키 값은 한 개에 1원이었는데, 60전은 공장 몫이고 나에게는 40전이 떨어지는 구조였다. 나의 '첫 사업'은 보기 좋게 실패하였다. 실수라면 친구의 말을 너무 곧이곧대로 믿은 것과 그날이 월요일이라는 점을 생각하지 못한 것이었다. 친구는 일요일이라서 그렇게 대박을 친 것이었다.

당인리와 물 길어 나른 이야기

다음 해 큰형이 결혼했다. 결혼할 나이로는 조금 이르지만 어쩌겠는가? 홀아비 하나에 삼 형제가 밥해 먹고 빨래하려니 여간 옹색한 게 아니었다. 그래서 가까운 친척들에게만 알리고 큰형이 결혼식을 올린 것이었다. 집안에 여자가 들어오자 갑자기 활기가 돌면서 집안이 밝아지기 시작했다. 나는 열두 살 어린아이였기에 큰형수를 마치 엄마

따르듯이 하였다.

　하루는 큰형수가 친정을 간다면서 나를 데리고 갔다. 하얀 연기가 꾸역꾸역 나오는 당인리발전소 바로 옆이었는데, 아마도 지금의 합정역 근처가 아니었을까 싶다. 당시는 그곳 전체가 다 논과 밭이었고 집도 모두 초가집이었다. 하룻밤을 자고 다음 날에는 강 건너 영등포를 갔다. 오빠가 소방서에서 근무한단다. 한겨울이었는데 꽁꽁 얼어붙은 한강을 그냥 건너갔다가 다시 건너왔다. 강을 건너가서 조금 더 가니 소방서가 나왔다. 그 아저씨는 무척이나 반가워하면서 근처의 중국집으로 우리를 데리고 가서 자장면을 사주었다.

　그때 돌아오는 길에 큰형수가 들려준 이야기가 두고두고 잊히지 않는다. 몇 년 전에 할머니가 돌아가셨는데, 할머니는 6.25한국전쟁 전부터 중풍이 들어서 자리에서 일어나지 못했다고 했다. 똥오줌을 날마다 받아내곤 했는데, 전쟁이 터지고 며칠 후에 집 바로 옆에서 포탄이 터졌다. 그러자 자리에 누워있던 할머니가 어느 사이엔가 밖으로 제일 빨리 도망치더라는 것이었다. 그 후 할머니는 1년쯤 더 살고 돌아가셨는데, 큰형수는 그동안 할머니가 꾀병을 앓았던 것이었는지, 아니면 포탄이 터지는 순간 어떤 초인적인 힘이 솟아난 것인지는 모르겠노라고 말했다.

　몇 달 더 지나고는 조금 더 큰 집으로 이사를 갔다. 다섯 식구가 조그마한 골방 두 개에 있기가 너무 비좁아서 조금 큰 집으로 옮기려니 부득불 조금 더 산 위로 올라가야 했다. 그때 우리는 그 산을 '해병대산'이라고 불렀다. 산꼭대기에 해병대 통신대가 있어서 그렇게 부른다고 했다. 지금의 금호역과 약수역 사이를 가로막고 있는 산이었는데,

그 당시에는 그보다 훨씬 더 높았던 것으로 기억된다. 그 수십 년 세월이 흐른 탓에 산이 낮아진 것인지, 아니면 나의 어렸을 적의 착시현상 때문인지는 모르겠다.

그때 산 밑의 개울가에 막 공동수도가 생겼는데, 새벽 일찍 가지 않으면 몇 시간씩 기다려야 했다. 일찍 간다고 가도 보통 물통을 놓은 줄이 꼬불꼬불하게 이어져 있었다. 30개~40개는 기본이었다. 그렇게 아침마다 물과의 전쟁이 벌어졌다. 얼마 지나지 않아서 형수와 나의 등뼈에는 굳은살과 흉터가 생겼다. 물지게를 하도 많이 진 때문이었다.

어느 날엔가는 동네 친구가 자기가 다니는 깡통공장에 함께 다녀보지 않겠느냐고 했다. 그 아이를 따라서 간 공장은 금호동을 가로질러 응봉동도 지나면 나오는 무학여고 근처에 있었다. 아이들이 스무 명쯤 됐는데 나처럼 어린아이에서부터 스무 살이 넘은 형들도 있었다. 거의 모든 작업이 프레스를 돌리거나 하는 힘든 일이어서 나는 너무 어리다고 힘이 덜 드는 병뚜껑 제조 공정에 투입되었다. 한쪽에서 프레스로 양철판을 동그랗게 따면 나는 그 옆의 에끼셍이라는 기계에 그 동그라미 양철을 넣고 꼭 찍어서 병뚜껑 둘레에 별 모양을 내는 작업이었다. 비교적 단순한 작업이었지만 안전사고도 자주 나곤 했다.

어느 날 점심을 먹고 나서 작업을 하려니까 몸이 무척이나 나른하고 졸음이 왔다. 억지로 참으면서 작업을 하는데 갑자기 엄지손가락에 감각이 없어진 느낌이 들었다. 화들짝 놀라서 손을 보니 내가 손을 그대로 넣고 기계를 돌린 것이었다. 다행스럽게도 그 에끼셍은 순간 압력 30관(75kg)의 경량 기계였다. 손가락이 하얗게 되었는가 싶더니, 이내 갈라진 손톱 사이에서 피가 솟구치면서 통증이 몰려오기 시작하였다. 다행스럽게도 크게 다치지는 않아서 지금은 엄지손가락의 손톱 있는 부분에 조금 갈라진 듯한 흉터로 남아 있을 뿐이다.

은방에 취직하다

　다음 해 봄이 되자 종로의 고모가 좋은 곳이라며 새로운 공장을 알선해 주었다. 사직동 어디라고 하는 주소를 들고 물어물어 찾아갔다. 당시는 금호동과 불광동을 오가는 노선버스가 있었다. 그래서 버스를 갈아타지 않고도 한 번 만에 갈 수가 있었다. 신문로 지소 옆 골목으로 고급 주택가들을 따라서 한참을 걸어 들어가야 했다.

　공장이란 가정집의 2층에서 하는 가내수공업으로, 사장 겸 전문기술자 아저씨 한 명에 보조 기술자 아저씨 한 명, 그리고 열두 살 심부름꾼인 내가 전부였다. 주로 은팔찌와 귀고리, 목걸이를 전문으로 하는 공장이었다. 다다미 바닥에는 이런저런 도구들이 있었다. 그것들은 깡통공장처럼 무지막지한 기계들이 아니고 모두가 아기자기한 것들이었다. 은을 녹이는 도가니, 불이 나오는 도치램프, 녹인 은을 얇게 만드는 롤러, 은을 두드려 이런저런 모양으로 만드는 모루와 망치, 제품을 고정시키는 바이스, 광택을 내는 용도에 쓰이는 아주 작은 모터와 빠우라고 하는 동그란 걸레, 은을 조각할 때 쓰는 작은 조각칼, 모래를 뿌리는 깔대기 등등…….

　일이 무척이나 재미있었다. 먼저 은을 도가니에 녹인다. 그런 다음 그것을 국수 뽑는 기계 비슷한 롤러에다가 자꾸자꾸 얇게 늘린다. 아주 얇아지면 그것을 절단하여 목걸이도 만들고 팔찌도 만드는 것이다. 은은 아주 연하기 때문에 망치로 살살 두드리면 어떤 모양도 만들 수가 있었다.

목걸이로는 주로 '로켓'이라는 것을 만들었는데, 그것은 하드형의 목걸이 안에 애인이나 가족사진을 넣을 수 있도록 고안되어 있었다. 그 공정은 이렇다. 처음 프레스로 모형을 뜬 다음 조그마한 망치로 살살 두드려 모양을 잡아간다. 모양이 다 완성되면 그것을 반짝거리게 광을 낸다. 그런 다음 그 위에 조각을 한다. 조각하는 일은 아주 섬세한 공정으로, 작은 바이스에 제품을 단단하게 물린 다음 앞에 펼쳐 놓은 그림책의 그림을 보면서 은을 '파내는' 것이다.

조각이 끝나면 제품의 가장자리에 모래를 떨어뜨려서 흠집을 낸다. 표면 작업이 다 끝나면 뒷판과 합치하고 꼭대기에 있는 고리에 줄을 연결하면 비로소 제품이 완성되는 것이다. 목걸이 표면의 그림은 가지가지였다. 북을 치거나 장고를 치는 한복 차림새의 여인이 있는가 하면, 세배를 드리는 어린아이도 있고 그네를 타는 처녀도 있었다. 그 당시에 지금의 롯데호텔 자리에는 '반도조선아케이드'라는 외국인 전용 쇼핑센터가 있었는데 우리가 만든 물건들은 주로 그곳에 납품되었다. 또 다른 큰 거래처는 신세계 본점 바로 건너편에 있는 정금사라는 가게였는데, 아저씨 말로는 거기가 우리나라에서 제일 큰 금방이라고 했다.

나는 일도 재미있었거니와 일터가 아늑하고 조용해서 무척이나 만족하면서 다녔다. 지난번 깡통공장처럼 거친 아이들도 없었고 위험한 기계도 없었다. 또 서울의 한복판에 있었기에 주변이 훨씬 더 깨끗하고 조용했으며 만나는 사람들도 한결 품위가 있었다.

바지에 똥을 싸다

그러던 어느 날이었다. 봄인데도 꽤 추웠다. 아침에 공장을 가는데 신문로 지소 앞에서부터 똥이 마렵기 시작했다. 아침을 급히 먹은 탓인지 아니면 무엇을 잘못 먹은 것인지 하여튼 배가 부글거리며 당장이라도 똥이 나올 것 같았다. 그런데 공장까지 가려면 어린아이의 걸음으로 10분 이상을 가야 했다. 양옆의 집들은 모두가 높다란 담장이 둘러 있고, 공장 근처의 한옥들도 변소는 모두 집 안에 있었기에 어떻게 해볼 방법이 없었다. 참고 참다가 집 앞까지 도달했는데, 아차! 그만 대문 앞에서 바지에 똥을 싸고야 말았으니 낭패도 이런 낭패가 없었다.

마침 공장에 도착하니 작은아들이 학교를 가려고 엄마에게 인사를 하며 대문을 나오고 있었다. 아들은 뛰어 갔지만 아줌마는 순간적으로 상황을 알아차렸다. 내가 울상이 되고 몸에서 똥 냄새가 진동하는 것으로 보아 바지에 똥을 싼 것이 분명하다고 판단한 아줌마는 서둘러 나를 대문 옆의 변소로 데리고 들어갔다. 변소는 작은 타일들이 바닥과 벽에 붙어 있었다. 잠시 후에 아줌마는 더운물을 몇 번 나르더니 이내 커다란 통을 가득 채웠다.

그 집은 한옥으로 1층에는 주인집 아저씨와 아줌마가 살고 2층은 우리가 공장으로 쓰고 있었다. 큰아들은 중학교 2학년이었고, 작은아들은 나와 같은 나이로 국민학교 6학년이었다. 아줌마는 나를 깨끗하게 목욕시켜 주었다. 엄마 말고는 처음으로 다른 사람이 내 몸을 씻겨준 것이었다. 그러고는 집안으로 나를 데리고 들어가더니 아들의 옷을 입혀주었다. 덕분에 나는 좋은 옷을 한 벌 얻게 되었다.

일이 끝나고 저녁에 아저씨들이 다 퇴근하는데 아줌마가 저녁을 함께 먹자고 하는 게 아닌가. 아침에 똥 싼 것이 부끄러워서 아이들을 만나고 싶지 않았지만 어쩔 수가 없었다. 한 상에 모두 둘러앉았다. 마루는 니스 칠을 해서 반짝반짝 빛나고 방도 콩기름 냄새가 나는 따뜻한 방이었다. 안방에는 공작새가 앉아 있는 그림이 들어가 있는 장롱에 다른 가구도 많았고 사진 액자도 여럿이었다. 반찬도 불고기, 계란말이, 김, 미역국 등등, 그때까지 나는 그렇게 많은 반찬이 차려진 상을 본 적이 없었다. 밥을 먹으면서 아저씨는, 자기는 연세대학교를 다니던 중에 6.25전쟁을 만나서 군대를 갔다고 했다. 나는 연세대학교가 무엇인지 어디 있는지도 몰랐지만, 많이 배운 분이라는 정도는 짐작할 수 있었다.

아저씨는 밥을 먹으면서 자기가 군대에서 겪은 이야기를 했다. 한 번은 트럭에 실려서 전선으로 이동하는 중에 똥이 마려워서 참을 수가 없었단다. 그런데 군대 트럭은 여러 대가 동시에 이동을 하니 자기 하나의 사정 때문에 트럭 대열을 멈출 수도 없고 하여 그냥 계속 달리기만 했고, 결국에는 바지에다 똥을 싸고 말았다는 것이었다. 그래서 목적지에 도착해 상관으로부터 멍청한 놈이라고 두들겨 맞았다는 이야기였다. 아이들은 깔깔거리며 웃어댔지만 나는 쥐구멍이라도 있으면 찾아 들어가고 싶은 심정이었다.

주인집 아줌마는 그 후에도 장을 보러 갈 때 가끔 나를 데리고 가며 이런저런 서울 이야기를 들려주시곤 하였다. 그때 그 장터가 나중에 20년 가까이 세월이 흘러 내가 현대그룹에 입사하여 보니 바로 현대 사옥 뒤쪽, 그러니까 지금의 세종문화회관 뒤편이었다. 참으로 그 장소가 새롭게 보였다. 그리고 그 당시 아저씨가 군대 이야기를 한 것도 나를 조금 덜 부끄럽게 해주려고 일부러 꺼낸 이야기로구나 하는 생각을 했다.

나에게 아주 잘해주셨던 공장장 아저씨

그 기술자 아저씨는 아버지 또래였는데 무척이나 기술이 좋은 분이었다. 아저씨는 일본 기술자 밑에서 기술을 배웠다고 했다. 목걸이나 팔찌를 만들 때면 아저씨가 그 표면에 아주 작은 조각칼로 복(福)이나 수(壽)와 같은 글자들을 새기기도 하고, 어떤 제품에는 여인네가 북치는 모습이나 그네 타는 광경을 파기도 했다.

사장 겸 공장장인 기술자 아저씨는 나를 무척이나 아껴주셨는데 하루는 집으로 나를 데리고 갔다. 아저씨네 집은 한옥으로 남산의 중턱쯤에서 명동 쪽을 바라보고 있었다. 아저씨는 그 집의 방 한 칸을 세내서 아줌마와 딸, 이렇게 세 식구가 함께 살고 있었다. 어두워질 무렵에 딸이 학교에서 돌아왔다. 딸은 작은형 또래로 자주 색깔의 교복을 입고 있었다. 그 앞에 있는 수도여자사범대학 부속 고등학교에 다닌다고 했다. 나중에 그 자리에는 세종호텔이 들어섰다.

방에 세간이라고는 앉은뱅이 책상, 두 줄로 쌓아 놓은 책들, 옷을 넣어두는 서랍장, 그 위의 이불, 커다란 옷 가방 두 개, 그것들이 전부였다. 벽에는 못을 박아 이런저런 옷들을 걸어놓았다. 한눈에도 아저씨 살림이 어렵다는 것을 알 수 있었다.

딸은 그래도 내가 남자라고 생각했던지 무척이나 거북해하는 모습이 역력했다. 아마도 방이 작고 초라해서 부끄러움을 느꼈는지도 모르겠다. 잠시 후에 밥상이 차려지고 우리 네 명은 밥을 맛있게 먹었다. 아저씨는 내가 나이도 어린데 아주 눈썰미가 좋아서 일을 금방금방 배운다고 했다. 조금 시간이 지나자 딸도 마음이 편안해졌는지 나에게 이런저런 이야기를 걸어왔다. 나는 그 집에서 두 시간 정도를 지내다가 걸어서 금호동 집으로 왔다. 그런데 그렇게 나에게 살해주시던 아저씨가 어찌된 일인지 그로부터 1년도 더 살지 못하고 돌아가셨다.

해가 바뀌어 내가 열세 살이 되자 작은형이 나에게 중학교에 다니라고 했다. 작은형은 동대문 광장시장에서 브로치 장사를 하고 있었다. 브로치 장사라고 해보았자, 무슨 거창한 가게가 아니고 그저 엿판 정도 되는 크기의 판때기 위에 100여 개의 브로치, 목걸이, 머리띠, 반지 같은 것들을 놓고 파는 노점상이었다. 노점상은 불법이기 때문에 경비가 떴다 하면 번개처럼 빨리 좌판을 접고 튀어야 한다. 그런데 작은형은 그때 비록 16살이지만, 3년 전부터 거기서 장사를 해온 '베테랑'이었다. 처음에는 양말 장사를 2년 정도 하다가 1년 전부터 브로치 장사로 바꾸었다. 예나 지금이나 여자들의 장신구 장사는 불황이 없는 것이다.

작은형의 말로는 이제 장사도 좀 되고 돈도 곧잘 버니까 나의 학비를 충분히 대줄 수 있다는 것이었다. 그러면서 을지로 입구에 중앙고등공민학교라는 곳을 함께 가보자고 했다. 다음 날 나는 아저씨께 말씀을 드렸다. 아저씨도, 지금 배울 기회를 놓치면 안 된다면서 일찍 끝내줄 터이니 형 말대로 하라고 했다.

중학교 1년 과정을 6개월 속성으로

다음 날 오후에 작은형과 내무부 바로 뒤에 있는 중앙고등공민학교에 갔다. 내무부 건물은 그 후 외환은행 본점으로 바뀌었다가 다시 하나은행 본점이 되었다. 학교는 3층 목조 건물이었는데 학생들이 무척이나 많았던 기억이 난다. 교무실에 가서 선생님과 구체적으로 상담을 했다. 1, 2, 3학년 과정 모두 속성과정으로 정규학교의 절반, 즉 1년 6개월이면 중학교 3년 과정을 모두 마친다고 했다. 선생님은, 학교에 입학하려면 국민학교 졸업장이 있어야 한다고 했다. 그런데 어쩌나? 졸업장이 없으니. 내가 4학년 1학기까지만 다니다가 그만두었다고 했더니, 그러면 학교에 가서 증명서를 발급받아 오라는 것이었다.

4월의 어느 날, 나는 갈곶리를 갔다. 4학년 1학기 가을에 학교를 떠난 지 1년 6개월 만에 다시 찾은 것이었다. 학교 주변에는 이제 막 겨울잠에서 깨어난 나무들에 물이 올라 파릇파릇했다. 학교를 떠나올 때 아무도 모르게 슬그머니 떠나왔던지라 선생님들을 만나면 꾸지람을 들을 것만 같았다.

11시경에 교무실에 도착하여 서무 선생님을 찾았다. 마침 수업 시간이라 교무실에는 급사 누나와 서무실 선생님만 계셨다. 나는 선생님께 자초지종을 말씀드리고 증명서가 필요하다고 말씀드렸다. 선생님은 알았다면서 학적부를 꺼내오더니 이내 붓글씨로 정성껏 확인서를 만들어주셨다. 선생님은 그것을 다 만들더니 교장실에 다녀와야 한다며 밖으로 나갔다. 잠시 후, 문이 다시 열리며 교장선생님이 들어오시는 게 아닌가!

나는 너무 놀라 머리가 땅에 닿도록 인사를 드렸다. 교장선생님은 아무 말 없이 나를 뚫어지게 쳐다보셨다. 그러더니 내 머리를 쓰다듬

으시면서, "잘해야 한다."는 말씀만 남기고 나가셨다. 아마도 교장선생님은 나를 기억하고 계셨던 모양이었다. 학교에서 상을 줄 때면 나는 빠진 적이 없었고, 학예회 때도 나는 늘 연극의 주인공이었으니까, 어쩜 기억하실 수도 있겠다 싶었다. 인사를 하고 나오려는데 서무과 선생님이 잠시만 더 기다리란다. 조금 후면 수업이 끝나니까 옛날 담임선생님을 만나고 가야 하지 않겠느냐는 것이었다. 나는 그냥 나오기도 그렇고 기다리기도 그렇고, 어찌하면 좋은지 알 수가 없었다.

미적거리고 있는데 사이렌 소리가 나면서 학생들이 뛰어나오는 소리가 들렸다. 내가 다닐 때는 종을 땡땡! 쳐서 수업 시작과 끝을 알렸는데, 그 사이에 사이렌으로 바뀐 모양이었다. 곧이어 교무실 문이 열리면서 선생님들이 들어오기 시작했다. 다른 선생님들도 모두 나를 반겨주셨지만, 4학년 때 담임이셨던 김옥동 선생님은 나를 끌어안고 한참을 계셨다. 그러더니 한 말씀 하시는 것이었다.

"야, 인마, 그렇게 소리 소문도 없이 가버리면 어떻게 하나?"

집안 사정 때문에 서울로 갔다는 것은 알고 계셨지만, 선생님은 내심 나의 소식을 계속 궁금해하고 계셨단다. 참으로 고마운 일이 아닐 수 없었다. 선생님은 떠나는 나에게 "아이들을 보고 가라"고 하셨지만 나는 그냥 학교를 나왔다.

동북중학교를 갈 수 있었는데

나는 하루 종일 공장 일을 하고 저녁에 학교 수업을 마치고 10시가 넘어서 동대문 광장시장으로 갔다. 그때쯤이면 작은형도 시장 일을 마치고 집으로 갈 준비를 하고 있었다. 그때는 '야시장'이라고 하여 밤에 오히려 손님이 더 많았다. 좌판을 꽁꽁 묶어서 시장 보관소에 갖다 맡기고 형제는 금호동으로 향한다. 가는 중에 방산시장이라는 데를 지나쳐야 하는데 길옆에서 야끼만두를 파는 곳이 있었다. 근처에 가면 고소한 만두 냄새 때문에 도저히 그냥 지나칠 수가 없었다. 그것을 요즘의 무엇과 비슷하다고 해야 할까? 아마도 고로케가 가장 비슷하지 않을까 싶다. 요즘의 일반 만두처럼 작은 게 아니고 고로케 크기의 큼지막한 것으로 김이 모락모락 나는 야끼만두 속에는 잡채와 고기가 들어 있었다. 방산시장 앞에서 형과 내가 먹었던 만두의 맛은 내가 지금까지 먹어 본 만두 중 단연 으뜸이었다. 우리들이 방산시장 - 을지로5가 - 장충동 고개 - 약수동 고개를 넘어 집에 도착하면 12시가 거의 다 되어 있었다.

그렇게 학교를 석 달 정도 다니고 있을 때였다. 하루는 영어 시간이 끝나고 선생님이 내 옆을 지나치면서, "집에 가기 전에 교무실에서 보자."고 하시는 게 아닌가? 영어 선생님은 이북이 고향인 윤재룡 선생님이었는데 우리 반의 담임도 맡고 계셨다. 선생님은 주간에는 동북중학교에서 영어를 가르치고 야간에는 우리 학교에 와서 또 영어를 가르치셨다. 아마도 월급보다는 불쌍한 아이들을 돕자는 마음이 더 크지 않았을까 싶다.

교무실을 찾아가니 선생님이 나에게, "너 동북중학교에 올 생각 없니?"라며 내 의향을 물어보셨다. 선생님 말씀이, 선생님의 반에 한 명이 다른 학교로 전학을 가서 결원이 생겼는데, 나를 특별히 받아주려고 한다는 것이었다. 그때까지 나는 일반 학교는 등록금이 굉장히 비싸다고만 알고 있었다. 나를 야간 학교에 보내는 것만도 힘든 작은형에게 더 이상 피해를 주면 안 된다는 생각이 들었다. 나는 그 자리에서, "저는 갈 수 없어요"라고 말해 버렸다. 그때 동북중학교는 장충동 앰배서더호텔 바로 앞에 있었다. 만약에 그때 내가 동북중학교에 갔더라면 나의 인생은 많이 바뀌었을 것이다. 서울대학교도 갈 수 있었을지 모른다.

중앙고등공민학교 1학년에는 열세 살부터 스무 살까지 학생층이 다양했다. 스무 살 먹은 학생이 하나 있었는데 우리들은 그를 '형'이라고 불렀다. 그래도 남녀 합반은 아니었고 남학생반과 여학생반이 구분되어 있었다. 어느 날 하루는 그 형이 선생님에게 따귀를 맞았다. 사건의 전모는 이렇다.

그 수업은 음악 시간으로 실습이 아니라 이론 교육이었다. 그때 선생님으로부터 배운 내용 중에 두고두고 나의 기억에 남는 것들이 있다. "음악은 인간의 희로애락을 기호로 표시한 시간적 예술이다."라는 음악의 정의와, 안단테, 라르고, 아다지오 또는 피아노, 피아노시모, 프레스토, 비바체 등과 같은 음악 용어들이다. 그런데 수업 내용을 확인하려고 했는지 아니면 뒤에서 웃고 떠드는 아이들 군기를 잡으려고 했는지, 선생님은 맨 뒤의 학생 하나를 앞으로 불러 세웠다. 반에서 제일 나이가 많은 바로 그 '형'이었다. 뭐라고 주의를 주시는 것 같았다. 그런데 그가 불쑥 이런 말을 하는 게 아닌가.

"선생님, 저 다음 월요일에 군대 가는데 제 기분 좀 알아주면 안 되나요?"

나는 맨 앞자리라 그 말을 아주 똑똑히 들었다. 선생님은 누가 말릴 틈도 없이 그 학생의 따귀를 힘차게 올려붙였다. 음악 선생님은 머리를 위로 틀어 올리고 하이힐을 신은 그야말로 젊고 아름다운 신여성이었다. 그래서인지 음악 선생님의 수업이 있는 날이면 뒷자리의 남학생들은 무어라고 떠들며 킥킥거리곤 하였다. 음악 선생님과 그 형의 나이 차이도 별로 없지 않았을까 싶지만 그래도 선생님은 선생님이었다. 그 사건 이후로는 음악 시간에 뒷자리에서 떠드는 학생들이 없었다.

기술자 아저씨 돌아가시다

한창 공장 일도 재미있고 학교 공부도 재미있게 하고 있을 때였다. 어느 날부터 아저씨가 아프다면서 자꾸 늦게 왔다가는 일찍 가시는 것이었다. 그러더니 한 달 후에는 병원에 입원하셨다면서 더 이상 출근하지 않으셨다.

　기술자 겸 공장 사장이셨던 아저씨가 출근을 못하게 되자 모든 것이 순식간에 멈추어 버렸다. 다른 아저씨 하나는 기술자라고는 하지만 공장장 아저씨처럼 조각과 같은 고난도의 작업은 하지 못했다. 고작해야 은을 도가니에 녹여서 얇게 늘인다거나, 은으로 철사 줄을 뽑는다거나, 그것으로 고리를 만들어서 목걸이나 팔찌에 붙이는 작업을 한다거나, 또는 완성된 제품을 광택 내는 정도의 작업만을 할 수 있을 뿐이었다. 영업도 모두 공장장 아저씨가 했다. 그래도 두 분은 서로 좋은 친구였다.

　하루는 출근을 하니 아저씨가 나와 함께 병원으로 병문안을 가자고 하는 것이 아닌가. 나는 영문도 모르고 아저씨를 따라서 성모병원이라는 데를 갔다. 지금 명동성당 바로 옆에 있는 건물이었다. 대한항공 서소문 본사의 바로 건너편 이었다. 5층인가 6층으로 올라갔더니 공장장 아저씨가 누워있었다. 몸에는 여러 개의 주사바늘이 꽂혀 있었다.

아저씨는 날 보더니 내 손을 꼭 잡았다. 이게 불과 한 달 전의 아서씨 손이 맞나 싶을 정도로 비쩍 마른 손이었다. 마치 해골이 누워있는 것만 같았다. 나는 나도 모르게 엉엉 울었다. 아마도 불과 몇 년 전에 떠나보낸 엄마 생각이 나서 그런 것인지도 모르지만, 내가 하도 서럽게 울자, 아줌마는 나를 데리고 나갔다. 얼마 전에 나에게 따뜻한 밥을 지어주셨던 아줌마는 나의 눈물을 닦아주면서 이런 말을 했다.

"착한 아이야, 넌 어디를 가더라도 잘할 거야."

그러고 나서 한 일주일 정도 지났나? 그날도 할 일 없이 공장에 나와서 앞으로 어떻게 해야 하나 하고 있었는데, 집주인 아저씨가 올라오더니 기술자 아저씨가 돌아가셨는데 점심 먹고 화장터라는 곳을 함께 가자고 하셨다. 나는 아래층 아저씨와 함께 홍제동화장터라는 곳을 갔다.

화장터에 가니 유리창 너머 쇠절구에다가 유골을 콩콩 빠는 아저씨에게 아줌마는 돈을 건네주면서 유골을 곱게 빻아달라고 부탁하였다. 나보다도 더 어린아이가 유골을 담은 상자를 들고 가는데 딸은 그 뒤를 따라가면서 아주 서럽게 울어댔다. 주변 사람들을 함께 울도록 만드는 정말 서러운 통곡이었다.

아래층 주인아저씨는 나에게 집으로 가라고 했다. 어린아이가 장지까지 갈 필요는 없다는 것이었다. 그렇게 나의 두 번째 직장생활도 끝이 나고 말았다. 그래도 나의 두 번째 직장, 은 공방에서의 2년은 내 인생 75년에 가장 아름다운 추억으로 남아있다. 돌이켜보면 모두가 가난했지만 참 정이 많던 시절이었다.

(5) 전축 케이스 공장,
    그리고 전축과의 인연

전국에 불어닥친 전축 열풍

1960년대 중반, 온 나라에 음악 바람이 불고 전축 바람이 불었다. 집집마다 전축을 사는 것이 무슨 유행처럼 되었다. 바야흐로 집에 전축이 있느냐 없느냐가 잘살고 못살고의 기준이 되는 시절이었다.

사직동 은 공방을 그만두고 집에서 쉬면서 새로운 일터를 찾아보았다. 잠시라도 쉴 사이가 없어서 집 근처의 기와 공장에서 일을 하기도 했고, 사탕 공장에서 일을 하기도 했다. 그러나 두 곳 모두 제대로 된 직장은 아니었다. 하루는 동네 친구가 자기는 뚝섬에 있는 전축케이스 공장을 다닌다면서 함께 가자고 했다. 좀 더 나은 일자리를 구하고 있던 터라 나는 다음날 그 아이를 따라서 뚝섬을 갔다. 당시는 이동 수단이 버스 아니면 걸어서 가는 방법뿐이었다. 금호동에서 뚝섬까지 가려면 버스를 세 번 갈아타야 했으므로 우리들은 그냥 걸어

다녔다. 금호동시장삼거리 – 금호동사거리 – 응봉동고개 – 중랑천둑 방길 – 뚝섬다리 – 경마장, 이렇게 가야 공장이 나왔다. 처음에는 가는 데만 한 시간 반이 걸렸는데 그것도 날마다 다니다 보니 점점 단축되어 한 시간이면 공장에 도착할 수 있었다.

전축케이스 공장도 역시 가정집이었다. 당시의 전축케이스는 요즘으로 치면 일종의 '호화 가구'로 반짝반짝 광을 낸 호마이카 전축은 집안을 환하게 빛내주는 사치품이었다. 어린아이 양팔 정도의 크기부터 어른 양팔 정도의 크기까지 모양도 다양했고, 크기에 맞게 전축의 파워도 다양했다. 우리들이 하는 일은 주로 전축케이스 표면의 호마이카를 뻬빠로 갈아서 매끈하게 하고, 그다음에 그것을 광택 내는 일이었다.

먼저 가구 전문가인 목수가 나무로 전축케이스를 만든다. 그러면 위 상판, 아래 턱, 옆 면 등등, 호마이카를 칠할 수 있는 부분은 모두 호카이카로 입히고, 정면에서 잘 안 보이는 곳은 락커로 칠한다. 호마이카는 수평을 보아서 평평하게 해놓고 그 위에 칠을 붓는 것이기 때문에 사실은 '칠한다'는 말 보다는 '쏟아붓는다'는 말이 맞을 것이다.

우리들이 하는 일은 호마이카가 다 굳으면 그것을 야스리(줄)로 잘 다듬은 다음 표면을 매끄럽게 갈아내는 일이다. 맨처음에는 80방짜리 굵은 뻬빠로 시작해서 120방, 180방…… 1,200방, 1,500방…… 점점 더 고운 뻬빠로 갈아낸다. 뻬빠는 아마도 '페이퍼'라는 말을 일본식으로 부른 것으로 보이는데, 종이 뒷면에 연마용 모래를 붙인 것이다. 뻬빠에는 마른 뻬빠와 물뻬빠가 있는데, 우리들이 쓰는 것은 물뻬빠로, 물을 끼얹어가면서 해야 하는 관계로 한겨울에는 아이들 모두 손이 터서 피가 나곤 하였다. 빼빠 역시도 모두 일제였다.

빼빠 작업이 다 끝나면 광택을 내는 공정이 기다리는데, 초벌 광택은 그라인더라는 광내는 기계로 하고, 그다음에는 아주 부드러운 융걸레로 콤파운드를 묻혀서 문지른다. 광택 작업이 끝나면 마지막 시아개(마감) 작업으로 내부에 니스칠을 하고, 문짝을 달고, 양옆의 스피커 있는 부분에 천을 대면 드디어 전축케이스가 완성되는 것이다.

공장은 주인집과 붙어 있었는데, 주인집에는 딸만 둘이 있었다. 나와 동갑인 여자아이와 한 살이 어린 여자아이로 둘 다 무학여중을 다니고 있었다. 공장에는 공장장과 목수 등 기술자를 포함하여 모두 15명 정도가 있었다. 그런데 그때 공장 아이들 중에는 벌써부터 인근 공장에 다니는 여자아이들과 눈이 맞아 동거하는 아이들이 있었다. 우리 공장에도 나보다 두 살이 많은 철이라는 형이 있었는데, 가끔은 나보다 조금 어려 보이는 여자아이가 공장을 찾아와서 함께 퇴근하였다. 친구 아이들은 "까이가 예쁘다."며 부러워하였지만, 나는 그런 것에는 별 관심이 없었다. '까이'란 말은 당시 아이들이 쓰던 속어로 '애인'을 지칭하는 말이었다.

그렇게 1년 정도를 다니자, 사장 아저씨가 시내를 다니면서 나를 데리고 다니기 시작했다. 그래서 아저씨와 함께 동대문시장에서 스피커 앞에 대는 천도 구입하고, 청계천에서 경첩과 같은 장식도 구입하고, 을지로에서 호마이카나 신나 등의 화공약품도 구입하였다. 물론 월급도 다른 아이들보다 조금 더 많이 주었다.

호카이카 공장에서의 에피소드

2년 동안 뚝섬 공장을 다녔다. 날마다 두 시간씩을 걸어 다녔지만 조금도 힘들어한 적은 없었다. 오히려 모든 일이 재미있어 다음날이 기다려지기만 할 뿐이었다. 그때는 여전히 토요일을 '반공일'이라고 하여 오후 4시는 되어야 일이 끝났다. 그것도 일이 많으면 토요일은 물론 일요일에도 나와서 일을 해야 했다.

공장 근처에는 경마장이 있었다. 봄이면 점심을 먹자마자 친구들과 경마장으로 뛰어간다. 경마장 둑에 앉아 있으면 경마를 구경할 수 있었다. 기수들은 모두가 몸이 왜소했다. 어떤 기수 아저씨는 나보다도 더 작은 것 같았다. 원래 경마장은 서울 청계천 근처에 있었다. 지금의 동대문디자인프라자(DDP) 자리에 경찰기마대가 있었는데 거기에서 말 훈련과 경마를 함께 했던 기억이 난다. 그러다가 뚝섬의 너른 오이밭에 경마장을 연 것이었다.

우리들이 경마장을 가는 이유는 말 타는 광경을 보기 위한 목적도 있었지만 또 다른 이유가 있었다. 점심시간이 되면 경마장 풀밭에는 인근의 공장에 다니는 여자아이들도 놀러 나오곤 했다. 그 당시 뚝섬은 공업지대로 이런저런 공장들이 많이 있었다. 제일 큰 공장은 수도피아노라는 악기회사였는데, 그 공장도 호마이카 작업이 주종이었다. 예나 지금이나 피아노는 호마이카로 마감을 한다. 그밖에 금강제화, 에스콰이어, 에펠제화 등 구두공장과 이런저런 옷을 만드는 의류공장이 많이 있었다. 십대 소년소녀들은 그렇게 서로를 만나 사귀기도 했지만, 나는 거기서 여자 친구를 만나지는 못하였다.

한 번은 이런 '사고'가 일어났다. 락카 칠을 하려면 희석재로 신나를 부어야 하는데, 신나는 휘발성이 굉장히 강하기 때문에 여간 주의

하지 않으면 안되는 화공약품이다. 그런데 하루는 칠 공정에 투입된 초보자 아이 하나가 칠하다 남은 신나를 그냥 변소에 부어버렸다. 그 뒤 곧바로 사모님이 변소에 들어가서 피우다 만 담배를 그냥 변소에 던져버린 것이었다. 그러자 펑! 소리와 함께 신나에 불이 붙어서 똥이 위로 튀어 올랐고, 사모님은 뛰쳐나와서 혼비백산이 되었다. 사장님은 거기 신나를 버린 놈이 누구냐며 노발대발하여, 결국 친구 하나가 크게 혼이 난 적이 있었다. 다행히도 사모님은 별다른 상처를 입지 않았는데, 우리들은 두고두고 그 이야기를 하면서 킥킥대곤 하였다. 똥이 궁둥이에 다 튀었다는 둥, 사모님의 거기 털이 다 탔다는 둥, 그야말로 십대 장난꾸러기들의 아름답지 못한 추억이었다.

영등포역 앞 창녀촌의 전축 공장

큰형이 결혼하여 첫째와 둘째 조카를 낳았는데, 그때는 아버지와 우리 삼형제가 열심히 일한 결과 좀 더 큰 집을 사서 이사를 가게 되었다. 그전까지는 방 두 개에 세 들어 살았는데 이제야 반듯한 우리 집을 갖게 된 것이었다. 집은 일자로 된 집으로 마당은 별로 없었으나 방이 네 개나 되었다. 지금의 금호역에서 북쪽으로 난 언덕 골목길을 올라가면 나온다. 물론 지금은 모두 다 아파트와 다세대주택으로 변해버렸다. 우리는 방 두 개는 세를 주고 나머지 두 개의 방에서 생활했다.

그때 큰형은 전축기술자가 되어 있었다. 종로2가 지금의 국세청 건물 바로 옆에 옛날에는 장안빌딩이라는 건물이 있었다. 그 바로 옆으로는 YMCA 건물이 나란히 붙어 있었다. 당시 서울에서는 제일 좋은 건물들이었다. 장안빌딩 2층에는 한국전파학원이 있었는데, 큰형은 일찌감치 그곳을 졸업하여 전축기사로 취직하여 돈을 벌고 있었다.

하루는 형이 영등포의 큰 전축가게에서 오라고 하는데 가야겠다며, 너도 와서 조수노릇을 하라는 것이었다. 그렇게 하여 우리 둘은 영등포역 앞의 어느 집으로 갔다. 그 집은 창녀촌 가운데 있었다. 우리 옆집도 여관이고 앞집도 모두 여관이었는데 여관마다 몸 파는 아가씨들이 여러 명씩 있었다. 형과 나는 그곳에서 1년을 넘게 지냈다. 처음 한 달은 집에서 다녔는데 그게 여간 힘들지 않았다. 약수동까지 걸어 나와서 거기서 영등포까지 가는 버스를 타야 하는데 버스 타기가 보통 어려운 게 아니었다. 그래서 우리 형제는 한 달 정도 지나 아예 영등포 사장님 댁에서 먹고 자면서 일을 하기로 했다.

우리 공장의 사장님은 학식도 많고 재산도 많은 분으로 영등포 연흥극장 바로 옆에서 전축가게를 크게 하고 계셨다. 나는 연흥극장에서 영화를 몇 편 보았는데, 그중 '월하의 공동묘지'라는 공포영화가 기억에 남는다. 전축 가게 앞으로는 영등포시장이 넓게 자리 잡고 있었다.

형과 나는 전축을 조립하면 그것을 리어카에 싣고 가게로 가서 진열하고 돌아오고는 했다. 나는 형 밑에서 조수 노릇을 하면서 이런저런 기술을 배웠다. 그러던 어느 날, 큰형이 나에게 한국전파학원에 가서 기술을 배우라고 했다. 큰형은 진즉 거기를 졸업했고, 작은형도 작년에 졸업하였으니, 나까지 졸업하면 우리는 삼형제가 모두 한국전파학원 동문이 되는 셈이었다.

사장님의 양해로 나는 다섯 시면 공장을 나와서 종로로 향했다. 당시는 막 신형전차가 나온 때였다. 영등포에서 동대문까지 가는 전차 노선이 있었는데, 하나는 을지로로 가고 다음 전차는 종로로 가는 식이었다. 밤에 학원 공부가 끝나면 전차 운전사 옆에 서서 창문을 활짝 열어젖힌 채로 서울 시내를 달리는 기분을 요즘 사람들은 도저히 이해하지 못할 것이다.

사방이 온통 창녀들뿐이니 공장을 드나들 때는 여간 조심스러운 것이 아니었다. 그러나 그 생활도 곧 익숙해졌다. 내가 겪어보니 창녀들이라고 해도 결국은 우리와 똑같은 사람들이었다. 그 누나들이 섹스를 좋아해서 그런 짓을 하는 것도 아니고, 그냥 집안 형편이 어렵다보니 거기서 몸을 팔면서 돈을 버는 것뿐이었다. 그 돈으로 동생들 공부시키고 부모님 생활비 보태는, 그야말로 '효녀들'이었다.

우리 형제가 그곳에서 먹고 자고 생활하다보니 이내 그곳 사람들과 친해졌다. 여름이면 창문을 열어놓고 일을 했는데, 어떤 아가씨는 먹을 것을 해오기도 하고, 또 어떤 아가씨는 런닝셔츠 같은 것을 사오기도 했다. 모두가 나에게 주는 것이 아니라 형에게 주는 것이었다. 형은 그때 스물다섯으로, 결혼은 했지만 아가씨들이 그런 내용까지는 속속들이 알지 못하고 그냥 잘생긴 청년이 이웃에 있는 줄로만 알았던 것이다.

형은 키도 크고 얼굴도 매끈한 데다가 성격까지도 다정다감하여 옛날부터 여자들이 잘 따랐다. 그런 형이었으니 그 동네의 여자들이 따르는 것은 당연했다. 비 오는 날이면 부침개를 부쳐서 막걸리와 함께 갖고 오기도 했다. 나는 거기서 일하면서 형의 조수 겸 수리기사 역할도 했다. 전축 가게에 수리가 들어오면 간단한 연장을 챙겨서 인근 지역을 돌며 고장난 곳을 고쳐주곤 했다.

그 많던 극장은 다 어디로 갔을까?

1960년대는 건축의 전성시대였을 뿐만 아니라 극장의 전성시대이기도 했다. 곳곳의 극장마다 사람들로 미어터졌다.

을지로 6가 로터리에 계림극장이 있었다. 거기서 본 영화 용문의 결투는 두고두고 나의 기억에 남는다. 처음으로 본 중국영화였는데, 어찌나 재미있었던지 그 이후로 스카라 극장에서 외팔이, 흑나비 등, 중국 무협영화만을 계속 찾아다니게 되었다.

어디서 보았는지 잘 기억은 나지 않는데 '돌아오지 않는 해병'은 한국 영화 중에서 걸작 중의 걸작이라고 생각된다. 특히 주연으로 나온 장동휘와 아역배우 전영선은 아주 오랫동안 나의 머리에서 지워지지 않았다.

대한극장에서 본 벤허와 엘시드, 그 건너편 극동극장에서 본 상과 하, 피카디리에서 본 콰이강의 다리, 청량리 오스카극장에서 본 대장 부리바 같은 영화들은 당시의 감동이 얼마나 컸는지 지금도 가끔 DVD로 보곤 한다.

1960년대는 두 가지 영화를 동시에 상영하는 동시상영관도 인기였다. 내가 가본 곳으로는 중부시장의 중부극장과 화신백화점 5층의 화신극장이 기억에 남는다. 화신극장에서 본 '누구를 위하여 좋은 울리나'의 주연배우 잉그리드 버그만(1915 ~ 1982)은 얼마나 예쁘던지 유튜브에서 '잉그리드 버그만 영화'라고 검색하여 몽땅 보기도 했다. 카사블랑카, 잔다르크 등이 특히 감명 깊게 본 영화들이다. 종각 바로 건너편에 있던 화신백화점은 헐리고 또 헐려서 지금은 SK건물이 되었던가?

당시 이렇게 극장들이 번성할 수 있었던 이유는, 시대적으로 전쟁이 끝나고 사람들이 문화에 갈급함을 느끼던 때에, 그 갈급함을 해결해 줄 수단이 마땅치 않았기 때문이다. 1960년대에 TV는 보급이 되지 않은 상태이고, 라디오로 즐길 수 있는 것도 그저 일일연속극밖에 없었다. 그렇기에 극장은 그냥 영화 간판만 걸었다 하면 사람들로 미어터졌다. 명보극장에서 신상옥 감독의 영화 빨간마후라를 상영할 때는 관객이 너무 많아서 화장실을 갈 수 없게 되자 그냥 그 자리에서 오줌을 쌌다고 하지 않는가. 그래서 영화가 끝나면 물로 청소를 해서 오줌을 닦아내고 밤새 극장 문을 열어 놓았다는 일화도 있다. 지금은 호랑이 담배 피우던 시절의 이야기가 되고 말았지만, 그래도 그 시절이 그리운 것은 아마도 나이 때문이리라.

마침내 우리 가게를 오픈하다

내가 열여섯 살 때 금호동에 우리 가게를 열었다. 가게 이름을 '시대전파사'라고 지었다. 금호동 삼거리에서 옥수동 쪽으로 가는 고개에 15평 가게를 얻은 것이다. 사업자금은 우리 형제들이 그동안 모은 돈과 누님이 준 돈으로 충당했다. 그때 누나는 서른한 살로 아들을 하나 두고 있었는데, 아모레화장품 대리점을 하여 제법 재산을 모은 때였다.

매형은 옛날에 백두진이라는 분 밑에서 정치를 배워 경기도 도의원을 하였다. 백두진 씨는 나중에 국무총리까지 하셨다. 매형은 정계를 떠나 사업을 물색하던 중, 태평양화학에서 아모레화장품을 출시하자 거기와 접촉하여 대리점 사업권을 따냈다. 사업장의 정식 명칭은 '태평양화학 성동대리점'이었는데, 당시의 성동구는 지금의 중구 일부, 동대문구 일부, 광진구, 강동구, 송파구 전체를 모두 아우르는 아주 넓은 지역이었다. 사업을 시작한 지 얼마 되지 않아서 사업이 번창하여 지점도 몇 개를 둘 정도였다. 1년이 되자 가게에는 사장인 형, 조립 기사 한 명, 판매사원 한 명, 그리고 수리기사 겸 수금사원인 나, 이렇게 네 명이 근무하게 되었다.

나는 판매사원 & 수금사원 & 수리기사

전축은 상당히 고가제품이었기 때문에 간혹 현금으로 사는 사람들도 있었지만 대개는 월부판매였다. 우리는 당시 전축계의 왕자라고 할 수 있는 별표전축 천일사의 계약서를 본떠서 할부계약서를 만들었다. 사업이 활발하게 되자 영업사원을 더 많이 모집하여 판매를 늘리기로 했다. 리어카에 전축 두 대를 싣고 이른 바 좋은 길목에서 지나다니는 사람들에게 하루 종일 전축을 파는 방식이었다.

그러다 보니 인근의 옥수동, 약수동, 한남동은 물론이고, 더 멀리는 보광동, 왕십리, 천호동, 불광동에도 전축이 팔려나가게 되었다. 아무리 멀어도 배달은 모두 '리어카'였다. 당시는 기아자동차의 삼륜차가 있었지만, 그건 비싸고 또 많지도 않아서 삼표연탄이나 삼천리연탄 같은 큰 공장에서나 가능할 뿐 우리 같은 조그만 업체에서는 쓸 수가 없었다. 그래서 우리들의 운송수단은 거의 다가 손으로 옮겨주는 것 아니면 리어카였다. 손으로 배달할 때는, 한 명은 앞에서 들고 또 한 명은 뒤에서 든다. '리어카'란 지금으로 치면 손수레인데 거기에는 전축 두 대를 서로 등을 마주 보게 해서 실을 수 있다.

리어카로 제일 멀리 배달해 본 것은 불광동이라고 생각된다. 지금 생각하면 정말로 기가 막힌다. 그 먼 거리를 리어카로 전축을 배달하다니! 몇 시간씩 걸리는 거리를 앞에서는 영업하는 아저씨가 끌고 뒤에서는 내가 밀고 하여 배달한 것이다. 그래도 차가 많지 않아서 네 시간 정도 걸려 도착했던 것 같다. 지금 같으면 꿈도 꾸지 못할 일이다.

한 고객은 마장동 터미널 가까이에서 돼지불고기 집을 하고 있었는데, 나는 날마다 그곳에 자전거를 타고 수금하러 다녔다. 금호동에서부터 왕십리까지 가려면 자전거로 20분 정도를 가야 했다. 물론 지금 같으면 그보다도 훨씬 더 걸릴 것이다. 지금은 신호등도 많고 또 인도와 차도의 구분도 되어 있기 때문이다. 그렇지만 그때만 해도 자가용 승용차는 거의 없고 버스도 별로 많지 않았다. 나는 그 먼 거리를 날마다 씽씽 바람을 일으키면서 돌아다녔다.

수금하러 천호동 지역도 다녔다. 자전거를 타고 화양리 건대사거리를 지나 광진교를 건너면 너른 들판이 나왔다. 그때는 그 다리가 경기도 동부지역과 서울을 잇는 유일한 다리였다. 지금의 천호대교와 올림픽대교는 그 후 한참 세월이 흐른 후 생겼다. 거기뿐만이 아니라 천호시장 사거리에도 수금할 데가 있었고, 심지어는 버스가 거의 다니지 않던 황산 지역에도 있었다. 지금 생각하면 그 먼 거리를 어떻게 자전거를 타고 다녔는지 모르겠다. 덕분에 나의 체력은 당시 내 또래의 그 누구도 당하지 못할 만큼 최고였다.

고장 수리도 웬만한 큰 고장이 아니면 나의 차지였다. 그때는 내가 8구 스테레오 전축도 회로도를 보지 않고 조립할 수 있을 때였으므로 어지간한 고장은 다 고칠 수 있었다. 고장 수리도 자주 다녀보니 대개 고장 증세나 부위는 비슷비슷했다. 소리가 안 나던 전축을 순식간에 고치는 나를 보고 사람들은 '대단하다'고 추켜세워 주곤 하였다.

전축의 맨 아래쪽에는 레코드판을 넣도록 고안된 서랍 같은 수납 공간이 있었다. 대개는 그곳에 레코드판을 넣고 썼지만, 어떤 집에서는 그것을 서랍으로 쓰는 경우도 있었다. 한번은 어떤 집을 고장 수리 차 갔는데, 그 속에 콘돔이 무더기로 있는 게 아닌가. 그것도 새것이 아니라 쓰고 버린 것들이었다. 그런 이야기를 조금 더 해야겠다.

버스 안내양의 비애: "나는 코 풀러 간다."
1960년대는 전국이 경제개발로 들썩거렸다. 그러자 시골 이곳저곳에서 사람들이 서울로 꾸역꾸역 몰려들었다. 금호동도 그렇게 사람들이 몰리는 지역 중 하나였다. 시골에서 온 사람들, 특히 아가씨들이 하는 일은 주로 식모, 공장 여공, 아니면 버스 안내양이었다.

금호동에 차고지를 둔 버스회사가 자꾸 확장되어 갔는데, 내가 처음 온 1961년에는 제일여객과 대륙교통이 금호동 - 불광동 노선을 달렸다. 조금 세월이 지나 제일여객이 노선을 확장하고 버스 차고지도 더 외곽 쪽, 즉 지금의 옥수동으로 옮겼다. 사람들이 꾸역꾸역 몰려드니 버스도 더 늘리고 안내양도 더 많이 필요하고, 그들을 위한 숙소도 마련해야 했다. 옥수동의 산비탈을 깎아 여러 개의 간이 숙소를 지었는데, 그곳에는 언제나 나보다 조금 더 나이가 많은 안내양들로 바글거렸다.

한 번은 젊은 운전기사 한 사람이 전축을 사갔다. 그는 옥수동 산비탈 남자 기숙사에서 생활하고 있었다. 그 사람 역시도 월부로 구입하였던 터라 나는 수시로 그곳에 수금하러 다녔다. 하루는 그가 막 외출하려는지 깔끔하게 세수하고 하이칼라 스타일 머리 위에는 포마드까지도 듬뿍 발랐다. 그가 이렇게 말하는 것이었다.

"야, 나 지금 코 풀러 가는데 너도 갈래?"

나는 그 말이 무엇인지 몰라서 어리둥절해 있었는데, 잠시 후에 그 말의 뜻을 이해하였다.

남자용 기숙사 아래로는 안내양들을 위한 기숙사가 있었는데, 자기는 지금 여자 기숙사에 섹스하러 간다는 뜻이었다. 방 하나를 여러 명이 쓰고 있었는데, 어떻게 그것이 가능한지는 몰라도 하여튼 그렇게 그는 시간만 나면 '코를 풀곤' 했다. 그러더니 여섯 달이나 지났나? 하루는 그가 가게에 오더니 곧 결혼한다면서 청첩장을 주고 갔다. 그는 씩 웃으면서 상대는 자기가 자주 '코를 풀던' 아가씨란다. 임신을 해서 할 수 없이 결혼하는 것이라는 말도 덧붙였다.

사실 지금이나 '안내양'이라는 순화된 말로 부르지 당시에는 '차장'이었다. 그들에게 인권이란 것은 아예 없었다. 버스를 타면 항상 만원이었는데, 차장이 문을 닫기가 힘든 경우가 많았다. 열일곱~열여덟의 어린 아가씨들이 무슨 힘이 있겠는가? 그러면 운전기사는 차장이 문을 닫기 쉽게 버스를 출발시키면서 일부러 한쪽으로 핸들을 획! 튼다. 그 반동으로 문 쪽에 몰려있던 사람들이 안쪽으로 쏠리는데, 안내양은 그 틈을 타서 문을 닫는 것이다. 힘에 겨워서 문을 제때 닫지 못해 안내양이 떨어져 죽는 사고도 빈번하게 일어나던 때였다. 문을 곧바로 닫지 못하면 운전기사가 "야이 쌍년아! 빨리 닫지 못해?"라면서 욕도 마구 내뱉었는데, 차장도 승객들도 으레 그러려니 했다. 그게 당시의 수준이었다.

(6) 첫 번째 기적 이루어지다

어느 날 갑자기 고등학교 3학년 학생이 되다

금호동 시대전파사에서 자재구매, 판매, 수금, 수리 등 온갖 일을 맡아서 바쁘게 일하다 보니 어느덧 스무 살이 되었다. 국민학교 졸업장도 없이 스무살 청년으로 훌쩍 자란 것이다. 그러던 어느 날 누님이 날보고 화장품 가게로 오라고 했다. 누님의 화장품 가게는 신당동 동화극장 근처 큰 도로변에 있었다. 그 앞에는 고가도로가 있었는데, 그때는 약수동 쪽에서 신설동 쪽으로 가려면 누나네 가게 앞의 고가도로를 넘어가야 했다. 도로변은 화장품 대리점이었고 그 뒤쪽으로 살림집에 방이 두 개 딸려 있었다.

누님은 나를 왕십리 시장 안에 있는 학교로 데리고 갔다. 상동상업전수학교로 문교부에서 학력을 인정해 준 학교였다. 누나는 선생님과 한참 동안을 상의했다. 선생임은 나를 잠깐 밖에 나가 있으라고 했다.

복도에 나와서 학교를 살펴보니, 시장통에 있는 학교라 운동장은 크지 않았으나 학교 건물은 꽤 크다는 생각이 들었다. 학생들도 바글바글했다.

나중에 누님에게서 들은 이야기로는, 국민학교 졸업장은 관계없으나 중학교 졸업장은 꼭 필요하다는 것이었다. 학교 측에서는 나를 경기도 포천에 있는 어느 중학교의 졸업생으로 하여 고3으로 편입하는 것으로 해주기로 했단다. 그렇게 하여 나는 하루아침에 성동상업전수학교 3학년 학생이 되었다. 4월 중순의 어느 날의 일이었다. 개학한 지 한 달도 넘은 시점에 내가 편입한 것이었다.

다음날 첫 시간이 되었다. 국어고문 시간이었는데, 내가 모르는 글자들이 많이 있었다. 며칠을 다녀보니 옆자리 뒷자리의 학생들과 금세 친해질 수가 있었다. 그 아이들은 내가 기초실력이 거의 없다는 것을 알고 하루는 나를 종로2가에 있는 EMI 학원을 데리고 갔다. 그래서 나는 EMI학원의 '기초영문법' 반과 '중학수학의 완성' 반을 등록했다.

두 반 다 열두세 살 정도의 아이들뿐이었다. 막 국민학교를 졸업하려는 아이들이었는데, 그 가운데 스무 살짜리인 내가 함께 공부를 하게 된 것이다. 한 번은 〈중학수학의 완성〉 저자이신 안현필 선생님이 직강을 하시면서 "저기 큰 학생도 있네요."라며 나를 손가락으로 가리키기도 했다. 나는 그런 부끄러움을 참아가며 열심히 공부했다.

그때까지도 나는 수금사원의 역할을 계속하고 있었다. 인수받을 사람이 없다 보니 학교와 학원 공부가 끝나면 밤 10시가 되는데, 나는 그 시간에 이곳저곳을 돌며 수금을 해야 하는 처지였다. 그래도 당시 사람들은 가난하기는 했지만 모두 인심이 너그러웠다. 밤 11시가 되어서 집 대문을 두드려도 누구 하나 화내는 사람도 없이 돈을 줄 때도 있고, 돈이 없으면 나중에 다시 오라고 하기도 했다. 그러면서 "학생이 밤늦게 고생이 많네."라며 나를 위로하여 주기도 하였다. 아마도 요즘 같으면 '가택침입죄'로 고발할지도 모르겠다.

군대 신체검사와 입영 영장

학교를 한 달이나 다녔을까? 하루는 집에 가니 신체검사를 받으라는 명령서가 도착해 있었다. 나는 다음날 선생님께 말씀드리고 국군수도통합병원으로 향했다. 그 병원은 경복궁 동문 바로 건너편에 있었는데, 후일 박정희 대통령 시해 사건이 일어났을 때 피습당한 대통령을 제일 먼저 모시고 간 병원이다. 신체검사를 하고 두 달 정도 지나니 입영 영장이 나왔다. 입영 일자는 다음 해 3월 8일로 되어 있었다. 그때는 원체 엄격하던 시대라 군대 입영 날짜를 연기한다는 것은 꿈도 꾸지 못할 때였다.

 그날은 종로에서 학원이 끝나고 보광동 태평극장 뒤 쪽에 수금을 갔다. 수금을 하고 나오니 폭우가 쏟아지기 시작했다. 아마도 여름 장마의 시작인 모양이었다. 나는 태평극장에서부터 한남동 운전면허시험장 - 약수동 고개 - 청구동 - 문화동을 거쳐 신당동까지 오는 동안 그 비를 흠뻑 맞았다. 그때는 작은형과 함께 신당동에서 자취하고 있었는데, 작은형은 스물네 살로 군에서 제대하고 누나네 가게에서 일을 보고 있었다. 식사는 날마다 누님 집에서 일하는 식모 누나가 배달해 주었다.

나는 한 시간 반 동안 비를 맞으며 걸으면서 속으로 다짐하고 또 다짐했다. 그래, 그것이 처음이자 마지막 기회이다. 만약 올 해 예비고사에 떨어지면 나에게는 두 번 다시 공부할 기회가 없을 것이다. 군대를 갔다 오면 스물네 살이 되는데, 그때 또 공부하여 언제 대학에 들어갈 것인가? 마지막 기회이니 죽기 살기로 해보자. 그러면 길이 열릴 것이다. 그런 각오를 하며 자정이 다 되어 도착해보니 가방 속의 책과 공책이 흠뻑 젖어 있었다.

나는 다음날로 큰 형네 가게 일을 다 그만두고 오로지 학교공부와 학원공부만 전념하기로 했다. 큰형도 다 이해하여 주었다. 그래서 6월 중순부터는 오로지 공부에만 전념할 수 있었다. 종로 제일학원 종합반에 등록하고 학교는 더 이상 나가지 않았다. 학교 측에서도 다 이해하여 주겠노라고 하였다. 학원비는 누님이 다 대주었다. 나는 새벽 여섯 시에 일어나서 하루 종일 학원에서 공부했다. 종합반이 끝나면 단과반에서 부족한 과목을 또 공부했다. 밤에 집에 와서는 새벽 두 시까지 공부하다가 자고 다음날 새벽 여섯 시에 일어나 공부하는 일상이 반복되었다.

여름방학이 끝나고 학교에서 학생 전체를 대상으로 시험을 본다고 나도 나오라고 했다. 오랜만에 학교에 와서 전 과목 시험을 치렀다. 그런데 결과를 보니 내가 우리 반 60명 중, 20등 정도에 올라가 있는 것이 아닌가? 한편으로는 기쁘면서도 또 한편으로는 충격이었다.

"이것 봐라? 조금만 더 하면 될 수도 있지 않을까?"

우리 학교는 그래도 꽤 규모가 있었다. 남녀공학으로 고3만 해도 주간이 2개 반에 야간이 1개 반이었다. 우리 반만 유일한 진학반이고 나머지 2개 반은 모두 취업반이었다. 나는 더욱 공부에 열을 올렸다. 마침내 10월 어느 날, 제2회 대학입학자격예비고사가 전국적으로 치러졌다.

예비고사에 합격하다

당시 제도에서는 고등학교를 졸업한 학생이라고 하여 모두가 대학 시험을 볼 수 있는 것이 아니었다. 전국적으로 치러지는 예비고사를 보아서 거기에 합격해야만 비로소 대학 본고사를 치를 수 있는 자격이 주어졌다. 예비고사는 대학 정원의 150%에 해당하는 숫자만 통과시키는 시험이었다. 내가 시험을 볼 때가 제2회 대회였는데, 시험과목은 ①국어 ②영어 ③사회(일반사회, 지리, 역사), ④수학 ⑤과학(물리, 화학, 생물), ⑥실업(농업, 공업, 상업) 중 택일로, 총 6개 과목에, 과목당 50개 문제씩 총 300 문제였다.

나는 예비고사를 통과하기가 썩 쉽지 않을 것으로 생각했다. 그 이유는 원체 내가 벼락치기로 공부를 한 탓에 열 과목을 모두 공부하기가 쉽지 않았기 때문이었다. 국영수 세 과목에 물리 화학 생물 세 과목, 거기에 일반사회 지리 역사의 세 과목, 선택으로 상업까지, 모두 10과목을 공부하여야 하니 시간이 절대적으로 부족하였다. 그래서 나름대로 짠 작전이 과학 세 과목은 그냥 찍기로 하고 아예 공부를 안 했다. 4개의 답 중 하나를 고르는 문제이니 기본적으로 25점은 받을 수 있지 않을까? 그 대신 국어, 영어, 사회에서 좀 점수를 잘 받자. 이것이 나의 작전이었다.

나를 더욱 채찍질한 것은 이번이 마지막 기회라는 절망감과 또 하나는 바로 주인집 아들 형제와의 경쟁심이었다. 우리가 세 들어 사는 한옥에는 아들이 둘 있었다. 형은 우리 작은형과 같은 나이로 고려대 졸업반이었고, 동생은 나와 동갑으로 서강대 2학년에 재학 중이었다. 그래서 나는 그들에게 질 수 없다는 오기를 품고 더 열심히 했다.

드디어 예비고사 날이 왔다. 고사장은 내가 살고 있는 동네의 성동여자실업고등학교였다. 국어, 영어, 사회는 상당한 자신감이 있었고 수학도 어느 정도는 가능했다. 과학은 생각한 대로 '찍기'를 했다. 마지막 시간은 선택과목이었다. 나는 농업, 공업, 상업, 세 개의 과목 중 상업을 선택하였다. 단지 몇 달 밖에는 다니지 않았지만 그래도 명색이 상업학교 출신인데, 조금은 낫지 않을까? 하는 막연한 생각을 했다. 그런데 막상 상업 시험지를 받자마자 즉시 눈앞이 하얗게 되었다. 거기에는 내가 아는 문제가 전혀 없는 것이 아닌가!

어찌 보면 당연한 결과였다. 다니는 학교만 상업학교였지 실제로 내가 상업 공부를 한 적은 거의 없었기 때문이었다. 쩔쩔매는 사이 어느덧 시간은 흘러 답안지를 내라는 감독 선생님의 소리가 들렸다. 아이들이 여기저기서 자리를 뜨면서 갑자기 실내가 어수선해졌다. 그런데 하늘이 도왔다고나 할까? 그 교실에서 시험을 치른 수험생들은 거의 다가 우리 학교 학생들이었다. 아마도 선택과목에 따라 상업을 선택한 학생들을 따로 모은 모양이었다. 상업학교에서 3년 동안 배운 과목이니 오죽 잘 알고 있었을까? 아이들이 지나가면서 한마디씩 하고 간다.

"야, 그거 3번."

"야, 너 여태 못 했냐? 2번."

이렇게 말로 하는 아이도 있었고, 어떤 아이는 지나가면서 손으로 콕 찍어주고 가기도 했다. 감독 선생님도 빨리 시험지를 걷고 싶은 생각뿐이라 그런 아이들을 못 본 척했다. 나는 그렇게 해서 몇 문제의 답을 사인펜으로 OMR 답안지에 칠할 수 있었다.

그런데 합격자 발표 날이 가까워지자 점점 더 불안해지기 시작했다. 붙어도 한두 문제로 붙고 떨어져도 한두 문제 때문에 떨어질 것 같았기 때문이었다. 그렇게 마음 졸이며 기다리던 중 드디어 11월 초 합격자 발표 날이 왔다. 결과는 합격! 우리 학교에서는 180여 명의 3학년 중에 120명은 취직반, 60명은 진학반이었다. 아마도 100여 명 정도가 응시하지 않았을까 싶었는데, 그 중에서 모두 열한 명이 합격했는데, 나는 그중 한 명으로 당당히 자리를 차지한 것이었다.

중앙대학교 무역학과에 합격하다

사실 경기고나 서울고 같은 명문 고등학교에서는 예비고사에 떨어지는 학생이 한 명도 없다고 들었다. 만약 떨어진다면 그건 정말 큰 뉴스가 된다고도 했다. 그러나 우리 학교에서는 붙는 것이 그야말로 큰 뉴스였다. 합격하고 나서 선생님들께 인사하러 갔더니 선생님들이, "아, 네가 최대석이구나." 하시는 것이었다. 학교에 실제로 다닌 날이 두 달 정도밖에 안 되었기에 선생님들은 최대석이란 학생이 누구인지 잘 모르고 계셨던 것이다.

그래도 우리 학교에는 좋은 선생님들도 많이 계시고 좋은 친구들도 많이 있었다. 어느 날의 영어 시간이 특히 기억에 남는다. 부정사 to의 용법을 배우는 시간이었는데, 선생님께서 'curiosity to know'

를 칠판에 쓰고 한참을 설명하시었다. '알려는 호기심'이란 뜻으로, 우리들이 세상을 살아가면서 호기심을 갖는 것이 무엇보다도 중요하다는 가르침이었다. 그날의 교훈은 두고두고 나의 머리에 남아, 나는 지금까지도 무엇이든 '알려고' 하는 자세로 세상을 살아왔다. 수불석권(手不釋卷)을 좌우명으로 그야말로 단 한 순간도 손에서 책을 놓아본 기억이 없다.

친구들도 다 좋고 훌륭했다. 짝을 했던 친구는 후일 경찰대학을 졸업하고 노무현 대통령과 문재인 비서실장 밑에서 치안비서관(경무관)을 하고 인천경찰청장(치안감)으로 공직생활을 마감했다. 바로 뒤에 앉았던 친구는 서강대 무역학과에 들어가서 종합무역상사인 반도상사에 입사하여 활동하다가 나중에는 LG증권의 상무이사로 직장생활을 마무리하였다. 그 외에 고등학교 교장으로 정년을 마친 친구, 공무원으로 대통령 표창을 타고 공직 생활을 마친 친구, 목사님이 된 친구, 사업으로 큰 돈을 번 친구 등등, 모두가 어려운 여건에서 나름대로 최선을 다한 훌륭한 친구들이 즐비하다. 우리들은 고등학교를 졸업한 지 55년이 지난 지금도 여전히 활발한 동창회 활동을 하고 있다.

대학을 가야 하는데 어느 학교를 가야 좋을지 알 수가 없었다. 그래서 고려대학교 통계학과를 가려고 원서를 사 왔다. 그런데 담임선생님이 원서를 써주시면서 실수로 원서를 망쳐버렸다. 다시 사와야 하는데 가면서 생각해 보니 아무래도 자신이 없었다. 수학과 과학이 시험과목에 있었는데, 아무래도 과학 쪽이 자신이 없어 중앙대학교로 방향을 틀었다.

1970년에는 서울대, 연세대, 고려대, 서강대, 중앙대, 이화여대가 전기였고, 한양대, 성균관대, 경희대, 건국대, 동국대, 한국외대가 후기였다. 어느 과가 좋을까 고민하던 차에 당시 수출드라이브 정책에 따라 무역 분야가 전망이 밝다는 판단으로 무역학과를 선택했다. 그런데 원서를 접수하고 보니 경쟁률이 무려 8.3 : 1이었다.

드디어 시험 날이 다가왔다. 두근거리는 마음으로 고사장에 들어갈 때와는 다르게 막상 시험을 치르고 나오면서 한강 다리를 건널 때는 "붙었다"는 확신이 들었다. 시험과목은 국어, 영어, 수학, 역사의 네 과목으로 기억되는데, 역사는 거의 만점을 받았을 것이라는 자신감마저 들었다.

발표 날 정문을 지나서 조금 더 가니 커다란 게시판에 합격자들의 이름이 죽 적혀 있었다. 거기에는 나의 이름도 적혀 있었다. 무역학과 최대석, 나는 합격이었다!

그렇게 하여 1971년 3월 2일 입학식에 참석하여 임영신 총장님의 축사를 들었고, 3월 8일에는 한양대학교에 모여서 논산훈련소로 출발하였다. 이렇게 하여 나의 첫 번째 기적은 완성되었다.

제2부

다니엘의
두 번째 기적

(7) 군대 생활 35개월 (1971년 3월~1974년 1월)

보병 제1사단 의무중대, 빠따 맞은 기억밖에는

1971년 3월, 논산의 날씨는 참으로 추웠다. 진눈깨비가 날리는 날이 많아서일까? 논산에 도착하여 훈련을 받아보니 삼불(三不)이라는 말이 유행했다. 논산은 일기 불순, 인심 불순, 정조 불순이란다. 논산 주민들이 들으면 기분 나빠할 말이지만, 어쨌든 당시는 그런 말이 유행했다.

군대에 갈 때는 소집 장소가 한양대학교 운동장이었는데, 1,600명 '장정들' 모두가 서울에서 모인 대학생들이었다. 이 인원은 훈련을 마치고도 아주 일부 병력을 제외하고는 모두 전방으로 배치되었다. 재학생 시절 데모를 하고 속을 썩여서 그랬다는 소문이 돌았다.

대학 재학생들로 구성된 1,600명의 훈련소 병력 중 상당수가 파주-문산 지역의 1사단으로 배치되었다. 상부에서 학력이 좋은 자원들을 전방에 우선 배치하라는 지시가 있었다는 소문이 돌았다. 자대에 배치되기 전 우리들은 파주 광탄리 신병교육대에 입대하였다. 거기서 후반기 교육을 3개월 받았는데, 나는 보병 중에서도 주특기 106의 81mm 박격포 탄약수였다. 탄약수의 역할은 105mm 포판을 들고 뛰는 것이다. 포는 한자리에서 쏘면 곧 위치가 탐지되기 때문에 몇 발 쏘고 곧 다른 장소로 이동해야 한다고 했다. 날마다 15kg 정도 되는 포판을 들고 뛰는 훈련만 했지 실제로 박격포를 쏘아 본 적은 한 번도 없었다. 그 이유는 포탄 한 발 값이 당시의 쌀 한 가마니 값과 맞먹었기 때문이다.

야산을 깎아 만든 훈련장에서 고된 훈련을 거의 다 마칠 무렵, 하루는 포병사령부 부사령관 실로 오라는 연락을 받았다. 우리 신병교육대는 포 사령부와 같은 울타리 안에 있었다. 부사령관실에는 뜻밖에도 누님이 와 있는 것이 아닌가. 옆에는 민간인 복장의 군인이 있었다. 나중에 일고 보니 내가 전방의 전투부대로 배치될 것이라는 소식을 들은 누님이 손을 써서 나를 후방의 직할부대로 빼내 주려고 온 것이었다. 1사단은 11연대, 12연대, 15연대의 3개 연대가 있었는데, 그 중 1개 연대는 임진강 건너편의 비무장지대 안으로 가서 철책선을 맡고, 나머지 2개 연대는 후방의 문산, 파주 지역에 주둔하고 있었다.

누님과 같이 있던 사람은 보안대의 상사였다. 상사가 대령에게 방을 잠시 빌려달라고 할 정도였으니, 당시의 보안대 파워가 어느 정도인지 독자들은 충분히 짐작하시리라. 그렇게 하여 나는 용주골에 있는 의무중대로 배속되었다. 의무중대나 군 병원에서 근무하려면 위생 주특기가 있어야 했다. 위생 주특기 810은 대구 군의학교에서 후반기교육을 받아야만 했는데, 나는 그런 과정도 없이 그냥 '빽'으로 의무 중대에 가게 된 것이다. 그런데 의무 중대에 막상 가보니 이게 장난이 아니었다. 병장들이 거의 부대를 운영했는데, 특히 기억에 남는 선임들은 진주 출신들이었다. 그들은 단 하루도 때리지 않고는 잠을 재우지 않았다.

우리가 배속되어 간 1사단 지역은 그 바로 1년 전에 미군 2사단이 철수하면서 우리에게 넘겨준 지역이었다. 중대 내무반도 침상이 아닌 침대였다. 커다란 건물에 100여 개의 침대와 100여개의 캐비넷, 군대 막사가 이렇게 크고 깨끗할 수 있다니……. 우리들은 벌어진 입을 다물지 못했다.

나는 군대에 가면 그동안 못한 공부를 하려니 하고 생각했었다. 그러나 웬걸? 선임들은 자기들의 학력이 낮은 콤플렉스가 있었는지, 그 야말로 하루도 빠지지 않고 때렸다. 훈련소에 들어갈 때부터 '구타 금지'라는 팻말이 수도 없이 붙어 있었지만 그건 그냥 말뿐인 구호였다. 항상 꼬투리를 잡으려고 혈안이 되어 있는 고참들 앞에서 책이라도 꺼내 읽었다가는 무슨 봉변을 당할지 알 수 없어서 나는 군대에서 공부를 아예 포기했다.

1971년 6월 장단반도 무장 공비 침투 사건

1971년 6월 말경, 임진강 건너 장단반도에 무장 공비들이 침투한 사건이 있었다. 어느 날, 부대에 요란한 사이렌 소리가 들리면서 앰뷸런스 여러 대가 동시에 밀어닥쳤다. 장단반도에 무장 공비가 출현하여 그들과 교전하던 아군 15연대 수색대 병력 중 상당수가 사망하고 부상을 입었다는 것이었다. 나는 그때 의무 중대 수송부 행정병으로 근무하여 부상자들의 상태를 볼 수는 없었지만, 동료들로부터 들은 이야기는 처참했다. 몸이 새까맣게 탄 병사에 총상을 입은 병사 등 등……. 들리는 말로는 무장 공비 일곱 명으로 인하여 미군 헬기 한 대가 추락하고 연대장 한 명이 사망하고 장교와 병사들 15명이 전사하였다고 했다. 그러나 이것은 우리들이 들은 소문일 뿐, 공식기록은 아니다. 당시 전투 상황을 자세히 알려면 인터넷에 '장단반도 무장 공비'라고 치면 몇 개의 글이 나온다. 모두 그 당시 15연대 수색 중대에서 전투에 투입된 군인들의 증언이다.

그 사건으로 인하여 우리들은 매년 가을이면 장단반도 '갈대 제거 작전'에 투입되었다. 군 지휘부에서는 당시 작전에서 불과 일곱 명의 무장 공비로 인하여 우리 군이 막대한 피해를 본 것은 바로 장단반도에 무성하게 자란 갈대 때문이었다고 판단한 것이다. 무장 공비들은 2m 가까이 자란 갈대밭에 숨어서 아군을 보면 한 방 쏘아서 사살하고는 곧바로 숨고, 뒤로 돌아서 한 방 쏘고는 또다시 숨고 하면서 그렇게 엄청난 피해를 입힌 것이었다.

그렇게 하여 1사단 직할대에서 20명~30명씩 차출된 '갈대 제거 특임부대' 500여 명이 장단반도에 투입되었다. 나는 1972년 10월에 그곳을 들어갔는데 거긴 가히 별천지였다. 6.25한국전쟁이 끝난 후 민간인의 출입이 금지된 자유의 다리 너머 장단반도는 그야말로 자연 상태 그대로였다. 임진강 하구 넓은 벌판에는 끝이 없는 갈대밭뿐이었다. 내가 서있는 군화 밑에만 해도 수백 마리의 새끼 게들이 바글바글할 정도였다. 우리는 그 넓은 지역의 갈대를 일렬로 서서 '낫'으로 베어나갔다. 의무 중대와 병참 중대는 이쪽 3천 평, 병기 중대와 통신 중대는 저쪽 3천 평, 헌병대와 유격대는 저 건너 2천 평, 하는 식이었다.

메뚜기들이 하늘을 새까맣게 덮고 날아다니니까 그것들을 먹으려는 제비들이 또 벌떼처럼 달려든다. 아마도 인간이 모두 멸종하고 나면 우리가 사는 지구가 이런 곳이 되지 않을까? 하는 생각을 해보았다. 노루도 심심치 않게 잡혔다. 우리들은 저녁에 노루를 구워 파티를 열기도 했다. 고생도 많이 했지만 나라가 무엇인지, 그리고 자연이 무엇인지를 생각해 볼 수 있었던 소중한 체험이었다.

어느 여고생의 안타까운 죽음

군대에서 일병 때, 그러니까 1971년 9월쯤의 일이다. 1사단 본부에서는 예하 직할대에게 한 달에 두어 차례씩 지형정찰 수색을 나가도록 명령하였다. 근처의 산을 다니면서 유사시에 대비하여 설치해 놓은 방공호를 점검하며 청소하고, 또 산에서 이런저런 삐라를 모아오는 것이 주된 임무였다. 아마도 그런 작전을 통하여 직할대가 맡은 산악 지형을 미리 숙지하도록 하려는 목적도 있지 않았을까 생각된다.

수색 정찰을 나가면 쌀밥을 실컷 먹을 수 있기에 경쟁이 치열했다. 나도 매번 밀리다가 그날은 운이 좋아서 내 차지까지 온 것이었다. 우리는 광탄의 용미리에 있는 산으로 출동했다. 인솔 장교 한 명에 열두 명의 병사가 앰뷸런스 한 대와 트럭 한 대에 나누어 타고 출동했다. 꽤 높은 산을 넘어서 오후 2시쯤 용미리 민가에 도착하였다. 우리를 내려 준 트럭과 앰뷸런스가 미리 산 너머로 돌아와서 식사를 준비해 놓았으므로 우리는 별다른 수고 없이 민가에서 마음껏 밥을 먹었다. 게다가 막걸리까지 있다. 그런데 고참들이 제일 졸병인 나에게, "야, 최 일병, 잘 먹는다. 더 마셔라, 더 마셔." 하면서 자꾸만 술을 권하였다. 계속 받아먹다 보니 배가 터질 지경까지 왔다. 밥과 막걸리가 속에서 부글부글 끓으면서 죽기 일보 직전까지 온 것이다. 나는 그때, "배가 터져서 죽는다는 게 바로 이런 거구나."하는 걸 경험했다.

그렇게 식사를 한 후 모두가 이곳저곳에 널브러져서 낮잠을 자고 있을 때였다. 동네에서 어떤 사람이 허겁지겁 뛰어왔다. 옆 동네에서 여학생 하나가 죽어가고 있다는 게 아닌가. 우리들은 차를 몰고 부랴부랴 옆 동네로 향했다. 차를 대고 그 집 울타리 근처에 가자 짐승의 울음소리 같은 신음이 들리기 시작하였다. 방 안에는 늦은 여름이었는데도 두꺼운 이불로 여자아이를 잔뜩 덮어 놓았다. 얼굴만 내놓은 여자아이의 입과 코에서는 숨 쉴 때마다 마치 분수가 튀어나오듯이 물방울이 뿜어져 나오고 있었다.

사연은 이랬다. 고등학교 1학년인 여자아이는 전날 장에서 판탈롱 바지를 사달라고 졸랐단다. 당시는 아래가 넓은 판탈롱 바지가 유행할 때였다. 그런데 부모가 형편상 그걸 사주지 못했다. 그 학생은 그 다음 날, 그러니까 우리가 도착하기 바로 직전까지도 졸랐던 모양이었다. 그래도 거절당하자, 우리가 점심을 먹을 즈음에 광에 들어가서 그만 농약을 마셔버린 것이었다.

마침 인솔 장교는 의무 중대에서 병실을 책임지고 있는 군의관 김 대위였다. 현장에서 즉각적으로 응급처치를 해도 환자의 상태는 개선되지 않았다. 군의관님은 환자와 함께 앰뷸런스로 먼저 떠나고 우리는

GMC트럭을 타고 뒤를 따랐다. 우리가 부대에 도착하여 두 시간이나 지났을까? 저녁 식사가 끝나고 8시쯤에 그 여학생은 숨이 끊어졌다.

참으로 허망한 죽음이었다. 판탈롱 바지가 도대체 무엇이길래 그렇게 앞길이 구만리 같은 여학생이 죽어야 한단 말인가? 그 사건은 두고두고 나의 뇌리에서 떠나지 않았다.

전차 중대에서의 사고 수습

그렇게 두들겨만 맞던 우리들이 어느 사이에 고참이 되었다. 2년 반이 훌쩍 지나간 것이다. 의무 중대는 군기가 세다 보니까 고참 병장들은 거의 일을 하지 않는다. 날마다 빈둥대고 있으니 새로 오신 중대장님에게는 눈엣가시였을 것이다. 어느 날 우리 동기들 다섯 명 모두가 이리 저리로 파견 명령을 받았다. 나는 전차 중대로, 다른 동기는 통신 중대로, 또 한 동기는 병기 중대로…….

전차 중대는 임진강 자유의 다리 바로 앞에 있었다. 막상 가보니 그곳은 문제투성이였다. 사고 병이 많은 것이 첫째 문제였고, 개인에게 지급되는 총기류가 몇 개씩 되는 것이 둘째 문제였다. 주특기 121인 전차병을 양성하려면 돈이 많이 든다고 했다. 그래서 한 번 전차병이 되면 웬만한 사고가 있어도 다른 부대로 전출을 시키지 않았다. 군대 영창을 갔다 와도 또다시 전차부대로 돌아오는 식이었다. 또 전차병의 특성상 총기도 경계용 M16, 전차 내에서 쓰는 기관단총, 전차장에게 지급되는 권총 등, 여러 가지가 있었다. 우리 의무중대가 2차대전 때 쓰던 칼빈 소총만 갖고 있는 것과는 완전 딴판이었다.

내가 가고 두 달이나 지났을까? 하루는 막 잠이 들었는데, "새끼들아, 다 일어나!"하는 고함소리와 함께 불이 환하게 켜졌다. 눈을 떠보니 일병 하나가 전 소대원들을 깨워서 고래고래 소리를 지르고 있었다. 그 일병은 제대가 얼마 남지 않은 병사인데, 그동안 사고를 쳐서 감방을 갔다가 1년 반 만에 돌아왔다고 했다.

전차 중대는 하사들이 모든 지휘를 맡고 있었다. 전차장도 하사, 내무반장도 하사, 취사반장도 하사였다. 이 사고병이 자대에 돌아와 보니 자기 눈에는 새까만 하사가 자기에게 이래라 저래라 명령을 내리는 것이 아닌가. 평소 그게 못마땅하던 차에, 나가서 술을 한잔 걸치고 오자 그대로 폭발한 것이었다.

하사들 몇이 반항하자, 사고병은 순식간에 들고 있던 M16을 내갈겼다. 총에서 탄피가 어지럽게 튀어나가고 천장에 구멍이 숭숭 뚫렸다. 다행히도 허공에 대고 쏘아서 다친 병사는 없었다. 곧이어 당직사관이 들어오고 잠시 후 그를 끌고 나갔다.

사태는 진정되었는데, 이 사고병이 개머리판으로 내리친 하사의 머리가 심하게 찢어진 것이 문제였다. 당연히 의무병이 나서야 할 차례였다. 나는 의무병이라고 하여 구급낭과 의약품 등등을 챙겨서 오기는 했지만, 그동안 의무 중대에서도 의무실 쪽에는 얼씬도 하지 못한, 그냥 '행정병'이었다. 수송부를 거쳐서 참모부에서 타자수로 한 일이 내가 의무 중대에서 한 업무의 전부였다.

그래도 의무 중대에서 파견된 위생병 아닌가. 이건 우리 중대의 명예가 걸려있는 문제였다. 위기에서는 역시 순발력이 힘을 발휘한다. 얼굴을 자세히 보니 머리 꼭대기에서부터 입술까지 피가 흘러내려 고드름이 되어 있었다. 나는 사람의 두피가 그렇게 두꺼운지도 처음 알았다. 찢어진 부위는 마치 키스를 기다리는 여자의 입술 같았다. 거기서 피가 계속 줄줄 흘러나오고 있지 않은가. 나는 찢어진 부위를 침착하게 소독하고 그곳을 일회용 수술 바늘과 실로 꿰매었다. 그리고 항생제를 주사하고 먹는 약도 처방해 주었다.

젊은 나이인지라 상처는 금방 아물었다. 그래도 의무 중대 밥을 3년 가까이 먹다 보니 그동안 보고 들은 것이 그런 위기 상황에서 '실력'으로 튀어나온 것이었다. 그날 밤의 사건 이후로 전차 중대 대원들은 나를 보면 "위생병님!" "최병장님!" 하면서 깍듯이 대우해 주었다.

그런데 참으로 인연이란 묘하다는 생각이 든다. 훗날 내가 현대 자동차 영동 영업소에 근무할 때 이 친구가 그곳에 영업사원으로 입사한 것이었다. 어느 날 아침 출근을 하니 누가 꾸벅하고 인사를 하는 것이 아닌가. 신 하사였다. 그 후 우리 둘은 그곳에서 친하게 지내며 근무하였다.

포경수술 해주고, 그 돈으로 술 먹고

동기 하나는 병기 중대로 파견 나갔다. 그런데 그 친구는 대구 군의학교를 졸업하고 파견 나오기 전까지 주로 응급실과 치료실에만 근무한 베테랑이었다.

그 당시 군인들 사이에는 포경수술이 유행했었다. 우리 동기들 다섯 명은 이렇게 저렇게 서로 연락하여 파견 나온 부대에서 후보자를 물색하여 그 친구에게로 데리고 가곤 했다. 쉽게 말하면 우리 네 명은 '찍쇠'이고, 그 친구는 '딱쇠'인 셈이었다.

내가 서울에 처음 왔을 때 동네 형들을 따라서 을지로6가 계림극장 앞에서 한 달 정도 구두닦이를 한 적이 있었다. 그때 주변을 다니면서 구두를 수거해 오는 아이들을 '찍쇠'라고 불렀다. 작은 나무 사다리 같은 것에 구두를 많을 때는 여섯 켤레를 걸어서 들고 온다. 그러면 그것들을 길옆에 앉은 '딱쇠' 형이 반질반질하게 닦는 것이다.

어느 날은 병참 중대에 파견된 '베테랑' 동기가 수술하는데 도와달라는 연락이 왔다. 그러면서 다음다음 날 용주골 여관에서 만나자고 했다. 당시 용주골에는 아직 떠나지 않은 미군부대도 여럿 있었고, 1사단의 예하 부대들이 많이 있어서 여관들이 호황을 누리고 있었다. 그곳에 가보니 공병대에 파견 나간 동기가 신병 하나를 포섭하여 데리고 온 것이었다.

1994년 1월, 제대를 한 달 정도 남겨 둔 어느 날이었다. 약속한 여관에 가니 그날이 평일 그것도 점심 무렵인지라 불을 땐 방이 없었다. 우리들 위생병 세 명은 추운 방에서 젊은 병사 하나의 아랫도리를 벗겨놓고 수술을 시작했다. 방이 추운 데다가 병사는 덜덜 떨어대니, 우리들은 옆에서 그를 꼭 붙들고 있어야만 했다.

포경수술은 사실 복잡한 게 아니다. 먼저 리도카인이라는 마취제를 음경 주위의 피부에 찔러 넣고 음경을 살살 주무르면 마취약이 골고루 퍼져나간다. 그런 다음 집게로 표피를 집고 가위로 조금 잘라낸 후, 잘라낸 부위의 혈관을 실로 묶고 표피를 꿰매면 끝나는 것이다. 그런데 어찌된 일인지 다 꿰맸는데도 피가 멈추지 않았다. 그러자 베테랑 친구도 당황하기 시작했다. 시간이 조금 지나 마취가 풀리는지 병사는 아프다고 소리까지 질러댔다. 순간적으로 우리들은 겁이 나기 시작했다. 그래도 우리들이 누구인가? 의무 중대의 밥을 3년이나 먹은 전문가가 아닌가 말이다. 결국은 잘 마무리하고 병사를 돌려보냈다. 얼마 되지 않는 돈을 받아서 우리들은 그걸로 돼지불고기에 소주를 맛있게 먹었다.

그런데 문제는 그 후에 발생했다. 그 병사가 부대에서 근무하던 중 봉합 부분이 터진 것이었다. 곧바로 조사가 시작되자 그 병사는 우리들 세 명으로부터 수술을 받았다는 사실을 자백했다. 우리들은 모두 헌병대에 두 차례 불려가서 조사를 받았다. 이제 곧 영창을 갈 판이었다. 그때 다행스럽게도 의무참모님께서 이리저리 힘을 써주시어서 사고는 그냥 없던 것으로 처리되고 덕분에 우리들은 모두 무사히 제대할 수 있게 되었다.

(8) 도약의 준비기간: 중앙대학교 시절

이대 영문과 학생들과의 미팅

1974년 1월 말에 제대한 후 3월 초에 복학하였다. 고대하고 고대하던 대학 생활인지라 공부가 그렇게 즐거울 수 없었다. 과의 다른 학생들은 모두가 미팅에 나가느라 정신이 없었지만 나는 그런 것에 전혀 관심을 기울이지 않았다. 나이 차가 많이 나는 것도 한 가지 이유였다. 다른 학생들은 모두 나보다 다섯 살 정도가 어렸다. 1학년 1학기 때는 군대를 다녀온 복학생이 아무도 없었기에 나는 반 친구들로부터 형이라는 호칭을 들으면서 다녔다. 그러다 2학기가 되니까 한두 명씩 복학생들이 들어오기 시작했다.

교통편은 그런대로 괜찮았다. 신당동 앞길로는 영등포까지 가는 버스가 다니고 있어서 나는 아침 일찍 그 버스를 타고 한강 인도교를 건넌다. 하차하여 산을 넘어가면 대학 운동장이 나오고 조금 더 내려

가면 청룡 연못이 있는 본관이 나오고 본관 바로 아래가 경영대학이다. 새벽 여섯 시에 집을 나와서 밤 열 시에 학교 도서관을 떠나는 일상이 반복되었다.

　2학기가 되자 어느 날은 과 대표가 나에게 "형님도 미팅에 한 번 같이 가시죠?"라며 미팅을 제안해 왔다. 1학기 때는 한 번도 가본 적이 없었다. 그리고 나이도 많은데 가도 될까? 하는데 상대가 이화여대 영문과 학생들이라는 제안에 귀가 솔깃했다. 나는 그때까지만 해도 어느 학교가 좋은지도 잘 몰랐다. 내가 대학에 관하여 약간이나마 정보를 갖게 된 것은 고등학교를 다니면서 〈진학〉이라는 책자를 통해서였다. 그 책에는 주로 전기 대학들에 관한 정보만이 소개되곤 하였다. 따라서 입학 정보도 거의 다가 서울대, 연세대, 고려대, 서강대, 중앙대, 이화여대, 숙명여대에 관한 것이었으며, 지방대학으로는 부산대, 경북대, 전남대가 간간히 소개될 뿐이었다. 그래도 어렴풋이 들은 풍월은 있어서 '이화여대 영문과' 하면 대한민국에서 제일 똑똑한 여학생들이 다닌다는 정도는 알고 있던 터였다.

　우리가 이대 영문과 학생들과 미팅을 갖게 된 과정은 이러했다. 1974년 당시 한국에서 제일 잘 나가는 기업은 화장품 회사들이었다. 그 선두에는 태평양화학이 있었고, 그 뒤를 이어서 한국화장품이라는 회사가 있었다. 태평양은 '아모레'라는 브랜드로 유명세를 떨치고 있었고, 한국화장품은 '쥬단학'이라는 브랜드로 막 시장을 확대해 나가는 참이었다. 당시 한국화장품주식회사는 임광정이라는 분이 회장으로 계셨는데, 그분의 막내아들이 우리 무역학과에 있었다. 그때만 해도 대학을 졸업하고 1~2년 내로 시집을 가지 못하면 올드미스라는 호칭이 붙을 때였으니 여학생들의 관심사는 단연 결혼이었다. 그런 때에 한국에서 제일 잘 나가는 화장품 회사 회장의 아들이 미팅에 나온다고 하자 서로 앞다투어 나가겠다고 한 것이다.

미팅은 MBC문화방송의 정동 사옥 몇 층인가에 있는 넓은 공간이었다. 모두 정장 차림으로 와야 한다고 해서 나도 난생처음 양복을 입어 보았다. 나는 옷이 없어서 작은형의 옷을 빌려 입었다. 그런데 우리 집안은 나만 빼고는 모두가 키가 컸다. 아버지께서 그 옛날 동탄면 씨름대회에서 장원을 하실 만큼 기골이 장대하신 분이었던지라, 큰형도 작은형도 모두 키가 175cm씩은 됐다. 나만 유난히 작아서 군대에 갈 때 167cm였는데, 당시 기준으로 볼 때 작은 키는 아니고 중간 정도였다.

막상 작은형의 양복을 입어 보니 이건 팔도 길고 바지도 길어서 영 어색했다. 첫눈에도 나의 파트너는 꽤 예쁘고 세련되어 보였다. 그런 아가씨의 눈에는 내가 얼마나 촌스럽게 보였을까? 무슨 말을 했는지는 잘 모르겠다. 그냥 말도 안 되는 이야기만 하다가 싱겁게 끝났다. 단연 그날의 주인공은 회장 아들이었다. 여학생들 모두가 눈을 반짝이면서 그 친구에게 호기심을 보였던 기억이 난다.

두 번째의 미팅 상대는 단국대 국문과 학생들이었다. 3학년 1학기 때였는데, 참 재미있었던 기억이 난다. 경기도 송추로 갔는데, 우리들도 그랬지만 여학생들은 우리들보다 더 들떠서 무척이나 즐거운 표정들이었다. 우리들은 기타를 치며 노래도 하고, 즉석 백일장에서 시도 짓고 발표도 했다. 시골의 정취에 빠져서 여학생들은 마침 지나가던 우마차를 얻어 타고 노래를 합창하였다. 김성훈의 '시골길'이었던 기억이 난다. 미팅 후로도 여러 번 만났지만 20쌍의 미팅 멤버 중에서 결혼이 성사된 커플은 없었던 것으로 기억한다.

"무역학과는 영어만 잘하면 돼."
군대를 막 제대하고 1학년으로 복학했을 때였다. 오리엔테이션이 끝나고 첫 번째 수업 시간은 무역학과 임민우 교수님의 무역학개론 수업이었다. 교수님은 이렇게 말씀하셨다.

"무역학과는 영어만 잘하면 돼요. 특히 회화에 신경을 쓰세요."

그때까지만 해도 영어 공부라고 하면 단어 암기와 독해를 의미하였다. 즉, 글을 읽고 그 뜻을 이해하는 것을 영어의 모든 것으로 알고 교육하고 받았다는 말이다. 그런데 임민우 교수님은 앞으로의 영어는 대화가 중요하니 회화에 역점을 두라고 하신 것이다. 그 가르침은 두고두고 나의 뇌리에서 떠나지 않았다. 그리하여 나는 영어 공부에 많은 신경을 썼다. 1학년 때부터 집에서 코리아 헤럴드 신문을 보기 시작하였다.

그때는 누님의 화장품 사업이 번창하여 누님은 동화극장 건너에 일본식 2층 주택을 사서 이사한 참이었다. 누님은 지금 90세로 요양원에 계신다. 아마도 내 기억으로는 누님의 90 평생 중에서 그곳에서 살던 20년이 가장 행복한 시기가 아니었을까 싶다. 나도 그렇게 아기자기하게 잘 꾸며진 집을 지금껏 본 적이 없다. 비록 땅은 60평밖에 되지 않았지만, 정원에는 대나무와 소나무, 그리고 물이 졸졸 흘러내리는 실개천도 있었다. 한마디로 일본 사람들의 정원사랑 정신을 표현한 '작품'이었다. 목조 2층 주택으로 아래층에 온돌방이 2개에 응접

실, 위층에 다다미방이 2개 있는 집이었다.

대학교 시절 4년 동안 나는 거기서 조카와 함께 생활하였다. 조카는 나보다 10살 아래인데, 후일에 서울대학교 토목과를 졸업하고 박사학위까지 받았다. 지금은 토목설계 회사를 운영하며 토목기술사회 회장으로도 있다.

그 당시 영어 회화 교재로는 잉글리쉬 나인헌드레드(English 900)가 대세였다. 여러 장의 LP 레코드판으로 구성되어 있었는데, 특이한 것은 주제별로 영어를 공부할 수 있도록 해놓았던 점이다. 예를 들면, 일상생활, 여행, 비즈니스, 문화 등, 상황에 맞게 분류되어 있었다. 나는 그것을 날마다 전축에 걸어놓고 따라 하기를 반복했다. 또 에밀졸라의 〈목로주점〉, 존 스타인 벡의 〈진주〉 같은 책들도 원서로 사서 읽었다.

학교에서도 영어 회화의 필요성을 인식해서 외부 강사를 초빙하여 무역 영어 과목을 개설해 주었다. 기억에 남는 것은 당시 서강대에서 쓰던 〈East meets West〉라는 책자를 교재로 한 영어 회화 수업이다. 서강대에서 그 강의를 맡고 있던 외국인 강사를 초빙하여 우리 무역학과 학생들을 가르치도록 한 것이었다.

무역사 자격증과 무역영어 검정시험

무역학과 본연의 공부도 게을리 할 수 없었다. 나는 무역학개론, 외환론, 외자도입법, 해상운송법, 해상보험법, 경제학원론 등등의 공부도 열심히 했다. 벼락치기로 대학에 들어가니 무슨 지식이 있었겠는가? 그래서 나는 이런저런 문학이나 역사 강의에도 기웃거리며 교양의 폭을 넓히려고 노력하곤 했다. 한 번은 특별 교양강좌로 유명한 분을 초빙하여 온다는 소문이 돌았다. 강사는 당시 대한민국 최고의 석학이라는 동국대학교 양주동 박사님이었다. 그분은 아주 입담이 좋아서 학생들로부터 큰 호응을 받았던 기억이 난다.

3학년 때는 제1회 무역사 시험에 합격하여 자격증을 취득하였다. 우리 중앙대 출신들이 20명 정도 합격해서 전국에서 제일 많은 합격자를 배출하였다. 무역사 제도는 무역거래법에 따라 모든 종합무역회사에서 자격증을 가진 사람들을 의무적으로 고용하도록 한다는 취지로 출발한 제도였다. 그런데 막상 그 제도는 법적인 문제가 많다하여 실행에 옮겨지지 못하고 그냥 폐기되고 말았다.

상공회의소에서 주관하는 무역영어검정시험이 있었다. 1급, 2급, 3급이 있었는데, 1급 시험은 '무역업계에 종사한 지 몇 년 이상'이라는 자격요건이 있어서 응시를 할 수 없었다. 나는 2급을 목표로 열심히 공부하여 3학년 때 그 시험에 합격하였다.

시험은 홍제동 언덕 근처의 서울여상에서 치러졌는데, 교실에 감독관이 카세트 녹음기를 들고 들어와서 그걸 들려주면 응시생들이 받아쓰는 방식이었다. 다른 사람들이 쩔쩔맬 때, 나는 평소 듣는 연습과 말하는 연습을 많이 하였던지라 그냥 쉽게 쓸 수 있었다. 그렇게 하여 나는 2급 자격증을 취득할 수 있었다. 지금이야 학생들이 이런저런 자격증을 기본적으로 몇 개씩은 갖고 있지만, 그때만 해도 자격증이 별로 없을 때였다.

지금 시대는 대학생들에게 영어는 기본이다. 말하기, 듣기, 읽고 해석하기에 모두 능통하다. 그러나 그때는 회화를 제대로 할 수 있는 사람이 드물었다. 영어를 잘하는 사람들은 대개가 미군 부대에서 하우스 보이를 했거나 군속을 한 사람들이었다. 그때 열심히 한 영어 공부와 몇 개의 자격증은 후일 나의 사회생활에 큰 도움이 되었다.

지금은 청년들이 다 대학을 간다. 내가 2000년대 초에 예닮교회라는 큰 교회에서 청년부장으로 5년 동안 봉사한 일이 있었다. 청년들이 100여 명 되었는데, 100%가 다 대학생이었다. 어쩌다 한두 명 대학을 안 다니는 청년들이 새로 들어오는가 싶으면 몇 달 후에는 그 친구들도 어느 대학에, 최소한 방송통신대학에라고 들어가서 '대학생'이 되곤 하였다.

그러나 1970년대만 해도 대학다니는 학생들이 많지 않았다. 요즘에는 학생들이 '과잠'이라는 학교 이름이 새겨진 점퍼를 입고 다니는 게 유행이다. 특히 겨울철에 전철을 타면 그런 학생들을 흔하게 본다. 비슷한 현상으로 1970년대 학생들은 대학 배지를 옷깃에 달고 다녔다. 그중에서도 가장 인기가 좋고 선망의 대상이 되는 것은 일명 '해골바가지'라고 하는 서울대학교 뱃지였다.

녹음기를 들고 파주 용주골로

3학년이 되자 전자기술이 급격히 발달하면서 녹음기가 꽤 많이 보급되었다. 물론 거의 다가 일제에 고가로 밀수품이었다. 그전까지만 해도 녹음 재생 기구는 거의 다가 LP 레코드판을 얹어서 트는 전축이었다. 내가 녹음기를 하나 갖고 싶다고 하자, 하루는 누님이 일제 파나소닉 녹음기를 사주었다. 그것은 카세트테이프를 넣고 녹음과 재생을 하도록 돼 있었는데, 크기는 지금의 노트북PC 정도이고 무게는 노트북 두 개 정도로 꽤 묵직했다.

나는 주말이면 미군들이 있는 용주골을 향했다. 재수가 좋은 날은 불광동 버스터미널에서 미군을 만나기도 했다. 용주골에는 미군들이 많이 있었다. 그 사람들에게 이런저런 이야기를 하고 그걸 녹음해서 집으로 돌아와서는 틈면서 반복하여 듣기 훈련을 하였다.

그 시절 영어방송으로는 미국의 소리 방송 VOA(Voice of America)와 미육군방송 AFKN(American Forces Korean Network)이 있었다.

종로2가에도 영어학원들이 많았는데, 내가 등록한 종각 옆 골목 학원에는 미국에서 살다 온 한국인 2세가 강사로 있었다. 학생은 나와 여자 다섯 명이었다. 한 석 달 정도 했나? 젊은 강사님이 무슨 사정 때문에 더 이상 학원을 나올 수가 없다고 하였다. 그리고 며칠 후에 새로운 강사가 왔는데 '치코'라는 이름의 흑인이었다. 그러자 여학생 두 명은 징그럽다며 그만두고, 우리 반은 남자 하나에 여자 둘의 단출한 분위기로 바뀌었다. 한 명은 스무 살로 이제 막 한양대학교에 들어간 학생이었고, 다른 한 명은 결혼한 젊은 여자로 나보다 한 살 위였다. 그 여자는 신랑이 6개월 전에 미국으로 떠났는데, 자기도 곧 들어갈 거라며 그동안 영어를 배우는 것이라고 했다. 우리 세 명은 학원이 끝나면 옆의 종로서적에 가서 책도 사고 가끔은 맥주도 마시면서 재미있게 지냈다.

한 번은 무역과 복학생 친구들 몇 명이 흑석동에서 애인을 동반하여 모이기로 했는데, 나는 애인이 없었다. 그분에게 부탁했더니 흔쾌히 함께 가겠다는 것이 아닌가. 약속 장소에 도착하니 친구들 모두가 눈이 휘둥그레졌다. 그 여자는 상당한 미인이었다. 얼굴도 하얗고 눈도 크고, 또 옷도 주로 진한 색의 화려한 옷을 입고 다녔다. 우리 다섯 쌍은 1차도 가고 2차로 노래방도 가면서 즐겁게 보냈다.

그렇게 몇 달을 애인 비슷한 관계로 가깝게 지내던 중, 어느 날 다음 주에 미국에 들어간다면서 작별 파티를 해달라고 했다. 우리 셋은 청진동 낙지집에서 막걸리를 곁들인 파티를 벌였다.

나는 3학년부터는 〈뉴스위크〉를 읽었다. 그때는 길거리에서 〈뉴스위크〉와 〈타임〉을 판매하였는데, 둘 다 주간지로 상당히 많은 독자층을 확보하고 있었다. 시청의 코리아헤럴드 학원이나 종로의 입시학원들에서는 뉴스위크 반과 타임 반을 개설하기도 했다.

학교에서도 학생들의 취업에 많은 신경을 쓰고 집중적으로 투자를 해주었다. 그 일환으로 당시 국내 토플 계의 거장으로 자타가 공인하는 T. H. Yoon이라는 명강사를 전임으로 초빙하였다. 그때는 요즘 보는 토익이 아닌 토플(TOEFL)이었다. Test of English as a Foreign Language의 약자로 요즘의 토플과 큰 차이는 없다. 요즘의 토익(TOEIC)은 Test of English for International Communication의 약자인데, 토플이 학술적 주제가 가미된 본문을 조금 더 활용한다면, 토익은 실용적인 회화에 더 많은 중점을 둔다고 볼 수 있다. T. H. Yoon의 강의가 있는 시간이면 경영대학 대강의실은 항상 만원으로, 일찍 가서 자리 잡지 않으면 복도에서 강의를 들어야 했다.

노량진 니나노 집의 추억

4학년에 올라가서는 104연구실에 들어가게 되었다. 104연구실이란 경영대학 건물 104호실에, 성적이 좋은 학생들 위주로 독서실 비슷하게 꾸며놓은 성적우수학생 전용공간이었다. 1977년 1월이 되자 선배들이 취업이 확정되어 떠나가면서 자리가 비기 시작했다. 선경그룹(SK), 삼성물산, 대우실업 등에 취직한 선배들이 다수 나왔다. 나는 성적우수장학금을 3회 연속으로 받은 터라 대기 1순위였기에 제일 먼저 들어갈 수 있었다.

KJS란 친구도 함께 들어갔는데, 그 친구는 서울사범대학 부속 고등학교 출신이었다. 우리들은 그 친구를 '오드리'라는 별명으로 불렀다. 그 당시 영화계를 주름잡던 영화배우 오드리 헵번의 이름에서 딴 별명이었다. 체격도 아담한 데다가 얼굴까지도 곱상한 귀공자인 그 친구는 공부도 아주 잘했다. 그 친구는 사대부고 출신이 1년을 재수하여 중앙대에 온다는 것은 상당히 부끄러운 일이라는 말을 자주하곤 했다. 그의 말로는, 자기네 학교를 졸업하면 보통 연고대는 가는데, 자기는 학교 다니면서 음악을 하느라고 공부를 거의 하지 않았다는 것이었다. 보컬 팀에서 싱어를 맡았는데, 이런저런 대회에 참가하며 친구들과 놀다가 졸업 해에는 서울대를 쳐서 낙방하고, 재수 끝에 안전빵으로 중앙대에 들어왔단다.

그 친구는 집안도 좋아서 신림동의 커다란 양옥에 살고 있었다. 당시는 아파트라고는 반포의 5층짜리가 전부였고 거의 다가 주택에 살 때였다. 한 번은 그 친구가 자기 집에 가자고 했다. 가보니 널따란 정원에 나무도 많고 한눈에도 아주 잘사는 집이라는 것이 확연해 보였다. 친구의 형은 서울대 건축과를 나와서 대우건설에 막 입사했다고 했다. 어느 날은 형이 근무한다는 현장에도 가보았는데, 형이 우리를 대동하고 현장을 돌면서 이런저런 설명을 해주었다. 공사 현장은 터파기를 마치고 막 골조가 올라가는 중이었다. 그것이 지금의 광화문 교보빌딩이다.

그 친구는 말도 여자처럼 입을 가리고 하곤 했다. 그래서 여자들에게 인기가 아주 많았다. 또 술도 엄청나게 잘 마셨다. 그것도 꼭 소주만 먹었다. 얼마나 술을 많이 마셨는지, 술을 따를 때면 손을 약간 떨기도 했다. 그때 나는 "수전증이 젊은이에게도 올 수 있구나."라는 생각을 했었다. "친구따라 강남간다."는 말처럼, 그 친구와 계속 어울리다 보니 나도 이래저래 술집을 자주 가게 되었다.

10시쯤 공부가 끝나면 학교 뒷산을 넘어오는데, 노량진대로 옆 조금 후미진 곳에 니나노 집이 서너 군데 있었다. 우리는 술을 먹으며 이런저런 이야기도 많이 했다. 자기는 집안이 좋아 군대 생활도 서울의 수도경비사령부에서 했다면서 군대 이야기를 하기도 하고, 보컬팀에서 이런저런 대회에 나가서 무슨 노래를 불렀다는 둥, 이야기가 끝이 없었다.

그런데 이 친구는 군대에서 배운 것인지는 몰라도 술을 먹으면 꼭 젓가락으로 상을 두드리며 노래를 부르는 습관이 있었다. 노래도 젊은이들이 부르는 노래가 아닌 '울고 넘는 박달재', '나그네 설움', '삼팔선의 봄' 같은 아주 오래된 노래들이었다. 우리는 아가씨들과 상이 부서지도록 젓가락을 두드리며 노래를 부르다가, 한번은 함께 근처 여관으로 간 적도 있었다. 부산집 주인아저씨는 우리가 돈이 없으면 시계를 잡고 술을 주기도 했다.

현대종합상사에 합격하다

1997년 10월이 되었다. 여기저기서 대학 졸업생들을 '모셔' 가느라고 난리였다. 어느 날은 대학 교정에 울산 현대조선(현재의 HD현대)과 포항제철(현재의 포스코)에서 보낸 버스가 몇 대씩 서서 학생들을 기다리고 있기도 했다. 졸업 예정 학생들을 데리고 가서 잘 '접대'하여 미리 확보하려는 작전이었다. 친구들은 거기도 갔지만 나는 종합상사에서 취업공고가 나기를 기다렸다. 드디어 11월이 되자 삼성물산, 대우실업, 현대종합상사, 반도상사 등, 종합상사들이 신문에 구인 광고를 내기 시작했다.

그때는 인터넷이 없을 때였으므로 구인 광고를 모두 신문에 했다. 구인 광고는 학과를 특정하여 냈는데, 예를 들면 경영학과/무역학과/경제학과 000명, 법학과/행정학과 00명, 이런 식이었다. 여기서 000명이란 100명에서부터 999명까지를 의미하고, 00명이란 10명에서부터 99명을 의미하는 것이다. 원체 기업체에서 사람을 많이 뽑아대니까 은행 같은 금융기관들은 그냥 과 사무실로 연락이 왔다. 어느 날 과 사무실 앞 게시판을 보면 '조흥은행 2명'이라는 모집공고가 붙어 있고, 또 다른 날은 '제일해상화재보험 1명'이라는 공고가 붙어 있기도 했다. 그러면 학과장에게 가서 추천서를 받아서 면접을 보면 그냥 합격이었다. 일명 '추천에 의한 취업' 방식이다. 실제로 한 친구는 조흥은행에 들어가서 평생을 은행원으로 마감(상무)하였고, 또 다른 친구는 외환은행에 들어가서 퇴직(지점장)하였다.

드디어 기다리고 기다리던 종합무역상사의 취직공고가 신문에 실리기 시작하였다. 나는 삼성 쪽은 쳐다도 보지 않았다. 그 이유는 이병철 회장님이 관상을 아주 중요하게 생각해서 점쟁이를 곁에 두고 면접을 본다는 소문 때문이었다. 그게 사실인지는 모르겠으나, 당시에는 그런 소문이 퍼져있었다.

  친구 오드리는 삼성물산을 지원하여 불합격하였고, 나는 현대종합상사를 지원하여 합격하였다. 시험은 광화문 현대 사옥에서 보았는데, 그 건물을 지금은 현대알루미늄 본사에서 쓰고 있다. 시험은 전공과 시사상식, 그리고 영어였다. 영어는 필기와 회화를 보았는데, 나는 외국인과 1대1 면접시험을 보고 나서 곧바로 합격을 직감했다. 필기시험도 별다른 어려운 문제가 없어서 거의 다 썼고, 영어 회화는 내가 생각한 것보다 훨씬 더 쉬웠다. 4년 동안을 죽기 살기로 공부한 결과가 입사 시험에서 유감없이 발휘된 것이다.

(9) 현대그룹 시절(1978년 1월~1981년 9월)

정주영 회장님과의 어색한 만남

현대종합상사는 신입사원을 100명쯤 뽑았다. 절반 넘는 인원은 서울대, 연세대, 고려대 출신이었고, 그밖에는 외국어대학교 출신이 꽤 많았던 기억이 난다. 영어 전공자들 이외에도 독일어, 스페인어, 불어, 포르투갈어 등, 제2외국어 전공자들이 많이 필요했던 때문이리라. 중앙대학교 출신은 나를 포함하여 총 3명이었다.

신입사원들 모두는 울산 현대그룹 연수원으로 향했다. 1주일간 우리들은 새벽마다 연수원에서 출발하여 방어진 바닷가까지 노래를 부르며 뛰었다. 지금도 "현대건설 현대건설 굳건한 이름, 현대를 빛내자 우리 현대건설을~" 이런 가사가 기억난다. 한마디로 현대그룹의 신입사원 교육은 군대 훈련소와 비슷했다. 곤색 현대건설 점퍼를 입고 1소대, 2소대, 3소대, 4소대 식의 군대식 편제에 오전은 정신교육과 업무 기본교육, 오후는 현대조선, 현대자동차, 현대정공 등의 계열사 견학이 이어졌다. 세계에서 제일 크다는 골리앗 크레인을 처음 본 것도 그때였다. 당시 현대정공은 막 창업한 신생기업으로 컨테이너를 만드는 회사였다.

입사한 지 한 달이나 되었을까? 어느 날은 점심을 먹고 들어오는데, 1층 엘리베이터 앞 한 줄은 줄이 잔뜩 밀려있는데 다른 쪽 엘리베이터는 문이 열렸는데도 한 명도 없는 게 아닌가? 나는 잽싸게 올라탔다. 내가 타자마자 어떤 사람이 앞에서 씩씩거리며 달려오기 시작했다. 정주영 회장님이셨다. 점심을 마치고 막 회장님이 들어오신다고 하니까 경비들이 엘리베이터 한 대를 잡아놓고 기다리고 있었는데, 그들이 미처 제지할 틈도 없이 내가 엘리베이터 안으로 쏙 들어가 버린 것이었다. 경비가 엘리베이터 안으로 손을 넣더니 7층을 눌러주고 황급히 문을 닫았다. 정주영 회장님은 여전히 씩씩거리며 서 계셨고 나는 어색한 채로 10여 초를 서 있었다. 다행스럽게도 종합상사 일반상품부 사무실은 2층이었고, 현대건설 회장실은 7층에 있었다. 나는 인사를 드린 후 어색한 만남을 뒤로하고 엘리베이터를 빠져나왔다.

아마도 거의 같은 때였을 것이다. 하루는 사장님이 오신다고 했다. 우리들은 모두 강당으로 모였다. 그때 현대종합상사는 모두 200명쯤 되었는데, 기존 사원들이 100명, 신입사원이 100명 정도였다. 현대종합상사는 1976년에 설립되고 우리들은 1978년 1월에 입사하였으므로, 당시는 겨우 설립 2년 차의 신생기업이었다. 사장님은 정주영 회장님의 큰아들인 정몽필이라는 분이었다. 정몽필 사장님은 그로부터 4년 후 고속도로에서 사고로 사망하였다. .

첫 오더를 받다

입사하여 내가 배속된 부서는 일반상품1부였다. 일반상품1부는 잡화과, 운동구과, 토이과의 3개과로 되어 있었는데, 내가 속한 잡화과는 운동구와 장난감을 제외한 모든 상품을 취급하는 부서였다.

나에게 주어진 업무는 기존 거래처를 관리하는 업무가 아닌 신규 거래처 개발이었다. 나는 매일 아침 대한무역진흥공사 즉 코트라(KOREA)에서 발행하는 〈무역통신〉을 보고 거기에 실린 바이어에게 전화를 걸어 약속을 잡고 상담을 이어갔다. 그렇게 하여 미국, 영국, 이란, 인도 등, 다양한 나라에서 온 사람들과 이런저런 상담을 그야말로 닥치는 대로 했다. 내가 하는 일은 무슨 상품이 있는 것도 아니고 제조공장을 갖고 있는 상태도 아니었으므로, 바이어 측의 요구를 들어보고 거기에 맞는 거래처를 알선하는 일이었다.

하루는 프라자호텔에 묵고 있는 미국 바이어와 상담했다. 그 사람은 조화(造花: Artificial Flower)를 전문으로 수입하는 사람이었는데, 주로 일본과 대만 업체하고만 거래하였다고 했다. 내가 미리 알아둔 대로 이런저런 공장이 있다고 하자, 그는 호기심을 보이면서 한번 가보자는 것이 아닌가.

당시는 자가용이 거의 없을 때였으므로, 움직이더라도 택시를 타거나 버스를 타야 했다. 회사 차량이 몇 대 있긴 하였으나, 그걸 이용하려면 총무과에 미리 배차신청을 하고 결재를 받아야 하기에 여간 번거롭지 않았다. 운전도 모두 운전기사들이 했다.

그 사람과 함께 버스를 타고 갔다. 상도동 가정집 공장에는 10여 명의 아줌마들이 열심히 조화를 만들고 있었다. 바이어는 한국에서 만드는 조화의 품질에 대체로 만족하는 듯했다. 그러면서 몇 개의 샘플을 보내달라는 것이 아닌가. DHL이란 특급배송업체가 막 한국에 들어온 때였다. 곧바로 바이어로부터 구매하겠다는 텔렉스가 왔다. 그리하여 상담한 지, 한 달도 되지 않아서 $3,000짜리 오더를 받은 것이다. 신입사원 중에서 그렇게 큰 금액 오더는 내가 제일 빨리 받았다고 생각된다. 그 시절의 $3,000은 대략 지금의 $60,000 이상이 될 것이다.

회사에서 아내를 만난 이야기

점심을 먹으면 여직원들과 세종문화회관 돌계단으로 갔다. 세종문화회관은 우리들이 입사한 바로 그즈음에 모든 공사가 끝나서 막 오픈한 상태였다. 돌계단에 앉아서 근처에서 사 온 부라보콘을 함께 먹으면서 이런저런 이야기를 했다. 우리 일반상품부에는 세 명의 여직원이 있었는데, 모두가 신랑감을 찾고 있었으니, 그런 자리 자체가 그냥 미팅인 셈이었다. 당시 여직원들은 타이핑을 하는 것이 주 업무였다. 그 밖에 차를 타거나 사무실 책상을 닦아주거나, 이런저런 심부름을 하기도 했다.

그때 사무실에는 각 과에 한 대씩 모두 세 대의 타자기가 있었는데, 하나는 레밍턴 타자기로 손가락의 힘으로 때려서 먹 끈 리본으로 글자를 찍어내는 완전 구식이었고, 나머지 두 대는 새로 구입한 IBM 전동 타자기였다. 그것은 살짝만 쳐도 동그란 볼이 돌아가면서 글자를 쳐주는 그야말로 최신식이었다. 외국과의 교신은 거의 다가 텔렉스를 이용하였다.

청춘남녀들끼리 만나다 보니 사내 결혼도 많이 하였다. 나 역시도 사내 결혼 커플이다. 어느 토요일엔가는 내가 춘천에 친구를 만나러 간다고 하니까 운동구과 입사 동기 하나가, "여기 미스 김도 매주 춘천에 가던데, 한 번 얘기해 봐서 함께 가지?"라는 것이 아닌가. 그렇게 하여 우리는 마장동 터미널에서 만나 춘천행 시외버스를 타고 함께 가게 되었다.

내가 춘천을 가게 된 사연은 이렇다. 나보다 1년 군대 선배가 있었다. 나이 차이가 한 살인지라 그냥 친구처럼 지내던 터였다. 그 친구는 고려대 의대를 졸업한, 전문의가 아닌 병리실험실 병리사였다. 그 때는 '우석의대'라고 불렀던 것 같다.

이 친구가 을지병원에 취직해 있을 때 나는 대학 3학년이었는데, 우리 둘은 낚시를 좋아해서 이곳저곳을 함께 다녔다. 한 번은 평택의 내리 솔밭이라는 수로로 밤낚시를 갔다. 우리 둘에 병리실의 여자 둘, 이렇게 네 명이 밤을 새우면서 고기도 구어먹고 이런저런 이야기도 하면서 즐겁게 지냈다. 늦은 여름밤이었는데, 우리가 간 수로는 논으로 물을 대어주는 폭 5m 정도의 꽤 넓은 물길이었다. 하! 그런데 거기는 그야말로 물 반 고기 반이었다. 낚시대도 요즘처럼 카본 낚시대가 아니고, 대나무를 서로 연결하는 조잡한 대나무 낚시대였다. 그런데 집어넣기만 하면 고기가 물리니 여자들도 신이 나서 떠들어대고, 그 야말로 시간 가는 줄 모르며 즐겁게 보낸 밤이었다.

친구의 병원 근무지를 몇 차례 가보니, 남자는 '닥터 김'이라고 부르는 그 친구 하나에 여자는 세 명이나 되었다. 그것이 참 묘한 게, 여자들은 하나 같이 예쁘고 아담하고 재미있는 친구를 좋아한다는 공통

점이 있었다. 이 친구 역시도 아담하고 재미있는 사람이었다. 특히 친구는 여자를 웃게 만드는 재주가 있었다. 입담이 얼마나 좋은지, 이런저런 이야기를 듣다 보면 저절로 친근감이 느껴지는 그런 스타일이었다. 그런데 이 친구가 거기서 사고를, 그것도 대형 사고를 친 것이었다.

 같은 병원 같은 과에 근무하는 여자들 사이니 무슨 비밀이 있을 것인가. 이렇게 저렇게 어울리며 온갖 이야기를 다 한 모양이었다. 그러자 "어머, 너도 그래? 나도 그런데." 하면서 세 명 모두가 그 친구와 깊은 관계였다는 사실을 알고 말았다. 그런 걸 무어라고 해야 하나? 남자들은 구멍 동서라는 말이 있지만…….

 하여튼 그 사실이 병원에 알려지자, 이 친구는 을지병원에서 더 이상 있을 수가 없어서 충청도의 보령에 있는 현대아산병원으로 도망을 치고 말았다. 그때만 해도 보령은 완전 시골이었다. 나는 그 친구를 만나려고 보령에도 갔다. 그런데 거기서도 소재가 들통났는지 얼마 있지 못하고 다시 도망을 친 곳이 춘천에 있는 성심병원이었다. 성심병원은 수녀들이 운영하는 병원이었다. 나는 그 친구를 만나 함께 자고 다음 날 미스 김을 만나 같은 버스로 서울로 돌아왔다. 그렇게 하여 미스 김과의 인연은 그 후 계속되어 현재에까지 이르렀다.

현대자동차 수출관리부 중동지역 담당

현대종합상사는 말하자면 인재 모집 창구였다. 각 대학의 인재들이 다 종합상사로만 몰리니 아마도 현대그룹에서 그런 작전을 쓴 모양이었다. 나는 종합상사에서 6개월을 있다가 현대자동차로 발령받았다.

 현대자동차 본사 사옥은 종로구 계동에 있는 휘문고등학교였다. 휘문고가 종로구 계동에 있는 학교를 팔겠다고 하자 현대그룹에서 그 건물을 사들인 것이다. 넓은 운동장을 내려다보고 세워진 3층짜리 건물이 회사건물로 당시는 회사명이 현대자동차주식회사였다.

나는 현대자동차에서도 모두가 선망하는 수출관리부로 배치되었고, 그중에서도 가장 실적이 좋고 활동도 활발한 중동지역 담당에 배속되었다. 나중에 들은 말로는, 신입사원 중에서도 가장 영어를 잘하는 사람을 골라서 수출관리부 중동팀으로 보내달라고 요청했단다.

수출관리부가 있는 2층은 반과 복도를 구분하던 벽을 헐어버려서 그냥 이쪽부터 저쪽 끝까지 다 터진 상태였다. 내가 배치된 중동지역 담당 외에 아프리카 담당, 유럽 담당, 중남미 담당, 이렇게 4개 파트가 수출관리부를 구성하고 있었다. 그 옆에는 수출기획부와 수출정비부가 있었다.

그 당시에는 미국 시장은 아예 꿈도 꾸지 못하고, 중동과 아프리카에 조금씩 수출이 되던 때였다. 유럽은 네덜란드에 현지법인을 두고 시험 수출을 하는 단계였다. 품목도 포니라는 승용차 단 한 종이었다.

첫날 출근을 해보니 중동과 과원들의 면면이 장난이 아니었다. 책임자인 차장님은 경기고에 고려대 경영학과 출신이고, 과장은 용산고에 서강대 무역과, 그 밑으로 대리 세 명이 경복고에 서울대 산업공학과, 경기고에 연세대 경영학과, 경기고에 성균관대 경영학과 출신이었다. 그 시절의 대표이사는 정세영님이었는데, 정주영 회장님의 바로 아래 동생이다. 차장님은 정세영 사장님과 아주 가까운 사이였다. 사장님과 같은 고려대 경영학과 출신에, 사장의 비서를 했던 분을 아내로 맞이했던 터라 비공식적인 라인도 있어 파워가 막강했다. 그분은 또 직원들 관리도 탁월해서 한 달이면 꼭 한두 차례 회식하고 2차는 자신의 압구정동 현대아파트로 불러서 그야말로 코가 삐뚤어지게 술을 마시며 팀워크를 다지곤 했다. 그분은 후일 현대아메리카 사장과 대우자동차 사장을 역임하셨다.

내가 중동팀에 배정된 것이 큰 경사였던 모양이다. 하루는 환영식을 해준다며 퇴근 후 저녁으로 불고기를 먹은 후 2차로 무교동 나이트클럽을 갔다. 그때는 산업개발 붐이 일어나서 전국이 흥청거릴 때로, 그런 상황의 가장 상징적인 곳이 무교동이었다. 휘황찬란한 네온사인에 정신이 없는데 자리를 잡고 앉으니 잠시 후 여섯 명의 아가씨가 왔다. 세상에나! 대한민국에서 제일 예쁜 아가씨들은 모두 거기에 모인 모양이었다. 차장님과 선배들은 그 집에 여러 번 온 모양이었지만 나는 그런 경험이 처음이었다. 어떤 술을 마셨는지 무슨 말을 했는지, 정신없이 앉아있다가 집에 온 기억밖에는 없다.

그로부터 보름이 지났나? 사우디에서 대리점 사장단이 입국하였다. 1978년 당시 사우디아라비아는 현대자동차 수출 물량 중에서 거의 절반을 차지할 정도의 가장 큰 시장이었다. 제다, 담맘, 리야드에 대리점을 운영하는 사람들은 모두가 왕족이자 거부들이었다. 그러다 보니 우리 중동팀에서도 롯데호텔에 꽃바구니와 과일을 넣고 일정을 짜면서 분주하게 움직였다.

방문 팀은 모두 세 명이었는데, 회사에서는 울산공장 견학이 끝나는 대로 제주도 관광을 시켜주는 것으로 일정을 짰다. 제주도 일정에는 바로 우리가 간 무교동 클럽의 아가씨들이 동행하기로 되어 있었다.

그런데 사우디 왕족들이 돌아가고 나자 이런저런 소문이 돌았다. 중동 놈의 그것이 하도 커서 같이 자던 아가씨의 거기가 찢어져 병원에 가서 꼬맸다는 이야기, 아가씨 하나는 그 며칠 동안 왕자를 아주 정성껏 접대한 결과 10년 일해야 모을 수 있는 돈을 단 일주일 만에 벌었다는 등등의, 믿거나 말거나 수준의 이야기였다.

정말 그랬다. 우리 무역회사 직원들뿐만이 아니라 술집의 아가씨들까지도 모두가 다 산업 전사로 뛰던 시절이 바로 1970년대였다.

첫 번째 해외 출장

하루는 집에서 쉬고 있는데 성동경찰서 정보과의 형사가 찾아왔다. 여권을 만드는 데 신원조회가 필요하다는 것이었다. 집안에 공산주의자는 없는지, 월북자는 없는지, 사상은 불량하지 않은지 등등을 조사하는 것이었다. 여권이 나오기 전에 장충동에 있는 자유연맹인지 하는 기관에 가서 반공교육도 두 차례나 받아야 했다.

신원조회가 끝나자 곧바로 여권을 신청했다. 여권은 전국에서 오직 한 곳, 광화문의 중앙청에서만 발급했다. 중앙청은 지금의 광화문 약간 서쪽에 일제가 1926년에 완공한 건물이다. 돌로 만든 건물 2층을 올라가니 외무부 여권과가 있었다. 여권이 나오고 며칠이 지나자 드디어 출국하게 되었다. 그때는 외국에 나가는 것이 그야말로 하늘의 별따기처럼 힘든 일이라서 친척과 친구들 모두 축하해 주고, 그야말로 난리였다.

공항을 통과하는데 출국심사를 하는 사람이 몸을 일일이 수색하고 있었다. 출장은 차장님과 나, 이렇게 둘이 가는데 각자 미화 2만 불씩을 소지하고 나갔다. 2만 불은 지금도 큰 금액이지만 당시로서는 엄청난 거금이었다. 출국심사를 하는데 한 사람 한 사람, 몸을 일일이 수색하고 있던 세관 직원이 우리들에게 "과연 현대자동차는 돈이 많네요."라고 감탄할 정도였다. 스물아홉의 새파란 신입사원인 나도 한쪽 주머니엔 현금 1만 불, 또 다른 주머니엔 아메리칸 익스프레스 여행자 수표 1만 불, 이렇게 2만 불을 소지하고 나가니 세관 직원의 입이 벌어질 만도 했다. 그때는 단돈 500불도 가지고 나가기 어려운 때였는데, 정부에서 수출업체에는 파격적인 지원을 해주었기에 그런 일이 가능했다.

비행기표도 엄청나게 많이 가지고 나갔다. 우리는 국내에서 비행기표를 100여 장 구입해 일단 출국하고, 현지에서 목적지가 결정될 때마다 여행사 사무실을 찾아가서 날짜와 시간을 기재하여 쓰는 일명 오픈 티켓(Open Ticket) 방식을 선호하였다. 일정이 수시로 바뀌기 때문이었다. 그러자니 해외에 항공사 사무소가 많은 업체의 항공권을 사야 유리했다. 우리들이 즐겨 쓰던 항공사는 SAS, 즉 스칸디나비아 에어라인(Scandinabia Airline Service)의 비행기표였다.

김포공항에서 비행기를 타는데, 지금의 브리지는 한참 후에 나온 것이고, 그때는 비행기가 있는 곳까지 걸어가야 했다. 처음 탄 비행기는 맥도널 더글러스사의 DC-10 기종으로 당시 세계 항공업계를 주름잡던 비행기였다. 양 날개에 엔진이 하나씩, 그리고 뒷날개 위에 하나가 달린 기종으로 승객과 짐도 꽤 많이 실을 수 있었던 걸로 기억된다.

첫 경유지인 홍콩에서 1박을 했다. 1978년의 홍콩은 그야말로 별천지였다. 네온사인이 얼마나 화려한지 정신이 혼미할 지경인데, 차들은 전부 반대 방향으로 달리고, 거리는 사람들로 미어터지고, 길옆 귀금속 상점에는 누런 황금 보석들이 번쩍거리고……. 난생 처음보는 외국의 풍경에 정신이 하나도 없었다. 그런데 호텔에 도착해서 창밖을 보니 거기엔 또 다른 홍콩의 모습이 적나라하게 드러나 있었다. 아마도 30~40층은 될 듯한 아파트 집집마다의 창가에 옷가지와 수건들이 널려서 펄럭이고 있는 게 아닌가.

다음 날 드디어 우리의 출장 첫째 목적지인 사우디아라비아 홍해연안의 제다에 도착하였다. 자정에 제다 공항에 도착하여 트랩에 서자, 마치 어린 시절 시골집의 부엌 아궁이 앞에 앉았을 때와 비슷한 더운 열기가 몰려왔다. 공항에는 대리점의 매니저가 마중을 나와 있었다. 우리가 여장을 푼 곳은 프랑스계 호텔 체인인 제다 메르디안 호텔로 최고급 시설이었다. 이틀 간의 공식 업무가 끝나자, 차장님은 택시로 10분 정도의 거리에 있는 전통시장으로 나를 데리고 갔다. 섭씨 50도 가까이 되는 날씨에 파리 떼가 웽웽거리는 시장에서 검정 옷을 머리까지 뒤집어쓴 여인들이 돌아다니고 있었다. 사우디 남자들은 무슨 이유에선지 향수를 아주 독하게 뿌리고 다닌다. 남자들의 향수 냄새와 뒤섞여서 나는 시장의 냄새, 거기에다 파리 떼까지 극성을 부리니, 어서 빨리 호텔로 돌아가고 싶은 생각뿐이었다. 이렇게 하여 나의 중동-아프리카와의 인연은 시작되었다.

그때부터 - 리야드 - 담맘 - 쿠웨이트 - 암만 - 아테네 - 키프로스 - 바레인 - 카타르 - 두바이 - 아부다비 - 오만 - 예멘 - 홍해 건너 지부티 - 카이로 - 벵가지 - 트리폴리 - 모가디슈 - 아디스아바바…… 그렇게 30여 개 도시를 돌고 도는 일정이 계속되었다.

요르단의 암만에서 일을 마친 후 우리들은 그리스 아테네의 힐튼 호텔에 도착하였다. 그러자 차장님은 비로소, 이번 출장 중 최대 목표는 신규시장 리비아를 개척하는 일이라는 점을 알려주셨다. 당시 아테네는 우리나라의 서울보다 건물이나 도로 등, 모든 면에서 훨씬 앞서 있었다. 그런데 천지개벽(天地開闢)이니 상전벽해(桑田碧海)니 하는 고사성어는 이런 변화를 두고 하는 말이 아닌가 싶은 생각이 든다. 그로부터 40여 년이 흐른 2023년에 뉴스를 보다 보니 그리스의 아테네 거리가 나오는데, 그 옛날 내가 자동차 수출을 하러 갈 때의 모습과 거의 변화가 없는 것이 아닌가. 그 사이 대한민국의 서울은 세상이 열 번 뒤집어 질 정도의 변화를 겪었는데 말이다.

다음날, 리비아의 한 인사와 식사를 하며 이런저런 상담을 벌였다. 본사에 있을 때 비밀리에 그런 미팅을 주선해 놓은 것이었다. 당시 사회주의 국가인 리비아는 모든 것이 관 주도로 이루어지기 때문에 일을 추진하기가 여간 어려운 것이 아니었다. 차장님은 그래서 이번과 같은 비밀 작전이 필요한 것이라고 알려주셨다. 어렵사리 리비아 입국 비자도 받았다. 공식적인 업무가 끝난 후 다음 날은 근처의 국립박물관과 아크로폴리스를 구경하며 관광을 즐겼다.

다음 날 오전은 시간이 남아 한낮에 영화관을 갔는데, 마침 '채털리부인의 사랑'이라는 영화를 상영 중이었다. 그런데 발가벗고 정사하는 진한 장면이 그대로 나오는 것도 놀라운 일이었지만, 그런 장면들을 젊은이, 늙은이, 남자, 여자 할 것 없이 모두 보고 있지 않은가.

그건 정말 충격이었다. 당시 우리나라는 조금만 진한 장면이 나와도 모두 가위로 자르고 좀 볼만한 영화는 거의 다 '청소년입장불가'였다.

첫 번째 출장에서 제일 기억에 남는 방문지는 키프로스의 수도인 니코시아이다. 키프로스는 충청남도보다 조금 더 큰 섬나라인데 지중해에 있어 기후가 아주 좋았다. 아테네에서 프로펠러 비행기를 타고 건너갔던 기억이 난다. 가보니 나라가 온통 올리브 나무로 뒤덮여 있었다.

저녁에 대리점 사장이 자기 집으로 우리를 초대했다. 저녁을 먹고 나자 사장이 피아노를 치고 아들과 딸들이 빙 둘러서서 노래를 부른다. 나도 모르게 "아하, 말로만 듣던 에덴동산이 바로 여기구나." 하는 생각이 들었다.

우리들이 출장을 다니는 이유는 신규대리점 희망 업체들을 만나서 그들에 관한 정보를 수집하여 본사로 전달하는 일, 기존의 딜러망을 점검하며 그들의 필요 사항을 본사에 알려주는 일, 경쟁업체인 일본 자동차 회사들의 동향을 파악하는 정보수집 업무 등등이었다. 그러나 그중에서도 가장 큰 이유는 대리점 사장들을 독려하여 주문을 더 많이 하게 하는 것이었다. 아무래도 재고가 많다 보면 판매에 더 열심을 낼 것이기 때문이다.

특명, 리비아 시장을 뚫어라!

드디어 리비아를 들어갔다. 리비아는 카다피 대령이 1969년에 쿠데타로 권력을 잡은 후 국민적인 우상이 되어 있었다. 우리들은 리비아 제2의 도시 벵가지를 먼저 방문하였다. 며칠 전에 아테네에서 만난 인사와 벵가지 해변에 있는 호텔에서 형식적인 미팅을 하니, 저녁에 자기 집에서 식사를 함께 하자고 한다. 집에 가보니 그 사람이 아들과 딸의 학용품을 꺼내 보이며 카다피 정부 자랑이 이만저만이 아니었다. "필요한 물품을 정부에서 다 공짜로 준다."는 그의 자랑을 들으며 나는 비록 사회 초년생에 지나지 않지만, 그렇게 정부에서 배급하는 시스템으로 과연 지속적인 발전이 될까? 하는 의문이 들었다.

리비아는 중동권에 아랍말을 쓰지만 거의 서양 사람에 가깝다는 인상을 받았다. 리비아는 과거 이탈리아의 지배를 받았던 터라 시내를 달리는 차들도 절반은 이탈리아의 피아트 회사에서 만든 자동차들이었다. 그것도 거의 30년은 넘은 고물차뿐이었다.

모든 시스템이 국가 주도로 이루어지기 때문에 자동차 수입도 5개의 큰 업체에만 수입권을 주고 있었다. 예를 들면, 종주국이었던 이탈리아의 자동차는 A사를 통하여, 독일 쪽의 자동차들은 B사를 통하여, 프랑스의 볼보, 르노, 푸조, 시트로엥은 C사를 통하여, 그밖에 유럽 자동차는 D사를 통하여, 그리고 일본 자동차는 E사를 통하여서 수입을 해야만 했다. 그 수입권을 갖고 있는 회사들이 모두 카다피 측과 이렇게 저렇게 인맥으로 연결되어 있는 상태였다.

그러니 그곳에 자동차를 팔려면 무엇보다도 먼저 그 5개 업체 중 한 회사와 접촉하여 가능성을 타진하여야만 하는 것이었다. 그래서 우리들이 본사에서부터 연락하여 온 인사를 그리스 아테네로 초청하여 미리 접촉한 것이다. 사회주의 국가와의 거래는 생각만큼 쉽지 않았다. 국산 승용차 포니가 리비아 도로를 달리기까지는 그 후 내가 혼자서 두 차례 더 리비아를 방문하고 나서도 1년이란 시간이 더 걸렸다.

중동과 아프리카 어느 나라를 가더라도 굴러다니는 차의 절반 이상은 다 일제였다. 제일 많은 것은 토요타의 차량이고 뒤를 이어 닛산, 혼다, 미쓰비시, 스즈키, 다이하쓰, 스바루 등등…… 제조회사도 20개 사는 되는 모양이었다. 일본은 작은 미니밴이나 미니트럭들도 얼마나 잘 만드는지, 특히 다이하쓰와 스바루는 그런 쪽에 특화된 업체였다. 반면에 우리나라는 현대자동차 포니가 이제 막 자리를 잡아가는 형편에 기아자동차 브리사는 중동 몇몇 나라에 시험 수출되고 있는 형편이었다. 지금은 기아차가 현대차와 같은 그룹에 속해 있지만 1979년 당시는 서로 경쟁관계에 있는 별개의 회사였다. 대형트럭 시장에서도 일본 닛산 자동차는 독일의 벤츠, 스웨덴의 볼보와 당당하게 경쟁하고 있었다.

두 번째 출장

해외 출장을 다녀보니, 대한민국이 북한에 한참 뒤처져 있는 현실을 확인할 수 있었다. 특히 중동과 아프리카 지역은 절대 열세였다. 이집트 카이로의 북한 대사관은 얼마나 큰지 담 이쪽 끝에서부터 저쪽 끝까지 한참을 가야만 했다. 그러나 한국은 대사관도 아니고 그냥 영사관이었다. 대사관과 영사관은 그 급이나 규모 면에서 현격한 차이가 있다. 대사관에는 수십 명, 많게는 100명, 어떤 곳은 수백 명이 근무하기도 한다. 리비아의 트리폴리 영사관은 달랑 방 하나를 얻어 놓고 태극기만 걸어놓은 초라한 모습이었다.

사람들은 해외 출장이라면 보통 1주일이나 열흘을 생각하지만, 현대자동차의 출장은 그런 것이 아니고, 무려 한 번에 3개월씩 걸리는 장기 출장이었다. 중동의 20여 개 나라, 30여 개의 도시를 3~4일 단위로 돌아다니면서 대리점과 협의한 내용을 본사에 보고해야 하고, 경쟁업체의 시장동향까지 상세하게 전해야 한다. 그것도 전화는 비싸니 거의 다가 텔렉스에 의한 교신이었다. 호텔에 텔렉스가 있는 곳은 그나마 다행이지만, 예멘, 지부티, 에티오피아, 소말리아 같은 나라는 시장통에 있는 중앙전화국을 가야만 공용 텔렉스가 있었다. 이렇게 대리점과의 업무 협의가 1차 임무라면 더욱 큰 임무는 본사에서 수시로 떨어지는 긴급 지시를 수행하는 것이다. 본사에서 어느 나라에 들어가서 누구를 만나라는 지시가 내려오면 즉각적으로 움직여야 한다. 한마디로 우리 현대자동차 수출관리부 요원은 '이동하는 지점'인 셈이었다.

그래도 우리 중동팀은 여건이 좀 나았다. 아프리카팀은 말라리아로 한 번 출장을 다녀오면 요원들 대다수가 한 달씩 병원 신세를 져야만 했다. 물론 출국 전에 예방주사를 맞기는 하지만 그래도 그 병은 묘하게도 꼭 귀국하고 나면 발병하는 특징이 있었다. 중동팀원들도 출국 전에 모두 말라리아 예방주사를 맞고 떠나곤 했다. 우리들이 맡은 지역 중에서도 아프리카 대륙의 이집트, 지부티, 리비아, 소말리아, 에티오피아, 튀니지, 모로코의 7개 국가는 회교권이라고 하여 중동팀이 맡고 있었기 때문이었다.

나는 첫 번째 출장만 차장님과 함께 다니며 기본적인 요령을 배운 후, 그 다음부터는 혼자 다녔다. 혼자 돌아다니는 것이 본사 측에서 보면 비용이 절약되니 좋고, 선배들 측에서 보면 가기 싫은 출장을 안 가도 되니 좋은 것이다. 당시는 해외 출장을 몇 달 동안 다녀도 출장

수당은 없고 월급만 나오는 시스템이었다. 그러니 선배들은 이 나라 저 나라의 이 호텔 저 호텔로 떠돌아다녀야 하는 고된 출장을 가능하면 덜 가려고 했다. 자연적으로 제일 졸병인 나에게 자꾸 출장 명령이 떨어졌다.

두 번째 출장을 가서, 예멘의 수도 사나의 사나호텔에서 묵을 때의 일이다.

하루는 본사에 보고하기 위하여 중앙우체국에 가서 장문의 텔렉스를 치고 오다가 시장통을 지나치게 되었다. 그런데 내 앞에서 검은 차도르를 쓰고 가는 여인이 무슨 일인지 뒤를 돌아보다가 나와 눈이 마주쳤다.

그 눈을 본 순간, 나도 모르게 그녀의 눈에 빠져들었다. 마치 귀신에 홀린 듯이 그 여인을 따라가기 시작한 것이다. 아마도 10분은 간 모양이다. 한참을 따라가니 어느 흙벽돌 집으로 들어가는데 나는 하마터면 그녀의 집 안까지 따라 들어갈 뻔했다. 만약 그랬다가는 그 집 남자들에게 잡혀서 목이 잘렸을지도 모를 일이었다. 중동 여자들은 몸 전체를 가려야 하기에 내보일 수 있는 신체 부위가 눈밖에는 없다. 따라서 눈 화장에 온 정성을 다 기울인다. 그것이 바로 내가 예멘 여인의 눈과 마주친 순간 잠시 이성을 잃은 이유이다.

지금은 더욱 격차가 벌어졌겠지만, 1979년의 예멘은 우리나라의 1950년대 후반과 비슷했다. 그곳에 들어가는 항공편도 예멘에어 하나뿐이었다. 비행기도 얼마나 낡았는지 내가 앉은 좌석의 안전벨트는 소총의 멜빵을 갖다 붙인 것이었다. 또 하나의 특징은 남자들이 하나같이 허리에 단도를 차고 다닌다는 점이다. 실용적인 목적이 아니라 우리가 허리띠를 매는 것이나 마찬가지로 일종의 '복장'이다.

  오만의 수도 무스카트를 갔다. 오만은 〈신밧드의 모험〉에 나오는 나라이다. 온 나라가 나무 한 그루 없이 마치 시멘트를 부어 놓은 듯한 삭막한 풍경이었다. 석회석 산 군데군데 구멍이 뻥뻥 뚫려 있는 광경이 그저 을씨년스럽다고 해야 할까? 그런 속에서도 수도 무스카트의 인터컨티넨탈 호텔은 시설이나 운영 면에서 흠잡을 데 없이 고급스러웠다.

  하루는 대리점과의 일을 마치고 변두리 쪽을 둘러보았다. 호텔에 있을 때는 잘 몰랐는데, 더위가 가히 살인적이라 할만했다. 아마도 내 생각에 중동 20여 개 나라 중에서 오만이 제일 더운 나라가 아닐까 싶었다. 그렇게 더운 날씨에도 남자들은 나무 그늘 밑에서 물담배를 피우며 시간을 보내고 있었다. 한번 빨아보라고 해서 나도 시도해 보았는데, 연기는 나오지 않고 힘만 들어서 그만두었다. 그곳의 나무는 나무라기보다는 그냥 엉성한 가시투성이에 지나지 않았지만 어쨌든 그들은 한가하게 여유를 즐기는 반면, 여인네들은 물동이를 머리에 얹은 채로 줄지어 오고 있었다. 그런데 그들이 모두 맨발이라는 사실은 그야말로 충격이었다. 섭씨 50도의 땡볕에 맨발인 채로 물동이를 이고 걸어오다니……

남이섬의 추억

해외 출장을 다니는 사이에도 아내와의 연애는 계속되었다. 전화는 비싸서 거의 못하고 주로 편지와 우편엽서로 사랑을 고백하곤 했다. 지금은 그런 것이 별로 없지만, 그때는 각 나라의 호텔이나 길거리 상점에서 우편엽서를 팔고 있었다. 한쪽 면은 대표적인 관광지의 사진이, 뒷면에는 사연을 적을 수 있는 여백이 있는 한 장짜리 엽서를 사서 밤마다 간단하게 사연을 적어 보내곤 하였다. 결혼 후 그때 보낸 엽서를 모아보니 그것만도 100여 장이 넘었다.

1978년 초여름 종합상사에 있을 때, 한번은 입사 동기들 몇 명이 각자 애인을 동반하여 야유회를 갔다. 나와 지금의 아내, 나중에 현대정공으로 간 친구와 애인, 현대건설로 간 친구와 애인, 이렇게 세 쌍이 남이섬을 갔다. 모처럼 가져보는 청춘남녀들의 즐거운 나들이였다.

현대건설로 옮겨간 친구의 애인은 제1회 대학가요제에서 은상을 받은 보컬 팀의 싱어였다. 그때 1등이 그 유명한 '나 어떡해'를 부른 서울대 출신의 샌드페블즈였고, 2등이 혜은이의 '당신은 모르실거야'를 부른 성신여대의 6인조 여성보컬팀이었다. 3등은 그 후로도 많은 사랑을 받은 노래, '젊은 연인들'을 부른 서울트리오였다.

그다음 해인 1979년 9월에 결혼식을 마치고 제주도로 신혼여행 갔을 때 제주 일주 관광버스를 타고 이동했는데, 그때 우리 부부가 부른 노래도 바로 '젊은 연인들'이었다. 그 관광버스 안에는 신혼부부와 단 한 쌍의 70대 부부가 탔었다. 모두가 그 어른들에게, "노래 한 곡 하세요~"라며 간청을 하였다. 그러자 할아버지께서, "우리에게도 젊은 시절이 있었는데, 어느 사이에 이렇게 백발이 되었네요"라는 말씀을 하시면서 '서울 야곡'이란 탱고 노래를 불렀던 기억이 새롭다. 이제 내가 그 나이가 되었으니, 참 세월이 쏜살같다는 말이 허언이 아님을 알겠다.

현대건설로 옮겨가 부사장으로 정년을 마친 친구는 얼마 전인

2024년 11월, 늦둥이 딸을 결혼시킨다고 하여 내가 덕수궁 옆 성당을 가서 축하해 주기도 하였다.

   그날 함께 가기로 했다가 사정상 참가하지 못한 친구 하나는 그해에 현대종합상사를 그만두고 대학원을 진학하였다. 그 친구는 서울대에서 독일어를 전공하고 현대종합상사에 입사하였는데, 대학원에서 공부를 한 후 인하대학교 교수로 가서 평생을 그곳에서 독일어를 가르치다가 정년퇴직하였다. 사실 내가 볼 때도 그 친구는 영락없는 철학자였다. 콩알처럼 튀어야 할 종합상사에서 그 친구는 마냥 어슬렁거리며 일을 하니 상사들에게 곱게 보일 리가 없었다. 상사들이야 무어라고 하건 말던 그 친구는 항상 여유만만이었다. 그 친구는 이런 말을 입에 달고 살았다. "원래 세상은 다 그런 거야." 나중에 그 친구가 교수가 되었다는 소식을 듣고 나는, 그가 제 길을 찾았다는 생각을 했다.

세 번째 출장

다시 중동 출장길에 올랐다. 이번 출장길에는 몇 가지 굵직한 임무가 포함되었다. 하나는 10월에 코트라에서 주관하는 카이로 국제전시회에 출품한 포니를 현지인들에게 설명하는 일이고, 다른 하나는 그동안 공들여 온 리비아 상담 건을 마무리 짓는 일이었다. 그동안 본사에서 끈질기게 리비아 측과 조건을 협의하여 이제는 최종적으로 리비아 정부의 승인만 떨어지면 되는 일이었다. 그래서 나에게는 중동 국가들을 순회하면서 본사에서 긴급한 지시가 내려오면 즉각적으로 리비아를 들어가라는 특명이 떨어졌다.

먼저 아부다비에 현지 딜러가 새로 개설한 지점을 가보기로 했다. 지점의 상태는 어떤지, 경쟁사에 비하여 초라해 보이지는 않는지, 운영은 제대로 되고 있는지, 우리가 더 지원해 주어야 할 홍보용품은 없는지 등등을 파악하여 본사에 보고하는 것이 임무였다.

당시는 두바이라고 잘 부르지 않고 아랍토후국연합 즉, UAE(United Arab Emirates)란 말을 썼다. UAE는 아부다비, 두바이, 사르자, 라스 알카이마 등, 7개의 토후국으로 구성된 부족 국가 연합이다. 원래는 카타르도 부족 중 하나였는데, 카타르는 별개의 독립국으로 떨어져 나갔다. 나는 그중 아부다비, 두바이, 사르자를 방문해 보았는데, 1979년~1980년의 UAE는 나라 거의 전체가 한적한 어촌이었다.

두바이 딜러의 책임자가 운전을 하기로 했다. 차종은 우리 차 포니였다. 나이는 나와 비슷한 30대 초반이었는데, 이 친구 운전이 그야말로 광란의 질주였다. 두바이 시내를 벗어나자 고속도로가 나왔다. 도로 양옆에는 부서진 차량이 그대로 방치되어 있었다. 내가 궁금하여 물어보니 그 친구의 말이 가관이다. 정부에서 운전하는 사람들에게 경각심을 주기 위해서 일부러 사고 차량을 내버려둔다는 것이었다. 그런 도로를 140km로 달리나 그야말로 정신이 하나도 없었다. 얼마나 손에 힘을 주었는지 나중에 차에서 내려보니 손에 땀이 흥건하게 고여 있었다.

이집트의 카이로에서 전시된 포니를 방문객들에게 설명해 주는 일을 하던 어느 날 오후, 나일강 변의 카이로 쉐라톤 호텔의 숙소에 들어가 텔렉스를 확인해 보니 내일 당장 리비아로 들어가라는 긴급전문이 도착하여 있었다. 그런데 아무리 트리폴리의 호텔을 수배하여 보아도 예약이 되지를 않는다. 리비아는 영어를 안 쓰기로 유명한 나라였다. 호텔이건 공항이건 거의 다가 아랍어로만 되어 있어서 그냥 눈치로 모든 것을 파악해야 한다. 도저히 방법이 없었다.

에라. 모르겠다. 일단은 들어가고 보자.

다음날, 트리폴리 공항에 내려 평소에 내가 묵던 비치호텔로 갔다. 예약을 안 하고 왔으니 당연히 내 방이 있을 리 없었다. 시간은 이미 저녁 8시, 어떻게 해야 하나? 저녁을 먹지 않아서 배에서는 꼬로록~ 거리는 소리가 들리는데, 정작 배고픈 것은 문제도 아니었다. 어떻게든 숙소를 구하고 내일과 모레 이틀 동안 본사에서 만나라고 하는 인사를 만나서 미션을 완수해야 한다. 몇 가지 옵션이 떠올랐다. 영사님을 찾아가서 어떻게 도와달라고 하는 것이 하나이고, 동아건설이나 신원개발, 대우건설의 현장에 가서 하룻밤 신세를 지자고 부탁해 보는 것이 둘째였다.

당시 리비아에는 겨우 영사 한 명만 달랑 주재하고 있었다. 지난번에 왔을 때 보니 같은 비치호텔의 3층에 방 하나를 얻어서 창문에 태극기를 꽂고 일을 보고 있던 일이 기억났다. 3층을 올라가 보았으나 문이 굳게 잠겨있어서 어떻게 해볼 방법이 없었다. 그렇다면 서둘러서 택시를 타고 동아건설이나 대우개발, 또는 신원개발의 현장을 찾아보아야 한다. 벌써 밤 8시, 막 로비를 벗어나려고 하는 순간 일본 사람 한 명이 나를 보고 눈인사를 하는 것이 아닌가. 리비아에서는 건설 현장에서 일하는 한국 사람 말고는 여간해서 동양 사람을 볼 수가 없었던지라 나도 반가운 마음이 들어 답례 인사를 했다.

알고 보니 그는 일본 미쓰비시 상사에서 출장나온 상사 직원이었다. 사실 우리나라의 종합무역상사 제도는 일본의 제도를 그대로 본 뜬 것이었다. 그 10여 년 전부터 일본은 종합상사를 육성하여 미쓰비시, 미쓰이, 마루베니 등등의 굵직한 종합무역상사들이 전 세계에서 눈부신 활약을 펼치고 있던 터였다.

그는 나를 보고 무슨 일로 여길 왔느냐고 물었다. 나는 자초지종을 털어놓았다. 그래서 날은 어둡고 이제 어떻게 해야 할지 막막하여 이렇게 서성이고 있는 것이라고 하소연했다. 그는 내 사정이 딱해 보였던지 자기 방에 소파가 하나 있으니 함께 자자고 하는 것이 아닌가.

그 일로 인하여 나는 일본 사람들에게 좋은 생각을 갖게 되었다. 사실 포항제철도 다른 데서 다 기술 제공을 거절한 것을 신일본제철이 도와주어서 시작한 것이고, 현대자동차도 이탈리아 피아트와 미국 포드 등, 다른 나라 기업들이 모두 엔진 공급을 거절했을 때, 일본의 미쓰비시 자동차에서 도와주었기 때문에 차량 생산을 시작할 수 있었던 것이다. 그러니까 그때 우리가 수출하던 포니는 껍데기만 국산이고 엔진은 미쓰비시 사의 제품이었다.

그 사람은 나보다 다섯 살 위였다. 내가 몇 차례 해외 출장을 다녀 보니 나에게도 동양 3국의 사람들을 순식간에 구별해 낼 수 있는 능력이 생겼다. 한국 사람은 눈매가 아주 날카롭다. 일본 사람은 아장아장 걷고 마냥 굽실거린다. 생김새도 조금 왜소하고 호리호리하다. 중국 사람은 얼굴도 둥글넓적하고 걸음걸이도 느리다.

아내와의 결혼

한번 해외 출장의 길이 터지자 연속하여 외국을 나가게 되었다. 남들은 외국 출장을 자주 다니니 좋겠다고 말하지만, 실상을 모르고 하는 말이었다. 수출관리부 요원들은 한 번 해외 출장을 나가면 3개월은 기본이었다. 20개 국을 3~5일 간격으로 돌아가면서 방문한다. 그러다가 본사에서 급히 어느 나라의 누구를 만나라면 즉각적으로 반응해야 한다. 그러니 출국할 때 입고 나간 옷이 입국할 때는 거의 못 입을 정도의 고물이 되기 마련이다.

1979년 9월, 아내와 연애를 마치고 결혼에 골인하였다. 아내는 중앙여고를 졸업하고 현대에 들어와서 야간에는 명지대학교를 다니고 있었다. 아내의 학업도 끝나고 그럭저럭 연애도 1년 넘게 한 터라 결혼을 하기로 하고 주례 선생님과 예식장을 알아보았다. 주례는 중앙대학교 부총장이신 황병준 박사님이 맡아주시기로 하고, 식장은 명동에 있는 YWCA 회관으로 정했다.

마침내 결혼식 날이 되었다. 토요일이었는데, 모든 하객이 모이고 사회를 맡은 친구가 "신부 입장! 신부 입장! 신부 입장!"을 연달아 세 번을 외치는데도 신부는 오지를 않는 것이었다! 낭패도 이런 낭패가 없었다. 아내는 3~4분 기량 늦게 도착하였다. 옆에 선 아내를 보니 코에는 땀방울이 맺혀있고, 숨이 가빠서 씩씩거리는 모습이 차마 보기 민망했다.

결혼식을 마치고 늦은 저녁인지라 그날 밤은 워커힐에서 자고, 다음날 제주도로 향했다. 그런데 아내의 이야기를 들어보니, 근처 미용실에서 하면 될 것을 신부 미용 전문이라는 곳을 가다 보니 미도파백화점 근처까지 갔단다. 그곳에서 충분한 시간을 두고 나왔는데도, 토요일이라 택시가 없더라는 것이었다. 시간은 임박하고 해서 정신없이 뛰었단다. 신부는 뛰고 옆과 뒤에서 친구들은 드레스를 잡고…… 그런 급한 상황에서 누가 차를 태워주기라도 하면 얼마나 좋았겠는가. 모두가 옆에서 "영차! 영차!" 하면서 응원만 하더란다. 어쨌든 3~4분 늦게는 왔지만 잘 치렀으니 그걸로 끝이다. 조금 더 예쁘게 보이려고 한 것을 무어라고 할 수야 없지 않은가.

누님이 집을 마련해 주었다. 지금의 코엑스 건너편 동네였다. 바로 앞에 동아아파트라는 두 동짜리 큰 건물이 있는 동네인데, 2층짜리 양옥이었다. 아래층 주인집 마루를 건너가서 계단을 올라가야 2층이 나오는 구조였다. 지하실에 연탄보일러가 있었는데, 밤이나 새벽에 연탄을 가는 일은 나의 몫이었다. 주인아저씨는 어느 학교인지 교장선생님이라고 했다. 딸만 둘이 있었는데, 둘이 다 아내보다 나이가 많은 노처녀였다.

자동차 회사에 다니니 운전면허는 필수 아닌가. 그런데 집 바로 밑, 그러니까 테헤란로 옆에 동아자동차학원이라는 운전학원이 있었다. 임신한 아내를 옆자리에 태우고 운전 연습을 했다. 그때만 해도 모든 것이 허술하던 때라 가능했던 일이었다. 테헤란로에 다니는 차들도 별로 많지 않을 때였다.

그렇게 연습을 마치고 한남동 운전면허시험장에 가서 시험을 보았다. 그야말로 코미디가 따로 없었다. 여자들은 꼭 방석과 신발을 가지고 온다. 차종은 기아자동차의 브리사였는데, 크랭크 코스, T코스, S코스, 주행, 이렇게 네 종목이었다. 그런데 10명 중 9명은 처음 크랭크 코스에서 떨어진다. 20명, 30명을 기다려서 겨우 차례가 왔는데, 이건 타자마자 그냥 호루라기를 획~ 불어버리니 얼마나 황당한가. 여자들이 구두를 갈아신고 방석을 옆에 놓고 운전석에 타면, 그 옆 조수석에는 순경이 타게 마련이다. 그때는 운전면허 시험장을 경찰청에서 관리했다. 시험을 치르는 여자는 그 순간적인 긴장감을 견디어내지 못하고 그만 악셀을 밟고 마는 것이다. 어쩌다 한 명, 회전 코스까지 모두 마치고 주행에도 성공하여 합격! 판정을 받는 사람이 나오기라도 할라치면, 원형경기장 형태의 시멘트 계단석에 앉아 있던 대기자들 모두가 마치 자기 일인 양 소리를 지르며 박수를 쳐주곤 했다. 1970년대는 정이 많던 시대였다.

네 번째 출장

자주 중동과 아프리카 지역을 다니다 보니 웬만큼 이력이 붙었다. 이번 출장에서는 그동안 일에 매달려서 한 번도 가보지 못한 관광지도 둘러볼 참이었다.

요르단은 나라 전체가 언덕이고 곳곳에 군인들이 총을 들고 서 있다. 언제 가도 항상 똑같았다. 산동네다 보니 바람도 엄청나게 불어댄다. 밤에 호텔에서 잘 때면 마치 귀신이 우는 소리와도 같은 바람 소리 때문에 잠을 설치는 날이 많았다. 그래도 우리가 가면 항상 묵는 암만의 인터컨티넨탈 호텔은 인근에 중국 식당도 있고 해서 그런대로 지낼만했다. 하루의 일을 마치고는 언제나 중국 식당에 갔다. 중국은 우리와 애증 관계가 있지만, 그래도 우리들은 중국 사람들에게 많은 신세를 졌다는 사실을 부정할 수 없다. 1970 ~ 80년대 세계 어느 곳을 가더라도, 웬만한 도시에는 반드시 중국 식당이 있었다. 일본 식당은 아주 큰 도시에만 있을 뿐이지만, 중국 식당은 없는 곳이 없었다.

중국 메뉴 중에 우리 입맛에 제일 맞는 음식은 마파두부였다. 마파두부에 하이네켄 맥주 한 잔이면 그날의 피로도 말끔히 풀리곤 하였다.

일을 마치고 대리점 매니저가 나를 데리고 사해를 갔다. 암만에서 사해까지는 불과 20km밖에 되지 않는다. 그런데 암만이 800m의 고산 지대인 반면 사해는 해수면과 같은 위치이다. 그러다 보니 자동차로 가는 내내 계속 밑으로 내려갈 뿐이었다. 귀가 멍멍한 채로 한 시간은 간 것 같았다. 막상 당도해 보니 늦은 가을철이라 그런지 관광객도 별로 없고 썰렁한 느낌이었다. 파도도 마치 비누 거품을 풀어 놓은 듯했다. 초등학교 때 교과서에서 배웠던 몸이 둥둥 뜨는 '낭만적인' 사해가 아니었다. 함께 간 요르단 직원은 저 건너편이 이스라엘이라면서 이스라엘 욕을 마구 해댔다. 요르단은 언제 가더라도 항상 곳곳에 무장한 군인들이 있었는데, 나는 그런 풍경을 보면서 중동지방의 평화란 거의 불가능하지 않을까? 하는 생각이 들었다.

다음날은 페트라를 다녀왔다. 붉은 산 위에 돌로 깎아 만든 도시에는 관광객들이 꽤 많이 있었다. 낙타를 태워주는 요르단 사람들과 호객꾼들도 많아 여기가 진짜 관광지구나 하는 생각이 들었다.

이집트에 들러서 대리점과의 일을 마치자, 이번에는 대리점 사장이 직접 나에게 피라미드 관광을 가자고 제안하는 것이 아닌가. 나는 1년 전 처음 이집트 출장 때 피라미드와 스핑크스를 보았던지라, 이번 기회에는 가능하면 룩소르를 다녀오고 싶은 마음이 있던 참이었다. 그런데 사장이 직접 나에게 그런 친절을 베풀어주겠다는 것을 차마 거절하기가 쉽지 않았다. 사장과 함께 기자(Giza) 지역의 제일 큰 피라미드에도 들어가 보고 스핑크스 앞에서 사진도 찍었다. 사장은 "옛날에 나폴레옹이 스핑크스의 코를 대포로 쏘아서 저렇게 되었다." 면서 프랑스 욕을 해댔다.

쿠웨이트를 방문했을 때의 일이다. 마침 그때 남덕우 총리 일행이 쿠웨이트를 국빈 자격으로 방문하여 같은 호텔에서 묵고 있었다. 내가 묵는 방과는 층이 달라서 마주치는 일은 없었다. 금요일에는 쿠웨이트 힐튼호텔에서 현대건설 친구들과 어울려 살미에 해변으로 야유회를 가기로 했다. 바닷가에 가서 파도도 보며 먹고 마시며 즐겁게 보냈다.

일행과 떨어져서 바닷가를 거닐며 집 생각을 하던 차에 쿠웨이트 꼬마들 몇 명이 나를 보더니 "방글라데시?"라면서 손가락질을 한다. 내가 방글라데시 사람처럼 얼굴이 까무잡잡해서 하는 말이다. 나는 어려서부터 별명이 깜씨, 촘베 거의 그런 거였다. 10대 소녀가 옷을 입은 채로 물장구를 치는 모습이 이채롭다. 저 아이도 날씬한 수영복을 입고 몸매를 뽐내고 싶을 터인데, 중동에 그런 날이 언제나 올까?

이번 출장의 제일 중요한 목적지인 리비아를 다시 들어갔다. 먼저 벵가지에서 이틀을 묵으면서 지난번에 몇 차례 만난 인사와의 관계를 더 단단히 하고 그동안의 진척 상황을 알아보아야 했다. 포니 수출 건은 이미 구체적으로 합의를 해놓은 상태였지만, 문제는 정부, 더 정확하게는 자동차수입위원회의 승인을 어떻게 얻어내느냐 하는 것이었다. 승인이 떨어져야 계약서에 사인을 하고, 차를 만들고 선적할 터인데, 그것을 차일피일 기다리라고만 하니 본사에서도 독촉이 여간 심한 게 아니었다.

그런데 담당자와의 만남조차도 쉽지 않았다. 사회주의 체제의 모든 일이 그렇다. 호텔에서 기다리는데 이게 영 죽을 맛이다. 사회주의 국가라 아침은 아예 없고 점심을 먹을 때도 시간이 12시부터 1시까지로 한정되어 있다. 그것도 미리 가서 줄을 서서 기다려야만 한다. 이건 호텔의 식당이 아니라 무료급식배급소 같은 분위기이다. 저녁도 마찬가지다. 게다가 음식도 그날의 메뉴가 딱 한 가지로 정해져 있다. 예를 들면 점심은 토마토수프에 스파게티, 저녁 역시도 토마토수프에 양고기덮밥, 이런 식이다.

리비아는 병영국가였다. 카다피의 철권 통지 방침에 따라 개인의 자유가 상당 부분 제한되고 있었다. 벵가지는 아름다운 해변 도시인지라 바닷가에서 낚시를 즐기는 사람들이 많았다. 야자나무 밑에서 바다낚시를 하는 모습이 여유롭고 평화로워 보여서 사진을 찍으려고 카메라를 꺼내자 어느 사이에 주변으로 대여섯 명이 몰려드는 것이 아닌가. 택시 운전수들은 자칭 자기네들이 카다피의 정보원이란다.

우여곡절 끝에 벵가지에서의 일을 마치고 트리폴리로 향했다. 본사에서 다시 미션이 내려왔다. 트리폴리 박람회에 가서 박람회의 상황을 최대한 자세히 보고하라는 지시였다. 그때 리비아에서는 국제무역전시회가 열리고 있었다. 본사에서는 리비아의 시장동향을 KOTRA의 무역통신에만 의지하고 있었는데, 내가 파견되어 있으니 생생한 정보를 실시간으로 얻을 수 있겠다는 판단에 그런 지시를 내린 것이었다.

우리 현대자동차는 참가하지 않았다. 그런데 유독 줄을 길게 늘어선 곳이 있었다. 가보니 바로 북한관이었다. 아이들이 거기에 그렇게

나 길게 줄을 서고 있는 이유는, 거기서 김일성의 뱃지를 달아주기 때문이었다. 마침내 자기 차례가 되어 그것을 단 아이는 자랑스럽게 뽐내면서 전시장을 걸어 나오는 것이었다. 입구에 책상 하나를 놓고 북한 사람이 앉아 있었다. 민간인 복장을 하고 있었지만, 한눈에 보아도 군이었다. "보아도 됩니까?"라고 물어보자, 그가 퉁명스럽게 "다치지 말고 보라우."라며 한마디 한다. 북한 말로 '다친다'는 말은 '만진다'는 뜻이다.

진열된 것들은 거의 다가 조잡한 기계류였다. 펌프, 모터, 절단기, 삽, 낫, 천도 아주 싸구려 광목 따위가 전시장 이곳저곳에 널려있었다. 상표도 천리마제작소, 대동강기계공업 등등의 촌스러운 이름들이었다. 그래도 우리나라는 대우실업의 의류 전시장과 그 외에도 10여 개의 업체가 잘 준비된 부스를 운영하고 있었다,

당시 리비아에는 한국 업체들이 대수로 공사 외에도 병원 공사나 도로 건설 공사 등, 여러 건의 공사를 진행하고 있었기에 한국 근로자들이 많았다. 간호사들 역시 리비아, 사우디아라비아, 쿠웨이트, 바레인 등지에 많이 진출해 있었다. 그러다 보니 근로자들과 간호사들 간에 연애 사건이 자주 발생하곤 했다. 청춘남녀들의 사랑을 어찌 막을 수 있겠는가. 이렇게 근로자와 간호사의 연애를 동아건설에서는 적당히 눈감아주는데, 현대건설에서는 칼같이 처리해 버리니 이것이 현대건설 근로자들로서는 불만이었다. 언젠가 바레인을 갔더니, 거기서 현대건설 기능공과 메디나병원 간호사 간에 성적인 문제가 발생하여 강제귀국을 시키는 바람에 기능공들이 들고 일어나는 일이 있었다.

리비아에서의 일을 모두 마치고 다음 행선지인 홍해 연안의 지부티를 가려고 카이로 행 비행기를 기다릴 때였다. 지부티는 아프리카에 면한 아주 작은 도시국가로 프랑스의 속국이나 마찬가지였다. 직항편이 없어서 카이로로 가서 갈아타야 한다. 트리폴리 공항에서 비행기 시간이 되기를 기다리고 있는데, 바로 뒷자리에서 한국 사람들의 말소리가 들려왔다. 억양이 어색해서 자세히 들어보니 북한 사람들이었다. 들어보니 장모님 선물을 샀다는 둥, 이번에 가면 다시 올 기회가 없다는 둥, 하는 이야기였다. 순간 등줄기가 서늘했다. 당시는 원체 엄격하던 때라 북한 사람들과 약간의 접촉만 있어도 귀국 즉시 중앙정보부에 불려 가서 조사를 받아야 하던 때였다. 리비아에 북한 대사관이 있고 오래 전부터 외교관계가 있다 보니 북한 근로자들도 많이 나와 있었던 것이었다.

비행기를 탔는데 옆자리에 앉은 사람이 한국인이었다. 머리를 마치 히피처럼 장발로 기른 사람이었는데, 그도 내가 한국 사람임을 알아보았는지 내게 말을 걸어왔다. 명함을 받고 보니 그는 율산실업의 해외 영업사원이었다. 그가 양복 주머니에서 여권을 꺼내 보여주었다. 우리는 보통 3개월 정도 다니면 여권의 비자 찍은 종이가 1m 정도 되는데, 그것을 '병풍'이라고 부르곤 했다. 그런데 이 사람의 병풍은 2m는 될 정도로 길었다. 머리가 장발인 것도 하도 바빠서 머리를 깎을 시간이 없었기 때문이란다. 당시 율산의 신선호회장은 대우실업의 김우중회장보다도 더 먼저 사업을 시작한, 그야말로 무역업계의 선각자요 풍운아였다. 그런데 이때쯤 이르러서 그의 회사는 고전을 하고 있었다.

강남 영동영업소 연체 담당으로 발령나다

네 번째 출장을 다녀오니 서울의 내외경제시문사에서 특별 대담 형식으로 리비아 수출 상담 성공사례를 다룰 예정이라면서 연락이 왔다. 아마도 현대자동차 본사를 통하여 '리비아 1천 대 수출 계약 성공'이라는 정보를 입수한 모양이었다. 중동팀에서는 그 작업에 제일 많이 수고한 나에게 글을 써 보내라고 하였고, 며칠 후 신문사에서는 한 면의 아랫부분 삼분의 일은 어느 회사의 광고로, 그리고 그 위 삼분의 이는 몽땅 나의 리비아 수출 사례를 특집으로 실어 주었다. 기사가 나가자 여기저기 지인들로부터 전화가 쇄도하였다. 지금은 신문을 보는 사람이 많지 않지만, 1979년만 해도 신문이 모든 뉴스의 중심이었다.

한 달이나 쉬었나? 또다시 출장 준비를 하고 있는데, 어느 날인가 하루는 인사이동 발표가 있었다. 수출이 부진하다면서 수출관리 요원들을 대거 국내영업소로 이동시킨다는 소문이 돌았다. 발표를 보니 뜻밖에도 중동 팀 6명 중에서 나와 나보다 2년 중동팀 선배인 서울대 산업공학과 출신의 대리가 국내 부서로 발령된 것이 아닌가. 그건 정말 뜻밖이었다. 결국 경기고 출신 3명과 과장 한 명이 남게 된 것이다. 지금이야 누가 어느 고등학교, 대학교를 나오거나 말거나 크게 따지지 않지만, 1970~80년대는 그야말로 학벌과 학맥이 사회를 형성하는 핵심이었다.

나는 강남 영동엽업소에 연체 담담으로 발령 났다. 영동시장 사거리에서 고속터미널 쪽으로 가다 보면 현대시멘트 사옥이 나오는데, 그 건물의 1층이었다. 할부판매를 하면 제때 돈을 내지 못하는 고객들이 있게 마련이다. 그러면 현대자동차 측에서는 몇 차례 독촉하다가 그래도 안 내면 차를 끌고 와서 본사나 영업소에 보관해 놓는 것이다. 그런데 이 일, 그 옛날 내가 시대전파사에서 하던 연체관리 방식과 판박이가 아닌가? 아무리 생각해도 내가 할 일은 아닌 것 같았다. 본사에서는 조금 참고 지내면 다시 수출부서로 끌어올려 주겠다고 하지만, 그 말을 믿고 마냥 기다릴 수도 없지 않은가. 그때는 아내의 뱃속에서 아기가 무럭무럭 자라고 있을 때였다. 직장을 옮기려 해도 아내에게 충격이 있을 것 같아 망설여졌다. 좋은 점도 있었다. 영동영업소와 집까지가 불과 다섯 정거장밖에 되지 않는다는 점이었다.

그러던 차에 광주사태가 일어났다. 당시 영업소에는 여직원 두 명이 있었는데, 그중 하나가 광주 출신이었다. 하루는 출근을 하니, 그 여직원이 전라도 광주에서 사람들이 많이 죽었는데 그중에 자기 아는 사람도 죽었다면서 훌쩍이고 있었다. 그러는 사이에도 또 한 달이 흘러 드디어 아들이 태어났다.

아내는 그 전날부터 배가 아프다고 난리였다. 나는 병원에 데리고 가야 한다고 법석을 떨었지만, 아래층 아주머니가 올라오셔서는, "아이는 그렇게 금방 나오는 게 아니다."라면서 나를 달래었다. 다음 날 아침, 날이 밝자마자 영동시장 사거리에 있는 산부인과에 입원시켰다. 이제나저제나 하고 기다리는데 정작 아기는 그날 오후 3시가 넘어서야 태어났다.

병원에 가서 포대기에 싸여 있는 갓난아기를 보니 기분이 참 묘했다. 이게 내 아들인가? 내가 이제 정말로 아버지가 된 것인가? 내 나이 서른한 살에 아내 나이 스물네 살, 이제 우리는 아빠 엄마가 된 것이었다. 그날 이후로는 회사고 뭐고 그냥 하루 종일 아기 생각만 했다. 회사가 끝나면 빨리 집에 가고 싶은 생각뿐이었다.

또 세월이 흘러 10월이 되었다. 국민투표를 한다고 TV에서는 연일 그 소식만 보도하였다. 드디어 1980년 10월 22일 국민투표가 실시되었다. 전두환 정부의 신임을 묻는 성격이 강한 투표였다. 반대표를 던지면 불이익을 당할 거라는 소문도 돌았다. 그 바로 몇 달 전에는 군대 내에 삼청교육대라는 캠프를 만들었다. 동네에서 조금이라도 불량하다 싶으면 쥐도 새도 모르게 끌고 가서 혹독한 폭행을 겪다 나오곤 했다. 한마디로 공포스러운 시기였다. 투표 장소는 휘문고등학교였는데, 아내는 함께 투표하러 가면서 "제발 반대표를 던지지 말라."며 매달렸다. 반대표를 던지면 회사에서 불이익을 받을 것이라는 소문을 들은 모양이었다. 그러나 내가 누구인가? 나는 과감하게 반대표를 던졌다. 그래도 결과는 압도적인 다수의 찬성이었다.

(10) 진흥기업 사우디 육사(KAMA) 건설 현장(1981년 10월~1986년 9월)

영동 AID차관아파트, 내 인생에서 제일 행복했던 시절

가정집 2층에서 살다 보니 여러 가지로 불편했다. 제일 힘든 것이 내가 퇴근하면 아래층 주인네 식구들이 거실에서 차를 마시거나 TV를 보는 경우였다. 우리가 세 들어 사는 2층은 1층 현관문을 열고 들어가면 바로 거실이 나오는데, 거실을 가로질러 가야 2층으로 올라가는 계단이 나온다. 애당초 2층을 세 줄 목적으로 지은 집이 아니다 보니 그렇게 된 것이리라. 그러니 출입도 자유롭지 못해서 한 번 올라가면 다시 내려오기도 미안했다. 아무래도 독립된 공간을 갖는 것이 필요하겠다고 생각하여 아내와 이곳저곳을 돌아다녔다.

그러던 중 봉은사 옆에 있는 AID차관아파트가 가장 마음에 끌렸다. 정남향으로 단지의 거의 끝에 있는 23동 303호였다. 우리는 서둘러 그 집으로 이사하였다. 그전 집 전세금 300만 원에 100만 원을 더 보태서 드디어 완벽한 우리만의 보금자리를 마련한 것이다. 지금 돌이켜 보아도 AID아파트에서의 1년이 내 인생 75년 중에서 가장 행복했던 시기였다. 아기가 보고 싶어서 어떤 날은 점심시간을 이용하여 집에 오기도 했다. 버스로도 불과 다섯 정거장밖에 되지 않으니 서둘러 오면 집에서 밥을 먹고 잠시 아기의 재롱을 보고 갈 수도 있었다. 저녁 때 퇴근해서 아파트 단지의 입구에서 집을 향하여 언덕길을 올라가면 언덕 위에서 아내와 아기가 나를 기다린다. 아기를 번쩍 안고 집에 들어가서 아기를 끌어안고 함께 뒹굴며 시간 가는 줄 몰랐다.

그런데 이런 행복한 시간도 얼마 가지 못했다. 또다시 인천영업소의 연체 담당으로 발령이 난 것이다. 이제는 결심을 해야만 했다. 나의 전공 무역을 살리고 내 주특기인 영어를 살릴 수 있는 직장을 찾아야 했다. 그동안 나의 가슴속에 품고 있던 갈등을 이제는 해결해야만 했다. 그 갈등은 바로 해외 출장을 다닐 때 현대건설 직원들의 이야기에서 시작된 것이었다.

우리들은 해외 출장을 다닐 때 현대건설 지사가 있는 곳이면 호텔을 이용하지 않고 그곳에서 묵었다. 그건 경비를 절약하려는 차원이 아니라 그곳이 더 편하기 때문이었다. 우선 한국인 요리사가 밥을 해주니 음식에서 불편이 없다. 호텔 음식은 아무리 화려해도 우리들 입맛에 맞지 않았다. 그러나 현대건설의 지사가 있는 사우디아라비아의 제다, 리야드, 바레인의 마나마를 가면 소고기구이에 상추쌈에, 그렇게 식탁이 풍성할 수가 없었다.

게다가 그들이 하는 말이 귀에 거슬렸다. 그들은 밥을 먹으며, "우리는 일 년이면 도곡동 아파트를 한 채씩 산다."고 공공연히 자랑하고 있었다. 그만큼 해외 건설은 월급 이외에도 수당이 두둑하던 때였다. 그러나 우리들은 자동차 해외 판매 요원이라는 허울말고는 아무런 수당이 없었다. 그냥 꼬박꼬박 월급만 나올 뿐이었다. 총각 때야 뭘 모르고 그랬다지만 이제는 나도 어엿한 가장이 아닌가? 1년이면 내가 전세 살던 AID아파트를 한 채씩 산다? 당시 내가 살던 AID아파트의 전세는 400만 원이었고 매매가는 800만 원이었으니, 그 사람들의 말이 허풍은 아니었던 셈이다. 무언가 결단을 내려야 했다.

그때까지도 내가 연체 담당을 계속한 이유는, 현대자동차에서 월급을 받으면서 다른 회사에 취직자리를 알아본다는 것이 나의 양심상 받아들일 수 없었기 때문이었다. 그런데 영동영업소는 집에서 가까운 장점이라도 있지만, 멀고 아무런 연고도 없는 인천에는 정말 가기 싫었다. 그러나 회사의 명령이니 일단은 따르는 게 직장인의 도리가 아닌가. 나는 두 달 동안을 서울 강남에서부터 인천 송현동까지 전철을 타고 다녔다. 새벽 다섯 시에 집을 나가서 퇴근하여 집에 오면 밤 10시가 되니 아무리 30대 초반이라지만 견디기가 힘들었다. 구월동에 집을 얻어서 첫돌이 지난 아이와 아내를 데리고 인천으로 이사했다.

한편으로는 현대건설 쪽으로 이직이 가능한지를 타진해 보았다. 그러나 현대건설에서는 안 된다고 했다. 자동차 쪽에서 건설로 오겠다는 사람들이 하도 많아서 정주영 회장님이 계열회사 간 이동을 허용하지 말라는 특별 지시를 내렸다는 것이었다.

설상가상으로 돌이 막 지난 아들이 다치는 사고까지 났다. 이젠 과감하게 결단을 내려야 할 때라는 생각이 들었다. 나는 더 이상 생각하지 않고 회사를 때려치웠다. 사표를 내려고 종로의 현대자동차 인

사과에 갔더니 직원이, "아니, 영어 시험성적도 좋은데 왜 그만두세요?" 하면서 나의 퇴사를 말린다. 입사 시의 영어성적까지도 탁월하여 '아깝다'는 것이었다. 현대자동차에서는 매년 두 차례씩 전 사원 영어시험을 치르고, 그 성적이 인사고과에서 아주 큰 비중을 차지한다. 그래도 한 번 뽑은 칼을 다시 칼집에 꽂는다면 대장부의 체면이 말이 되는가? 나는 과감히 사표를 내고 현대자동차를 떠났다. 아들이 첫돌이 지난 지 두 달이 되는 1981년 8월의 일이었다.

영어 잘하는 사람 두 명을 보내주세요

막상 퇴사하고 보니 상황은 내가 입사를 하던 4년 전과 많이 달라져 있었다. 그때는 경기가 최고로 좋을 때여서 이곳저곳에서 사람들을 '모셔가려고' 그야말로 난리를 치던 때였다. 그러나 4년 만에 경기가 많이 수그러들었다. 여전히 성장기는 성장기였지만, 그 기세가 확연히 달라서 기업체의 모집공고도 별로 많지 않았다. 날마다 신문을 들여다보았지만 마땅하게 갈 만한 곳이 없었다.

내가 회사를 그만두었다는 소식에 처가에서는 난리가 났다. 하루는 장인어른께서 반바지 차림으로 오셨다. 70대 노인이 이른 새벽에 서울에서부터 전철을 타고 오신 것이다. 장인 어른은, "살다보면 그럴 수도 있지."는 말로 나를 격려해 주시었다. 장인은 키도 크고 목소리도 걸걸하시다. 일찍이 일본 메이지대학(明治大學)을 유학하고 한국은행에서 근무한 인텔리에, 생신 때면 아들 셋에 딸 다섯을 앉혀놓고 '싼타루치아'를 열창하는 한량이시다. 양정고보에서 손기정 선수와 한 반에서 공부하셨단다. 그로부터 또 며칠 후 이번에는 이모가 오셨다. 이모는 후일 김대중 대통령과 사돈이 되셨다. 김홍일 의원의 장모님이 된 것이다. 그러나 당시는 김대중 씨가 핍박을 받을 때라서 아무런 힘도 없었다.

　이렇게 저렇게 압박을 받다 보니 나도 하루빨리 취직을 해야만 했다. 신문의 구인 광고만 의존할 수가 없는 형편이 된 것이다. 답답한 마음에 하루는 고등학교 동창을 찾아가 보기로 했다. 고3 때 내 뒷자리에 앉았던 친구로 서강대 무역학과를 거쳐 LG그룹의 종합무역상사인 반도상사에서 근무하고 있었다. 남대문 대우빌딩 바로 옆 건물에 그의 사무실이 있었다. 답답한 마음에 찾아간 것이지 딱히 무슨 길이 있으리라고는 생각하지 않았다. 그런데 그 친구가 LG그룹의 직장 동료들 몇 명이 진흥기업이라는 건설회사로 옮겨갔다는 이야기를 들려주면서 한번 찾아가 보라고 했다.

　서소문의 진흥기업 본사로 찾아가서 소개해 준 친구를 만나니, "회사에서 수시로 사람을 뽑는데, 혹시 모르니 이력서를 주고 가세요." 한다. 그러면서 아마 조만간 신문에 구인 광고가 나갈 것이라는 말도 덧붙였다. 그로부터 한 달쯤 지나자 정말로 신문에 진흥기업의 구인 광고가 실렸다. 필기시험을 보고 면접을 보아서 딱 두 명, 나와 평택고등학교를 거쳐 연세대 경영학과를 나온 동갑내기 친구가 합격하였다.

　우리들이 합격하게 된 과정은 이랬다. 당시 진흥기업은 사우디아라비아에 육군사관학교를 짓는 공사에 메인 업체로 참여하고 있었다. 거기서 감독관청인 미군 공병단을 상대로 클레임을 진행하려고 미국인 변호사를 한 명 초빙했는데, 그 뒷바라지를 해줄 사람 한 명이 필요하다는 요청이 왔단다. 그런데 한 명을 뽑기는 그렇고 하여 기왕 뽑는 김에 두 명을 뽑았다는 것이었다. 영어 실력에 타이핑도 가능하면 더욱 좋겠다는 요청이 왔단다. 그런데 나는 군대 의무참모부에서 타자병으로 2년을 보냈으니 그야말로 적임자가 아닌가.

내가 입사할 당시만 해도 현대자동차와 진흥기업은 연간 매출이 2천억 원씩 엇비슷한 규모의 회사였다. 그런데 44년이 흐른 지금, 현대자동차는 현대차그룹이라는 국내 1~2위를 다투는 대기업이 되어 세계 자동차 시장에서도 최고 정점에 있는 회사로 성장했고, 진흥기업은 그 존재도 미미한 회사로 전락하였다. 지금 진흥기업에서 일하고 있는 분들에게는 실례가 되겠지만, 나는 회사의 흥망이라는 일반론을 말하고 있을 뿐이다. 나는 그 이유를 최고 경영자의 '사람을 대하는 태도'에서 찾는다. 이 이야기는 뒤에서 다시 자세히 하겠다.

사우디 5년 시작되다

1981년 10월 사우디아라비아의 수도 리야드로 향했다. 근무지는 리야드에서 북쪽으로 한 시간 거리에 있는 육군사관학교(KAMA: King Abdulaziz Military Acadamy) 건설 공사 현장이었다. 가보니 이건 하나의 커다란 도시였다. 미군 공병단이 감독관청인데, 진흥기업이 캠퍼스 메인 공사를 맡고, 동산토건(두산건설), 한일개발(한진그룹), 현대건설, 신화기공 등, 10여 개의 한국 업체가 진출해 있었다. 우리 숙소는 직원당 1인 1실로, 현재의 기준으로 보면 원룸과 비슷했다.

진흥기업 현장의 공사 금액은 당시 3억 불이었는데, 지금의 가치로 치면 60억 달러 정도가 되지 않을까 싶다. 아침에 출근할 때 보면 버스 수십 대가 먼지를 일으키면서 줄지어 공사 현장으로 떠나곤 했다.

당시 우리 현장에만 직원이 2백 명에 기능공과 다른 나라 인력이 2천 명으로, KAMA현장 전체로 보면 가히 하나의 도시를 형성하고 있었다고 해도 과언이 아닐 정도였다.

현장소장(상무)님도 서울대 토목과 출신이었고, 내가 속한 부서의 상사인 팀장(차장)님도 경기고에 서울대 토목과 출신이었다. 우리 두 명은 현장에 도착하여 다시 필기시험을 보았다. 그 결과 내가 변호사의 비서가 되고, 연세대 출신 친구가 외국 자재 업무를 맡게 되었다.

내가 그곳에 가게 된 배경을 설명하면 미국이 참 이상한 나라라는 사실을 알게 될 것이다. 사우디 정부는 그 10여 년 전에 KAMA 건설의 전체 계획을 미군 공병단에 일임하였다. 그 당시 그렇게 대규모의 건설 공사를 설계하고 감독할 수 있는 조직은 미국의 벡텔과 미군 공병단(CEO: Corps of Engineers)밖에 없었다. 그런데 공병단에서 설계할 때, 그 작업에 참여했던 엔지니어들이, 자기네가 제시한 대로 설계가 되지 않았다면서 KAMA 현장을 찾아와서 미국 정부를 상대로 소송을 걸도록 부추긴 것이다. 다른 현장들은 다 외면했고, 우리만 "그렇다면 해볼 만하지 않을까?"하여 클레임 팀을 조직하고 그 책임자로 서울대 출신 차장, 그 밑으로 연세대 컴퓨터과 출신 대리, 홍익대 건축과 출신 대리를 차출하고 이번에 영문 행정 업무로 나를 뽑아서 보강한 것이었다. 우리 네 명은 그 후 클레임이 성공하여 돈이 입금될 때까지 한 팀으로 활동하게 된다.

클레임의 핵심 내용은 이렇다. 사관학교 건축물의 외벽은 콘크리트로 마감 처리하게 되어 있었는데, 그 외벽 콘크리트를 그라인더로 갈아서 마무리하는 방식이었다. 타일을 붙이거나 페인트칠을 하지 않고 그냥 콘크리트 벽면을 노출하는 마감 기법이다. 클레임을 부추기는 미국 전문가들의 주장은, 그런 마감이 가능하려면 고품질의 미관용 콘크리트를 공급해야 하는데(Archotectural Concrete), KAMA 현장은 그냥 일반 구조용 콘크리트(Structural Concrete)를 사용하도록 설계되었다는 것이다. 쉽게 말하면, 비용 절약을 위해서 저급 자재를 쓰도록 설계해 놓고, 실제로는 고품질의 마감을 요구한다는 것이었다. 그런데 우리 한국 사람들의 사고방식에서 터무니없다고 생각되는 것은, 그런 이야기를 하며 클레임을 부추기고 다니는 사람들이 당시 설계에 참여했던 미국 엔지니어 박사들이라는 사실이었다. 우리가 고용한 전담 변호사는 그런 클레임을 전문으로 하는 사람이고, 거기에 당시 설계에 참여했던 콘크리트 박사 두 명이 수시로 합류하여 이런저런 기술적인 자문을 하기로 되어 있었다. 이 클레임 업무는 그로부터 내가 KAMA현장을 떠나 귀국하기까지 꼬박 5년에 걸쳐서 진행된다.

현장 생활의 이모저모

현장 생활을 어떻게 설명하면 이해가 빠를까? 아마도 군대 생활이 가장 비슷하지 않을까 싶다. 새벽에 일어나서 준비하고, 아침은 식당에 가서 먹고 8시부터 현장에 나가 사무실에서 근무하고, 12시부터 2시까지는 점심시간, 2시부터 7시까지는 또다시 회사 일, 그리고 저녁 먹고는 휴식 시간이다. 200명이 근무하는 현장 사무실은 웬만한 국내의 기업체 사무실과 같은 규모이다. 토목과, 건축과, 설계과, 기계과, 토목실험실, 전산실, 안전팀, QC(Quality Control), 인사과, 노무과, 총무과 등등…… 심지어는 복사실에도 전담 요원이 4명이나 있었다.

우리 진흥기업이 제일 큰 공사인 사관학교 캠퍼스 공사를, 현대건설은 콘크리트 레미콘과 콘크리트 구조물 공급을, 동산토건이 사관학교 상주 인원들 숙소를, 한일건설은 기반 시설 공사를 맡는 등, 10여 개의 건설회사 거의 다가 한국 건설회사였다. 그중 우리 현장에만 대졸 학력인 직원이 200명에 우리나라 기능공이 700명, 거기에다 외국인 근로자 1,500명이 함께 근무하였다. 외국 인력은 태국, 방글라데시, 스리랑카, 인도, 파키스탄, 필리핀 등등의 나라에서 온 젊은 이들로 주로 잡부 일을 하고 있었다.

저녁에 숙소에 들어오면 각자 휴식을 취한다. 주로 음악을 듣거나 편지를 쓰거나 가족사진을 보면서 향수에 젖곤 한다. 숙소에는 침대 하나와 화장실 겸 샤워실이 있었다. 방마다 에어컨이 하나씩 있었는데, 에어컨 설비가 되어 있는 곳에서 잠을 자보기는 그때가 처음이었다. 사무실에도 대형 에어컨이 여러 대 돌아갔는데, 그 당시는 국내의 어느 건물에도 에어컨이 없던 때였다. 현대종합상사, 현대자동차, 삼성 본관 그 어느 곳에서도 에어컨 구경을 한 적이 없다.

그때는 그 옛날의 진공관식 전축 시대가 저물고 트랜지스터가 들어간 오디오가 맹위를 떨치고 있었다. 우리는 금요일이면 리야드 시내 청계천에 가서 일제 오디오를 샀다. 주로 켄우드를 많이 샀는데, 매킨토시, 파이오니어, 등등의 브랜드 제품도 샀다. 시내에 청계천과 비슷한 거리가 있었는데, 그곳이 공교롭게도 세운상가처럼 전자제품을 파는 곳이라 우리 중동 근로자들이 그런 이름을 붙인 것이다. 카세트테이프를 넣고 듣던 음악 중에서 제일 기억에 많이 남는 노래는 이용의 '10월의 마지막 밤', 한경애의 '옛시인의 노래' 등이다.

드디어 첫 월급을 받았다. 현대자동차에서 35만 원을 받았는데, 진흥기업에서는 40만 원의 월급에 해외수당 60만 원, 그렇게 하여 100만 원이 집으로 입금되었다. 게다가 현장에 도착해보니 현장에서 소장님이 '물값'이라고 하여 생활비를 또 준다. 대략 10만 원 정도로 기억되는데 그 돈을 딱히 쓸 일이 없었다. 필요한 모든 걸 현장에서 다 주다 보니 그 돈이 그냥 고스란히 남는 것이다. 그걸 한두 달 모아서 리야드 시내에 외출할 때 오디오도 사고 카펫도 산다. 그걸 갖고 들어오면 주변에서 서로 팔라고 난리다. 당시만 해도 외국 제품 수입이 거의 안 될 때인지라 주변에서 팔라고 성화를 해대는 것이다. 그러면 두세 배를 받고 판다.

첫 번째 휴가

나는 사우디 현장에서도 영어 공부를 게을리하지 않았다. 당시 미국에서 발행하던 월간지 〈내셔널 지오그래픽〉을 정기구독하였는데, 그 잡지에는 그야말로 보물과도 같은 사진들이 즐비하였다. 주로 아프리카나 시베리아, 또는 바닷속 같은 미지의 세계에 서식하는 동식물들의 모습을 전문사진사들이 고생고생하면서 찍은 사진과 해설기사가 있는 월간지이다. 그런데 지금으로부터 몇 년, 그러니까 2010년경부터 '내셔널 지오그래픽'이라는 상표명이 스포츠 의류의 브랜드로 쓰이기 시작하는 게 아닌가. 요즘은 전철을 타도 그 로고가 들어가 있는 옷을 입은 사람들을 흔하게 볼 수 있다. 그 회사가 의류 사업을 시작한 것인지, 아니면 그 상표권을 의류회사가 산 것인지, 아무튼 나로서는 반가운 현상이다.

마침내 손꼽아 기다리던 첫 번째 휴가 날이 다가왔다. 1981년 10월에 해외 현장을 나가서 그다음 해 5월에 나왔으니 8개월 만에 아내와 아들을 만나는 것이다. 그 당시 현장의 규정은 처음 2년은 여덟 달마다 20일씩의 휴가를 주었다. 그다음부터는 6개월에 한 번씩 보름의 휴가를 주었다. 처음 휴가 때의 기분을 그 무어라고 말할 수 있을까? 그야말로 다시 아내와 연애할 때의 기분이라고나 할까? 이제 막 두 돌이 된 아들을 다시 품에 안는 기분은 그야말로 하늘을 나는 기분이었다. 김포공항에서부터 춘천까지 어떻게 왔는지 하나도 기억이 없다.

그때 아내는 춘천으로 옮겨와서 살고 있었다. 큰 형부가 춘천에서 치과를 하고 있었는데, 언니가 춘천으로 오라고 해서 이사를 했던 것이었다. 후평동에 있는 조그마한 연탄 아파트였다. 아무려면 어떤가? 아들은 공항에서부터 잠시도 떨어지지 않으려고 나만 졸졸 따라다녔다.

사우디에 가보니 아이들 장난감도 많았다. 특히 영국제 미니카가 내 눈길을 끌었는데, 그중에는 소방차, 앰뷸런스, 사다리차, 경주차 등, 온갖 기기묘묘한 차들이 많았다. 나는 리야드에 갈 때마다 그런 장난감을 하나씩 사서 모았다. 그걸 아들에게 주자 아들은 하루 종일 그것들을 굴리며 "붕붕~" 하고 "왱왱~" 하면서 잘도 논다. 우리는 버스도 타고 택시도 타면서 설악산을 구경하고 돌아오는 길에는 인제에서 배를 타고 춘천까지 오기도 했다. 그 당시에는 쾌룡호라는 고속여객선이 인제의 구만리에서부터 춘천의 소양강 나루터까지 하루에 몇 번씩 왕복 운항을 하고 있었다. 쾌룡호는 20여 년 전부터 강물이 많이 줄었다며 더 이상 운항을 하지 않는다.

아내는 회사에서 받는 돈의 거의 전액을 저축하였다. 밥은 언니네 집에 가서 먹고, 연탄 아파트라 난방비도 별로 들지 않고, 그러다 보니 별로 쓸 데가 없다고 했다. 그리하여 월급 거의 전액을 춘천 언니가 하는 계에 넣었단다. 형부는 충남 아산이 고향으로, 서울대 치과대를 나와서 춘천에서 군의관을 하다가 그대로 눌러앉은 케이스였다. 그 당시 춘천에는 치과가 단 3개 밖에 없던 때라 돈을 많이 번다고 했다.

그런데 휴가라는 것이 참 묘해서, 20일이라고 해봐야 그냥 눈 깜짝할 사이에 흘러가고 만다. 그것도 처음 10일은 '길다'는 생각을 하면서 여유롭게 지내는데, 그다음부터는 9일, 8일, 7일…… 그러면 어느새 출국 날이 다가오는 것이다. 아들도 나와의 이별이 가까워지고 있음을 아는지, 마지막 이틀이나 하루를 남기고는 그냥 쩔쩔맨다. 단 1분도 나와 떨어지지 않으려고 하는 것이 참으로 안타깝다. 나 역시도 그 전날부터는 아들과의 이별 때문에 밥을 먹어도 소화가 되지 않고 자꾸 설사를 해댄다. 이것이 당시 중동 근로자들의 현실이었다.

후세의 역사가들은 우리가 경제 대국으로 도약하게 된 불쏘시개 역할을 한 큰 사건을 흔히 세 가지로 본다. 그 하나가 1960년대 초의 독일 광부-간호사 파견, 두 번째가 뒤를 이은 월남전 파병, 그리고 세 번째가 1970~80년대 중동 건설 근로자들의 파견이다. 나는 그 '대사건' 중 하나에 당당히 발자취를 남겼으므로 후세에 '자랑스러운 한국인'이라는 칭호를 받아도 마땅하다고 본다. 더군다나 포니 수출의 최전선에서 뛰었음에랴.

외국 근로자들의 패싸움과 사우디 공권력

1983년 봄의 어느날이라고 기억된다. 그 며칠 전부터 현장 내에서 외국 근로자들끼리 시비가 있었다. 태국 근로자와 스리랑카 근로자 간에 사소한 싸움이 점점 집단 패싸움 비슷한 양상으로 번지기 시작했다. 외국을 많이 다녀보고 또 현장에서 근로자들을 경험하여 보니 국가 간에 뚜렷한 정체성의 차이가 발견된다. 태국 근로자는 말이 별로 없고 순종적이다. 음식도 닭고기 하나면 끝이다. 반면에 스리랑카 근로자들은 말이 많다. 쉬운 예로, '너 여기 땅 좀 파라'라고 지시하면, 주변에 둘러선 모두가 다 감독이 된다. "야, 너 땅 파래." "네가 빨리 파라." "야, 내가 삽 줄게." 뭐 이런 식이다. 모두가 말만 하고 일은 안 한다.

며칠 사이에 사소한 싸움이 민족 간의 큰 싸움으로 변질되었다. 수백 명이 엉켜서 집단 패싸움으로 확대되자 노무과 요원들과 현장 직원들의 힘으로는 제압하기가 어려운 지경에 이르렀다. 잠시 후에 인근 경찰서에서 웽웽거리면서 경찰차 몇 대가 도착했다. 그들은 경찰이라고 해도 모두 군복에 총을 차고 있다. 그러자 서로 간에 돌팔매에 각목이 날아다니던 치열한 싸움판은 순식간에 제압되었다. 경찰들은 현장의 주모자 10여 명을 연행해 갔다. 공사 감독관청인 미국 공병단(COE)을 대신하여 영문행정 업무 담당인 나도 따라갔다. 그곳은 리야드 시내에 있는 경찰서가 아니고, 인근 마을에 있는, 우리나라로 치면 파출소 같은 곳이었다.

우리들이 지켜보는 가운데, 파출소장은 의자에 앉아서 자기의 앞에 난동범 두 명을 흙바닥에 엎드리게 하였다. 사우디에는 대나무가 없는 대신에 야자나무가 사방에 널려있다. 그들이 매로 사용하는 나무는 야자나무 줄기였다. 거기서 이파리를 떼어 내고 나면 그대로 회초리가 된다. 그들은 인정사정도 없었다. 두 명이 매를 맞고 있으니 여기서 획~ 하면 옆에서 쉬~ 하고, 공기를 가르는 소리와 울음소리가 뒤범벅이 되어서 파출소 뒷마당은 순식간에 아비규환으로 변해버렸다. 그들에게는 죄인을 심문하는 절차도 없었다. 그냥 시작부터 끝까지 매타작이었다.

엎드려서 매를 맞고 있는 그들의 옆에는 야자나무를 묶은 다발이 있었다. 몇 대만에 끝이 갈라지니까 경찰은 다발 묶음에서 새것을 꺼내더니 계속 때린다. 근로자들은 비명을 질러대고, 옆에서 자기 차례를 기다리고 있는 다른 근로자들은 덜덜 떨고, 우리들도 참혹한 광경에 눈을 제대로 뜨지 못하고……. 잠시 후, 두 명의 벌이 끝났는지 파출소장이 교대를 명령하자 다른 두 명이 엎드렸다. 일어나서 휘청거리며 친구들 쪽으로 가는 두 명의 입술을 보니 입에서 피가 줄줄 흐르고 있었다. 이를 악물어서 그런 것이리라.

착잡한 마음을 갖게 하는 사우디의 즉결 처분이었다. 그들도 분명 태국이나 스리랑카에 가족이 있을 터인데, 가족들은 머나먼 타국 땅에서 이런 고초를 겪고 있는 식구의 어려움을 알고 있을까?

클레임 업무

나는 1981년 10월 KAMA 현장에 도착해서 1986년 9월 귀국할 때까지 계속하여 클레임 업무를 담당하였다. 5년 동안 감독관청인 미국공병단(COE: Corps of Engineers)에 제출한 서류만도 1톤 트럭으로 하나 가득 분량이다. 우리가 근거로 삼은 계약 조항은 GP3, Changes

라는 조항으로 공사의 설계변경에 관한 조항이었다. 쉽게 말해서 GP(General Principle)는 국가로 치면 헌법에 해당하는데, 처음부터 발주처에서 제공한 설계도와 시방서가 잘못되어 그것에 따라서 공사를 하여 추가 비용이 발행하였으니 돈을 더 달라는 것이다.

우리에게 자문을 해주는 사람들은 미국의 콘크리트 학계에서 최고의 권위를 자랑하는 박사들이었다. 제임스 쉴스톤 박사는 미국 건축콘크리트협회(ACI: Architectural Concrete Institute)의 회장을 두 차례나 역임한 인물이고, 알란 케니 박사 역시도 그 협회에서 기술자문위원장의 요직을 맡았던 인물이다. 후일 케니 박사는 나의 절친이 되어 나는 사우디의 업무가 끝나고 그의 댈러스 집과 플로리다 템파 별장을 두 차례 방문한 적이 있다. 위의 두 사람이 기술적인 문제를 다루는 사람이라면, 루이스 나기(Luis Nagy)라는 변호사는 법률적인 부분을 전담하는 사람이다. 위 세 사람과의 협의는 주로 우리 팀장인 차장님이 하였고, 나는 그들이 협의와 토론을 거쳐서 초안을 작성해 주면 그것을 타이핑하여 감독관청에 제출하는 업무를 맡았다.

감독관청에 제출하는 클레임 자료는 서류에 한정되지 않았다. 실험실에서 현장에 타설된 콘크리트를 채취하여 제출하기도 하고, 현장에 투입되는 인력 데이터를 컴퓨터로 뽑아서 제출하기도 했다. 당시 현장에는 샌드블라스트라는 직종의 한국인 기능공들이 있었는데, 그들은 그야말로 돈과 자기의 건강을 바꾼다는 말이 딱 어울리는 '직업병'을 유발하는 일을 했다.

그들은 드릴과도 같은 기계로 건물의 벽면을 갈아낸다. 그렇게 콘크리트의 표면을 벗겨내면 자갈과 뒤섞인 콘크리트가 노출되어 뽀얀 벽면이 보이게 되는 것이다. 그런데 벽면을 갈 때는 힘을 주어서 밀어야만 한다. 문제는 그 진동으로 몇 분만 작업을 하면 작업자의 손이 얼얼하고 마비증세가 온다는 사실이다. 그들은 이런 작업을 하루 8시간씩 했으니 오죽했겠는가? 그래서 샌드블라스터들은 현장에서 2년의 계약기간을 마치고 귀국할 때는 거의 모두가 손이 마비되는 직업병을 가지고 귀국하였다. 요즘이야 산재나 보험이 원체 잘 되어 있어서 그런 작업을 몇 시간 이상은 하지 못하도록 법으로 강제도 하겠지만, 그때는 그런 것이 제대로 마련되어 있지 않을 때였다. 그렇게 고생하여 그들도 집을 사고 자식들을 교육시켰던 것이다.

또 다른 기술적인 백업 데이터로는, 그러한 불합리한 설계도와 시방서로 인하여, 그리고 현장감독의 강요로 인하여 우리들의 공사가 이만큼 저만큼 늦어졌다는 증빙을 전산상으로 입증하는 서류들이 있다. 전산실에서 전문 요원들이 만들어 오는 공정표는 보통 커다란 두루말이로 되어 있는데, 나의 업무 중 하나는 그 서류들에 대한 설명을 담은 표지 문서를 만들어서 역시 감독관청에 제출하는 것이다.

3년의 본공사가 거의 끝나고 현장 요원들이 철수할 무렵에야 우리들은 총액 5,000만 불이라는 어마어마한 돈을 추가로 지급하여 달라는 클레임 서류를 완성하여 제출하였다. 그로부터 6개월 후, 드디어 리야드 시내에 있는 미국공병단 사우디아라비아 본부 측으로부터 협상을 하자는 서신이 당도하였다.

한 친구의 참으로 이상한 휴가

드디어 기다리고 기다리던 두 번째 휴가 날짜가 되었다. 그때 처음으로 사우디항공사가 생겼다. 사우디아(SAUDIA)라는 이름을 달고 처녀 비행을 하는데 그게 공교롭게도 리야드-김포공항 노선이었다. 리야드 공항에서 본 비행기는 난생처음 보는 747 점보기였다. 400명이 타는 비행기라니! 그런데 사우디항공은 운항 경험이 없어서인지 아니면 세계적인 네트워크가 없어서인지, 달랑 50명도 안 되는 인원만 탑승을 기다리고 있었다. 기내 승무원만 20명은 족히 되는 것 같았다. 어쨌든 우리들은 기내의 한 줄 전체를 차지하고 누워서 잠을 자면서 편안히 왔다.

그때 함께 온 친구가 있었다. 한양대 건축학과를 나온 친구로 나와는 동갑이었다. 우리가 떠나기 한 달 전 진급 발표가 있었다. 40명의 대상자 중 20명은 진급되고 20명은 탈락했다. 현장에서는 주로 기술직 위주로 먼저 진급시킨다는 방침에 따라 기술직은 거의 다 진급이 되었다. 그런데 그 친구와 서너 명만 빠진 것이었다. 나는 그냥 그런가 보다 하고 말았는데, 그 친구는 굉장히 속이 상했던 모양이다.

나는 두 번째 휴가도 아주 알차게 보냈다. 우리 가족은 부곡하와이라는 곳을 갔다. 그때는 거기가 최고의 휴양지였다. 온천도 좋다고 소문이 난 데다가 시설도 화려하고 또 이런저런 놀이시설도 많이 있어 그곳에 다녀오면 모두가 부러워하던 시절이었다. 우리는 이번 기회에 장모님을 모시고 가기로 했다. 장모님은 아들 셋에 딸 다섯, 이렇게 8남매를 모두 훌륭하게 키워내신 분이다. 황해도 해주 분으로 해주에서 무슨 여자고등학교를 나오셨다는데, 아버님이 총각 시절 금강산을 다녀오시다가 만났다고 들었다.

장모님은 30여 명이나 되는 아들, 딸, 사위, 며느리, 손자, 손녀의 생일을 모두 다 챙기시는 분이다. 아내의 생일에도, 나의 생일에도, 그리고 꼬맹이 아들의 생일에도 장모님은 한결같이 버스를 타고 오셔서 동네 근처의 시장에서 산 닭을 잡아서 들고 오신다. 그건 기억력도 좋아야 하지만 웬만한 정성이 없이는 정말 힘든 일이다. 우리들의 생일이면 항상 닭도리탕을 끓여주시던 장모님께 늘 죄송한 마음이 있던 터라 이번 기회에 함께 모시고 가기로 한 것이다.

정말 즐거운 여행이었다. 그런데 거기서 바이킹을 타던 중 문제가 발생하였다. 사고는 아니고 재미있는 해프닝이었다. 바이킹이 앞뒤로 심하게 움직이자 그만 장모님의 가발이 홀떡 벗겨지는 게 아닌가. 장모님은 앞에 떨어진 가발을 줍는다고 쩔쩔매고 우리들은 재미있다고 깔깔대고…….

아내와 아들과 즐겁게 지내다 보니 어느덧 20일이 다 되었다. 그런데 김포공항에서 그 친구가 오지를 않는 것이었다. 인력과 송출 담당 직원도 이상하다면서 끝까지 기다려도 안 오자, 그 친구를 뺀 나머지만 출국시켰다. 그런데 사우디 현지에 도착하여 사흘이 지났나? 그 친구가 오지 못한 사연이 알려졌다.

서울에 와서 보름쯤 지난 어느날, 하루는 아내에게 기분이 울적하다면서 울릉도를 다녀오겠다고 하더란다. 아내는 그냥 여행이려니 하고 보내주었다. 그런데 온다고 한 날짜가 지났는데도 사람이 오지를 않는다. 이제 내일모레면 출국해야 하는데 어쩐 일인가 싶어 본사에 연락했다. 본사에서는 울릉도 현지에 물어보았으나, 그때는 통신이 불편할 때라 그쪽에서도 별로 신통한 대답을 듣지 못했다. 목마른 놈이 우물 판다고 했던가? 본사에서 인사과 직원 두 명을 울릉도 현지에 파견하였다. 울릉도에 가서 이리저리 찾아보다가 어느 구멍가게에 가서 물어보니 며칠 전에 어떤 사람이 소주 한 병과 오징어를 사 들고 산으로 올라갔다는 것이 아닌가. 가게에서 알려준 방향으로 한참을 올라가니 조그마한 무덤이 있는데, 그 친구는 바로 그곳에 쓰러져 죽어있었다는 것이다.

그 친구가 죽은 장소는 무덤 바로 뒤쪽으로 바람도 피할 수 있는 아늑한 곳이었다. 주변을 보니 성냥이 여러 개 있고, 불에 탄 잔디가 조금 있더란다. 그때가 제법 추울 때였다. 경찰의 추론은 이렇다. 친구는 울적한 심사를 달랠 겸 소주와 오징어를 사 들고 산으로 올라갔다. 술을 한 잔 먹다 보니 시간이 흘렀다. 서둘러 내려오다 보니 날이 어두워지기 시작하였다. 날씨는 추워지고 길은 모르겠고, 그리하여 조금 따뜻한 곳, 무덤가에서 추위를 피할 요량으로 잔디를 끌어모아 불을 피웠다. 불은 자꾸 꺼지고, 성냥은 다 떨어지고…….

체온이 내려가서 얼어 죽은 동사였다. 어린 딸만 둘을 두고 있던 그 친구의 죽음은 두고두고 많은 것을 생각나게 했다. 우리 진급 누락자들은 그다음 차례에 모두 진급하였다. 귀국하여서는 모두 다 진흥기업을 떠났다. 과장 진급? 그게 도대체 무슨 큰 의미가 있다고 그런 어처구니없는 사고를 자초한단 말인가?

필리핀 근로자들과 한국 현장소장 부인

3년 여에 걸친 본공사가 끝나자 2천 명에 달하던 인원이 썰물처럼 현장을 빠져나갔다. 그러자 회사에서는 우리 간부 네 명에게 기능공과 외국인 노무자 200명을 데리고 하자보수 겸 클레임 업무를 계속하도록 명령하였다. 클레임 팀장인 차장이 부장으로 진급하여 현장소장, 영문행정과장인 내가 관리 담당 부소장을 맡았다.

시설의 대부분을 출입 금지 구역으로 만들어 사용하지 않아도 숙소가 남아돌았다. 그러자 현장 소장에게는 가족을 데리고 오고 싶으면 데리고 오라는 허가가 떨어졌다. 부장님은 얼씨구나 좋다 하고 아내를 모셔 왔다. 내가 5년 동안 모시고 근무했던 상사인 부장님은 경기고에 서울대 토목과를 나온 최고의 인재였다. 나는 그 후로도 외국 유학을 다녀오지 않은 사람 중에 그렇게 영어를 잘하는 사람을 본 적이 없다. 부장님은 회화에도 탁월했다. 미국에서 건설 전문가들을 초빙하여 강의할 때면 늘 통역을 맡곤 하였다.

사모님도 현장에 도착해서는 좋아서 벌어진 입을 다물 줄 몰랐다. 미국 사람들이 설계하고, 고급 자재를 써서 지었기 때문에 국내에서만 살던 부인네가 좋아하는 것은 당연했다. 특히 간부들의 숙소는 방 둘, 거실 하나, 화장실 하나에, 에어컨이 4대나 설치되어 있었다. 그뿐인가? 미제 GE냉장고에 세탁기까지, 그야말로 한국에서는 그런 집을 구경조차 할 수 없을 때였다. 지금이야 삼성이나 LG의 냉장고와 에어컨을 최고로 치지만, 그 당시만 해도 우리나라에서는 그런 것들을 만들지 못할 때였다.

그 증거가 대우전자의 TV이다. 우리가 사우디에 도착하고 얼마 지나지 않아, 정부에서는 해외근로자 사기진작 정책으로 쿠폰제도를 시행하였다. 그 쿠폰을 가지면 대우전자의 대형 TV를 아주 싼 가격에 구입할 수 있었다. 나도 쿠폰을 받아 36인치 TV를 샀다. 그러자 주변에서 모두가 부러워했던 기억이 새롭다. 지금이야 80인치 TV도 흔하지만, 그때만 해도 36인치 TV는 엄청난 고급 사치품이었다.

사모님이 오시고 나서 시내 쇼핑을 하러 갈 때면 앞에는 소장님과 사모님이 타고, 뒤에는 나와 컴퓨터과장, 그리고 건축과장이 함께 타고 나갔다. 혹시 모를 안전을 위해서였다. 우리는 리야드에 있는 유로마치라는 곳을 자주 갔는데, 그 당시로서는 엄청나게 큰 쇼핑센터였다. 1980년대에 지금 우리나라의 이마트와 같은 규모와 시설이 있었으니, 당시의 사우디가 얼마나 앞서 있었는지 짐작이 가능하리라.

사우디 육군사관학교 건설 공사 현장에는 한창 많을 때는 1만 명 가까운 인원이 상주하였으니, 이건 웬만한 도시 수준이었다. 사우디 전체로는 2백만도 넘는 외국인이 살지 않았을까 싶다. 그러다 보니 외국인 관련 범죄도 많이 발생하였다. 그것이 바로 우리들이 함께 차를 타고 사모님을 에스코트하는 이유이다. 먼저 필리핀 근로자 세 명의 참수 이야기를 해야 하겠다. 이건 우리 현장의 이야기는 아니다.

현장에 근무한 지 2년 정도 되었을까? 며칠 전부터 이상한 이야기로 현장이 들썩거리기 시작하였다. 다음 주에 리야드 시내의 할라스 광장에서 필리핀 근로자들의 목을 자른다는 이야기였다. 그것을 TV로 생중계하는데, 어떤 친구들은 리야드 시내에 가서 자기 눈으로 직접 보겠다고도 하고, 또 다른 친구들은 현장에서 TV로 중계방송을 보겠다고도 했다.

그 사건의 개요는 이렇다. 몇 달 전에 필리핀 근로자들이 리야드 외곽지대로 놀러 갔단다. 그런데 사막 가운데에서 베드윈 족의 텐트를 지나게 되었고, 여자만 있는 것을 발견하고 돌아가면서 그 여자를 강간하고 급기야는 살해하여 암매장해 버린 것이었다. 유목민족인 베드윈은 사막에서 띄엄띄엄 산다. 필리핀 청년들은 증거만 없애면 될 것으로 판단한 모양이었다. 그러나 경찰의 수사 결과 그들의 소재가 들통나고 결국은 검거되어 사형판결을 받았다.

금요일 오전 10시에 목을 자른다고 했다. 나는 끔찍한 광경을 보는 것이 싫어서 TV가 있는 식당에도 가지 않았다. 그런데 우리 현장에서 몇몇 친구들이 리야드 시내의 할라스 광장을 다녀왔다. 할라스 광장은 커다란 회교사원(모스크) 앞의 평범한 광장이다. 그런데 가끔 그곳에서 공개처형이 행하여지기 때문에 우리 근로자들이 그곳을 그렇게 부르는 것이다. '할라스'라는 말은 사우디 말로 '끝난다'는 뜻이다. 다음은 현장을 직접 본 근로자의 목격담이다.

무슬림들이 엄청나게 많이 모였는데, 곧바로 덤프트럭 두 대가 사람들을 헤치고 광장에 모래를 쏟아부었다. 갑자기 신도들이 함성을 지르며 박수를 치기 시작하였다. 잠시 후 검은색 두건을 씌운 죄수 세 명이 끌려 나와서 모래 위에 무릎을 꿇고 앉았다. 그들은 뒤로 손이 묶여 있었다. 곧이어 망나니 두 명이 초승달처럼 생긴 커다란 칼을 들고 덩실덩실 춤을 추기 시작하였다. 사람들은 저마다 사우디 말로 무어라고 떠들어대면서 박수를 쳤다. 사제인지 재판관인지 검은 옷에 두건을 쓴 사람이 1분 정도 판결문을 낭독하고 뒤로 물러서자마자, 망나니 둘이 앞으로 나와서 순식간에 칼을 휘둘렀다. 두 명 중 어느 망나니의 칼에 목이 잘렸는지는 모른다. 나는 사람의 목이 그렇게나 약한지 처음 알았다. 질끈 눈을 감았는데, 목은 땅에서 뒹굴고 목에서는 피가 마치 분수처럼 뿜어져 나오고 있었다. 다른 한 명도 똑같은 순서에 따라서 목이 잘렸다. 망나니 두 명이 춤을 추고, 판결문을 낭독하고, 목이 잘리고, 사람들은 무어라고 떠들면서 박수를 쳐대고…… 잠시 후, 덤프트럭이 다시 오더니 모래를 모두 차에 싣고 떠났다. 뒤 이어 청소차 한 대가 현장을 말끔하게 치웠다. 현장은 처형 전과 별반 다르지 않은 상태가 되었다. 전체적으로 세 명의 목을 자르고 뒤처리까지 걸린 시간은 30분 정도였다.

또 다른 이야기는 우리 육군사관학교(KAMA) 현장의 10여 개 한국건설업체 가운데 A건설의 현장소장 부인 실종사건 이야기이다. 사우디에서 여자가 실종되었다는 말은 곧 '죽었다'는 말의 다른 표현이다. 이것도 그 당시 현장에서 떠돌던 이야기를 그대로 적어보겠다.

소장님이 부인과 함께 리야드의 유로마치로 쇼핑을 가셨다. 쇼핑을 마치고 나와서 시동을 거는데 차가 시동이 걸리지 않는 게 아닌가. 현장에 전화를 해서 상황을 설명하자, 현장에서 곧바로 정비사와 정비 차량을 보내겠다는 연락이 왔다. 그런데 소장님은 금요일에 모처럼 쉬는 직원들에게 불편을 끼치기가 무엇하다고 생각하신 모양이었다. 그래서 '택시를 불러서 타고 갈 터이니 수리해서 끌고 오는 것은 내일 와서 하라'고 하셨다. 잠시 후 택시가 왔다. 사모님과 짐을 들고 택시를 탔는데, 타고 보니 담배를 사지 않은 게 생각났다. 소장님은 기사와 아내보고는 2~3분 내로 올 터이니 조금만 기다리라고 하고 쇼핑센터로 뛰어갔다. 그런데 사우디에서는 무엇을 하나 사려고 해도 금방 끝나지 않는다. 약 5분이 걸렸나? 나와보니 주차장에서 기다리고 있어야 할 택시가 보이지 않는 것이 아닌가. 유로마치로 뛰어가서 찾아보고, 경찰에도 연락하고, 현장에도 연락하고, 백방으로 난리를 쳐도 상황은 이미 끝난 것이었다. 사우디는 시내를 조금만 벗어나도 그냥 사막이다. 사막에 가서 강간하고 땅속에 묻으면 아무도 찾을 수가 없다. 대사관에서도 나서보았지만, 결국은 미제 사건으로 처리되고 소장님은 정신이상이 되어서 귀국하셨다. 소장님의 실수라면 실수였다. 절대로 여자만 혼자 남겨 두면 안 되는 것을 잠시 깜빡하셨던 모양이다.

이것이 바로 부장님이 시내 쇼핑을 갈 때면 우리 세 명을 꼭 대동하고 다니는 이유이다. 실제로 시내를 함께 다녀보면, 사우디 놈들은 한국 여인을 보면 환장을 한다. 물론 검정 차도르를 쓰고 다니기는 하지만, 사우디 사람들은 한국 여자를 보면 눈을 동그랗게 뜨고 한참 동안을 쳐다보는데 그럴 때면 우리들도 겁이 난다.

잘사는 중동 사람들은 보통 부인을 4명씩 둔다. 우리의 토요일에 해당하는 목요일 저녁이면 사막으로 가족여행을 떠나는 사우디 사람들을 흔하게 볼 수 있다. 커다란 봉고차를 남자가 운전하고 그 옆과 뒤에는 여자들이 보통 서너 명이 앉고, 그 뒤로는 10여 명의 아이들이 바글대며 창밖을 내다보고 있다. 반면에 가난한 사람들은 지참금 때문에 부인을 얻을 수가 없다. 사우디에는 술집이나 창녀촌이 없다 보니 이들이 성욕을 해결할 방법도 없다. 그래서 여자를 납치하기만 하면 백이면 백, 사막으로 끌고 가서 강간하고 묻어버린다.

클레임 성공하고 귀국하다

우리가 처음에 산정한 클레임 금액은 2,500만 불로 원 공사비의 약 10%였다. 우리들은 그 금액의 절반인 1,000만 불만 받으면 그야말로 '대성공'이라고 할 판이었다. 그런데 미국 변호사는 그 금액을 많이 올리라고 했다. 3,000만 불로 올렸더니 또 올리란다. 그래서 우리가 최종적으로 제시한 금액은 5,000만 불이었다. 애당초 산정한 금액의 두 배이고, 우리가 받고자 하는 금액의 무려 다섯 배에 달하는 엄청난 금액이었다.

맨 처음에는 기각하겠다는 편지가 왔다. 너희들의 요구는 타당성이 없으니 미국 정부에 직접 호소하라는 것이었다. 그렇지 않으면 500만 불 정도의 선에서 타협하자는 절충안을 제시해 왔다. 그러자 미국인 변호사가 그건 그냥 엄포라면서 절대 그런 협박에 굴복하면 안 된다고 했다. 그 사람의 말대로 버티었더니 금액이 차츰차츰 올라가기 시작하였다. 그래서 우리가 최종적으로 합의서에 서명한 금액은 1,600만 불이었다!

애당초 우리들이 적정하다고 본 금액은 1,000만 불인데 1,600만 불을 주겠다니……. 우리도 그 결과를 받고는 벌어진 입을 다물지 못할 정도였다. 다들 축제 분위기가 되어서 두둑한 보너스를 기대하였다. 클레임이 처음 진행될 때는 본사에서도 '설마 될까?' 하는 분위기였다. 그러나 시간이 지나면서 구체적으로 협상이 진척되자 힘을 내라는 격려 차원이었는지, 1억 원을 풀어서 클레임 팀원들에게 보상한다는 말도 들렸다.

우리는 1,600만 불이 본사에 입금되었다는 연락을 받고 현장에서 며칠 지나지 않아 철수하였다. 그때는 하자보수 기간도 끝나 있었다. 꿈에 부풀어서 집에 도착한 지 보름이 지났나? 팀장님이 잠실 주공 5단지의 자기 집 앞으로 우리 세 명을 나오라고 하였다. 우리는 모두 뛰는 가슴을 부여잡고 약속 장소에 갔다. 그런데 봉투를 열어보니 달랑 100만 원이 들어 있었다. 이게 뭔가? 그러자 팀장님도 이렇게까지 속을 줄은 몰랐다고 하면서 분개하였다. 우리들은 각자에게 1천만 원씩은 돌아올 것으로 생각했다. 팀장님도 최소한 5천만 원 정도는 예상하지 않았을까 싶다.

진흥기업 회장님은 전두환 대통령과 바로 이웃에 살고 계셨다. 그 당시 서울시에서 재산세를 제일 많이 내신 분이라고 신문에도 크게 났던 분이다. 그 당시 진흥기업에는 참으로 훌륭한 인재들이 많이 있었다. 그런데 그중 어떤 사람도 잡지 않았다. 진흥기업은 그냥 한번 거쳐 지나가는 코스였다. 그것이 내가 입사할 당시에 2천억 원씩 매출 규모가 똑같던 현대자동차와 진흥기업이, 40년이 지난 지금 하나는 국내 1~2위의 초대형 그룹으로 성장하고, 다른 하나는 작은 회사로 도태된 이유에 대한 설명이 될 것이다.

사주가 우리에게 더 이상 줄 것이 없다고 하는데 어쩌겠는가? 게다가 우리가 무료 봉사를 한 것은 아니지 않는가? 월급을 또박또박 받지 않았던가 말이다. 사실 진흥기업에 입사하고 나서는 보너스를 딱 한 번 받고는 그것으로 끝이었다. 입사할 당시는 연 400%의 보너스를 받기로 되어 있었으나 회사가 불경기라면서 내가 출국한 다음 한 차례 주고는 더 이상 없었다. 그래도 아내는 입금되는 돈의 90% 이상을 저축하여 단 3년 만에 둔촌동 주공아파트 고층 34평을 샀다. 좋은 경험이고 보람된 추억이었다. 대한민국의 어떤 건설회사도 그렇게 큰 금액의 클레임을 성공한 사례는 없을 것이다.

그런 자부심이 나를 달래준 하나의 위안이었다면, 또 다른 위안은 KAMA현장의 성공 사례를 해외건설협회의 협회지에 특별기고 형식으로 기고한 일이었다. 지금은 모르겠는데, 그 당시 해외건설협회는 그 규모나 파워 면에서 막강하였다. 대한무역진흥공사(KOTRA)나 무역협회에는 못 미치지만 아주 큰 조직으로 극동빌딩의 20층에 있었다. 내가 귀국하자 협회에서 나에게 그 성공 사례를 전 회원사에게 알릴 작정이라면서 원고를 부탁해 온 것이었다.

미국과 영국 관광

1986년 9월, 드디어 5년의 사우디 생활이 끝났다. 나는 미국을 들러서 처가 쪽 식구들을 만나고, 댈러스의 미국인 콘크리트 박사의 집에 들른 후에 영국 관광을 하고 귀국하기로 했다. 그 전에 현장에서 쓰던 에어컨을 집으로 가지고 가도 좋다는 사우디 사관학교 측의 허락을 받았다. 사관학교 측에서는 우리들의 수고에 대한 성의 표시였는지, 에어컨이나 냉장고 중에서 성능이 좋은 것들을 골라서 몇 대 정도는 가지고 가도 좋다는 허락을 해주었다. 우리들은 컨테이너를 하나 빌려서 각자 필요한 것들을 보내기로 했다. 나는 에어컨만 하나 보냈지만, 어떤 친구는 GE냉장고와 에어컨을 몇 대씩이나 골라서 집으로 보냈다. 비록 일체형 에어컨이었지만, 내가 보낸 에어컨은 춘천의 동서네 병원에서 5년 동안 잘 쓰다가 폐기되었다. 1980년대 후반이 되어서야 세기냉동이라는 곳에서 '센추리'라는 브랜드로 에어컨을 처음 만들기 시작한 것으로 기억된다. 그 후 삼성과 LG가 뛰어들었고, 지금은 모두가 잘 아시는 대로 한국 에어컨이 세계 시장을 석권하고 있다.

미국 LA에는 둘째 처형네와 처제가 살고 있었다. 둘째 동서는 서울고 - 서울대 상대를 졸업하고 현대중공업에서 LA지사장을 한 후 미국에 눌러앉은 케이스였다. 처제는 아내보다 두 살 아래로 8남매 중 제일 막내였다. 당시 미국에서 대학을 다니고 있었다.

오랜만에 만나니 모두가 나를 환대해 주었고, 나는 그들 덕분에 유니버설 스튜디오, 디즈니랜드, 헌팅턴 라이브러리, 그리고 놀이동산으로 유명한 매직 마운틴 등등을 관광했다. 그렇게 1주일을 보내고, 미국인 콘크리트 박사 집으로 향했다. LA에서 댈러스까지는 비행기로 또 몇 시간을 가야 했다. 댈러스 공항에 내리자 케니 박사가 마중 나와 있었다. 그의 차로 한 시간을 갔던 것 같다. 미국은 자연과 인간이 공존하는 나라였다. 포트워스까지 가는 도중에 길옆에서 100마리도 넘는 수의 들소 떼가 도로를 가로지르고 있었다. 그러자 달리던 차들이 다 멈추어서 소 떼들이 지나가기를 기다리는 것이 아닌가.

그가 사는 곳은 포트워스의 커다란 호숫가 옆이었는데, 집의 1층 거실에서 보면 마치 바다 같이 넓은 호수가 집 앞에 펼쳐져 있었다. 아들 둘은 결혼해서 모두 다른 곳에서 살고 있고, 그 집에는 늙은 부부만 살고 있었다. 지하실에 당구대가 있는 것이 이채로웠다.

다음날에는 케니 박사가 나를 포트워스 시내로 데리고 갔다. 애프터눈 클럽은 오후 1시부터 시작하는데, 아직 좀 이르니 자기 차를 정비하고 있는 곳을 먼저 가보자고 했다. 그의 차는 노란색 람보르기니

스포츠카였다. 그런데 정비가 끝나려면 앞으로도 며칠은 더 걸린단다.

그럭저럭 시간이 되어 Afternoon Club이라는 데를 갔다. 케니 박사는 먼저 카운터에서 1달러짜리를 많이 바꾸라고 하며 나에게 20달러를 주었다. 1시가 조금 넘은 시간인데도 클럽 안에는 벌써부터 사람들이 꽤 많이 들어와 있었다. 커다란 무대 위에서는 거의 발가벗은 여자들이 몸을 비비 꼬면서 관능적인 춤을 추고 있었다. 사이키델릭한 조명에 쾅쾅거리는 음악까지, 나는 정신을 못 차릴 지경이었다. 그는 여길 많이 와 본 모양이었다.

잠시 후 여자 두 명이 우리 테이블로 왔다. 상체는 홀딱 벗었는데, 유두에는 별 모양 같은 스티커를 붙이고 있었다. 하나는 백인이고 하나는 흑인인데, 그중 흑인 아가씨가 내 앞에 오더니 가랑이 사이에 서서 자기 궁둥이를 흔들어댔다. 그럴 때마다 나는 배운 대로 1달러짜리 지폐를 팬티에 찔러주었다. 10분이나 지났나? 어느 사이에 20달러가 다 날아가 버렸다. 그러자 여자는 옆의 테이블로 옮겨갔다. 술은 모두 맥주를 하나씩 앞에 놓고 있었는데, 별로 마시는 사람들은 없었다. 우리는 그렇게 한 시간을 놀다가 왔다. 60대 후반의 케니 박사와 30대 중반의 내가 모처럼 즐긴 '일탈'이었다.

애프터눈 클럽을 나와서는 몇 군데의 기념품 가게를 다녔는데, 텍사스 사람들은 자기네들이 진짜 카우보이라는 자부심이 대단했다. 그들은 스스로를 텍사스 사람이라는 의미의 '텍슨'이라고 부르는데, 전 세계 어디를 가더라도 카우보이모자를 쓰고 다닌다고 했다. 그런 이야기를 듣고 비행기를 탈 때마다 유심히 보니 '텍슨'들이 꽤 자주 보이기도 했다.

　미국에서의 일정을 끝내고 관광차 영국 런던으로 갔다. 버킹검 궁의 근위병 교대식, 그리고 템스강 선상 투어를 마친 후 웨스트민스터 대성당을 방문했다. 대성당의 웅장함도 경이롭지만, 거기에 뉴턴, 셰익스피어, 애덤 스미스, 제인 오스틴 등, 유명인사들의 무덤이 있다는 게 신기했다. 템스강 선상 투어 역시도 강 좌우에 있는 고풍스런 건물들과 해설사의 해설로 돈이 아깝지 않다는 생각이 들었다.

　다음날은 윈저궁과 대영박물관을 둘러보았다. 이집트의 카이로박물관보다도 더 많은 이집트유물이 영국에 있다는 사실이 나의 눈길을 끌었다. 호텔에 와서 저녁을 먹고 근처를 산책해 볼까? 하는 생각에 호텔 뒤편으로 가니 그냥 평범한 주택가였다. 놀이터 벤치에 잠시 앉아 있는데 웬 젊은 아가씨가 다가오는 게 아닌가. 그러더니 나에게 "Are you here for business?"라고 묻는다. '내가 사업차 왔나? 그렇지, 관광도 사업이니까,' 그러다 아차! 비즈니스라는 말이 섹스를 의미한다는 생각이 떠올랐다. 그래서 '아니다'라고 하니 이 아가씨, 아주 슬픈 표정을 지으면서 "배가 고픈데 돈 좀 주면 안 되냐?"고 한다. 스물대여섯 정도로 보이는데, 얼굴에 주근깨가 가득하다. 지갑을 뒤져보니 잔돈으로 몇 파운드가 있어 그걸 주니 연신 고맙다면서 아주 밝은 표정을 하고 돌아간다. 좋은 일 했다는 생각에 잠시 기분이 우쭐하기도 했다.

(11) 미국법인 레지스가드 한국지사
(1986년 10월~1991년 9월)

미국계 바잉오피스에 입사하다

집에 돌아오니 이건 또다시 신혼이 된 기분이었다. 왜 안 그렇겠는가? 5년을 떨어져 있다가 이제 영구히 다시 합쳐졌으니 그런 생각이 드는 건 당연했다. 다시 깨가 쏟아졌다.

그런데 귀국하고 보니 국내건 해외건 일자리가 없었다. 진흥기업은 내가 입사할 당시인 1981년이 최고 정점이었고, 그 뒤로는 이렇다 할 큰 공사를 수주하지 못하고 있었다. 그것이 내가 꼬박 5년 동안 근무하면서 단 한 차례밖에 보너스를 받지 못한 이유이기도 하다. 그러다 보니 사무실에 출근하여 하루 종일 신문이나 책을 보는 것이 일과였다. 그래도 기술직들은 형편이 나아서 몇몇은 본사에 보직을 받기도 하고 또 몇몇은 국내 현장에 내려가기도 했다.

그날도 사무실에서 신문을 뒤적이고 있는데, 미국계 회사인지 영문으로 된 꽤 큰 구인 광고가 눈에 띄었다. 그 당시 외국회사들은 사람을 모집할 때 WANTED라는 제목으로 구인 광고를 냈다. 단 한 명을 모집한다는데, 무역업무에 3년 이상 유경험자라는 단서가 붙어 있었다. 나는 정성껏 이력서를 작성하여 보냈다. 사서함으로 되어 있어서 회사가 어디에 있는지는 알 수 없었다.

그로부터 보름쯤 지난 어느날, 면접을 보러 오라는 연락이 왔다. 가 보니, 세상에! 그곳은 진흥기업의 바로 옆 건물이 아닌가. 당시 진흥기업은 시청에서 서소문 방향으로 100쯤 되는 거리에 있었고, 면접을 가는 건물은 바로 그 옆에 있는 유원건설의 본사 건물이었다. 2호선 시청역에서 출구가 바로 그 건물 지하와 직통으로 연결되어 있었다. 9층에 내리니 바로 앞에 안내 데스크가 있고, 직원 하나가 나를 어떤 방으로 데려다주었다.

사무실은 한 사람 한 사람마다 모두 칸막이가 되어 있었다. 나는 그때까지 그런 사무실 풍경을 본 적이 없었다. 현대종합상사나 현대자동차는 물론이고 삼성물산의 본사 건물도 모두 탁 터진 공간에 책상만이 몇 열로 배치되어 있을 뿐이었다. 무역과 1년 선배 하나가 삼성물산에 입사하여 나는 현대종합상사 시절에 그 선배의 사무실을 몇 차례 방문해 본 경험이 있다. 그곳이 지금의 삼성물산 태평로 본사 건물이다.

시험을 보러 온 사람은 나 하나뿐이었다. 나는 여러 명이 앉아서 필기시험을 보고 또 면접을 보는 그런 광경을 예상했는데, 이건 전혀 예상과 달랐다. 그 외국회사는 9층 전체를 쓰고 있었다. 사람은 몇 명 되지 않는데 한층 전체를 쓰는 것도, 각자가 독립된 공간을 갖고 있다는 것도 신기했다. 그 회사의 이사라는 분이 자기 방에서 나를 맞이하더니 시험 문제지를 하나 주면서 1시간 안에 작성하라 하고는 문을 닫고 나갔다. 시험 문제는 그다지 어렵지 않은 독해 문제였다. 아마도 〈타임〉이나 〈뉴스위크〉에서 몇몇 기사를 발췌한 모양이었다. 나는 별다른 어려움 없이 문제를 다 썼다. 그다음에는 나를 다른 방으로 데리고 갔는데, 거기에는 미국 여자 직원이 있었다. 그 여자는 나에게 어디서 무슨 일을 했으며, 무역업무는 얼마나 했는지, 미국은 가보았는지, 미국에 대해서 얼마나 아는지 등등을 물었다.

미국인과의 대화가 끝나고 이번에는 아까의 그 이사라는 분이 다시 나를 불렀다. 그는 내가 면접을 보는 레지스가드라는 회사를 자세히 소개해 주었다. 도쿄에 본사를 두고 있는 미국계 회사이며 동남아에 8개의 지사가 있고, 동남아에서 제조되는 물품을 미국의 대형 백화점 체인에 수출하는 회사라고 했다. 전체 조직은 500명 정도이고 한국지사는 총인원 40명이 조금 넘는다고 했다. 그는 이번 채용에 관하여도 자세히 설명해 주었다. 필요한 인원은 단 한 명인데, 내가 적임자인지는 알 수 없다는 이야기였다.

미국회사에 꼭 취업이 되었으면 하는 아주 간절한 생각이 들었다. 우선 사무실이 그렇게 쾌적한 곳을 구경해 보지 못한 터라 일단 취직이 된다면 정말 열심히 해보고 싶었다. 또 내가 대학 때 배운 무역으로 복귀하는 것이니 더 이상 좋을 수가 없었다. 그런데 그로부터 일주일이 지난 어느 날, 내가 합격하였다는 연락이 왔다. 아내와 나는 서로 부둥켜안고 기쁨을 만끽했다. 세상에! 단 한 명 뽑는 입사 시험에 내가 합격하다니…….

진흥기업에 사표를 내고 첫 출근을 하였다. 지점장실에 가서 지점장님을 만나서 간단한 인사를 하고 내가 배속된 부서로 갔다. 우리 회사의 주 수출 품목은 80%가 여성 의류였다. 그 나머지 20%를 일반상품부에서 처리하는데, 부장 한 명에 한 팀은 핸드백을 전담하는 3명, 또 한 팀은 일반상품을 취급하는 3명이 있었다. 전임자는 한국외대 영어과를 나온 친구로 나에게 일반상품 전체를 넘겨주고 자기는 봉제완구 한 품목만 맡기로 되었다고 했다.

그때부터 나의 미국회사 생활 5년이 시작되었다. 우선 무엇보다도 업무를 익히는 일이 중요했다. 나는 전임자로부터 며칠 동안 거래처를 돌아다니며 업무 인계를 받았다. 저녁에는 술을 사주면서 업무 요령을 배워나갔다. 나에게 업무를 넘겨 준 친구는 봉제완구 하나만을 전담하니 업무가 1/3으로 줄어들었다며 내가 잘해야 자기가 편하다고, 나에게 이런저런 업무 요령과 경험을 전수해 주었다. 나는 그 친구 덕을 아주 많이 보았다. 그 친구는 어시스턴트 2명을 데리고 있었는데, 그중 아주 센스가 있고 일을 잘하는 직원을 나에게 붙여주었다.

미국 바잉오피스는 Market Representative, 일명 MR이라는 영업대표 한 명에 그 밑에서 업무를 보조하는 Assistant라는 직함의 여자가 한 명 내지는 두 명이 한 팀을 이룬다. 그런데 이 MR의 파워가 막강하여 MR이 모든 업무를 100% 결정한다. 미국 바이어를 만나서 상담하는 일, 거래처를 돌아다니는 일, 품목의 선정이나 가격을 결정하는 일, 품질검사 등, 국내의 무역회사에서는 사원 - 계장 - 대리 - 과장 - 차장...... 몇 단계를 거쳐야 하는 일을 여기서는 혼자서 다 결정하니 액션이 그만큼 빠르고 경비가 절약되는 것이다. 업무가 빠르다는 장점이 있지만 반면에 모든 책임을 혼자서 다 져야 한다는 부담도 있었다. 그런데 조금 해 보니 이건 나의 적성에 딱 맞는, 그야말로 맞춤형 직업이 아닌가 하는 생각이 들 정도로 나는 만족하며 회사 일을 했다.

불자동차 포니 엑셀을 몰고 전국을 씽씽~

입사 후 20일쯤 지났나? 하루는 부장님이 식사를 하자면서 꽤 근사한 데를 데리고 갔다. 삼성의 동방플라자에 있는 고급 식당이었다. 부장님은 나보다 세 살 위로 한양대 경영학과를 나와서 국제상사에서 잔뼈가 굵은, 아주 독실한 기독교 신자로 하나님밖에 모른다고 할 정도로 신심이 깊은 분이었다. 이런저런 이야기를 하던 중 나의 입사에 관한 이야기가 나왔다. 그분의 말로는 하나님이 나를 레지스가드로 이끌었다는 말로 밖에는 당시의 진행 상황을 설명할 방법이 없다는 것이었다.

그분의 이야기는 이렇다. 조선, 중앙, 동아 등, 5개 일간지에 광고를 냈는데 무려 500통 넘는 원서가 도착했단다. 무역 실무경력 3년의 30대 전후의 사람으로 자격요건에 큰 제약이 없고, 토요일에 근무를 안 하는 외국회사라는 점이 메리트로 작용한 것 같다고 했다. 당시는 토요일 근무를 안 하는 회사가 거의 없을 때였다. 며칠에 걸쳐서 500통 중에서 추리고 추려서 최종으로 다섯 명을 선별했는데, 나는 그중에서 다섯 번째로 올라갔다고 했다.

회사에서는 1번 순위에 올라 있던 친구를 뽑기로 잠정 내정했단다.

31살의 나이에 동종업계인 미국 바잉오피스에서 4년이나 경력을 쌓았으니, 회사 측에서는 오히려 스카웃해서 데려올 처지가 아닌가. 게다가 영어도 그만하면 꽤 잘하는 수준이라 더 이상 흠잡을 것이 없더란다. 그런데 이 친구가 요구하는 연봉이 우리 회사의 부장급보다도 더 많더란다. 그 봉급을 주고 쓰게 되면 여러 가지로 문제가 발생할 것 같아서 설득하다가 결국은 포기에 이른 것이었다. 대기 순번 2번부터 4번까지는 영어 실력이 많이 떨어져서 바잉오피스에는 부적합하다는 결론이 났고, 그러다 보니 제일 끝 순번인 나에게까지 차례가 돌아온 것이란다.

나와 면접을 하여보니 나이가 좀 많은 것을 제외하고는 별로 흠잡을 데가 없더란다. 서른여섯이니 회사에서 예상했던 것보다는 서너 살 많은 편이지만 그게 그리 큰 문제가 될 것 같지는 않아서 결국 나로 낙찰되었다는 것이었다.

나는 입사가 확정되자마자 차를 뽑았다. 지금처럼 자가용을 가지고 있던 사람들이 많지 않던 때인 1980년대 중반에 차를 산 것이다. 내가 산 차는 빨간색 포니 엑셀이었는데, 나는 토요일이면 아들과 아내를 태우고 전국을 돌아다녔다. 어떤 때는 영암을 거쳐 해남까지 다녀오기도 하고, 또 다른 때는 안면도에서 2박을 하며 일몰을 즐기기도 했다. 동해안으로는 고성을 거쳐서 통일전망대까지 다녀오기도 했다.

입사하여 보니 미국회사는 여성들에게 가히 천국이나 마찬가지였다. 우선 토요일에 근무를 안 하니 여유가 있고, 또 평일에도 출근과 퇴근에 그다지 큰 제약이 없었다. 그냥 자기 일을 자기가 알아서 하면 되는 시스템이었다. 실제로 규정상 회사에서 정해준 점심시간은 한 시간 반이었지만, 직원들은 그냥 두 시까지 천천히 들어오곤 했다. 여직원들은 점심을 먹은 후 동방프라자에서 차를 마시고 장을 보며 온갖 가정일을 다 할 수 있었다. 그러다 보니 여자 중에서 올드미스가 많았다. 30대는 시집 안 간 처녀들이 거의 다였다. 그때만 해도 여자가 29세만 돼도 "시집가긴 다 틀렸다."는 소리를 듣던 때였다. 나는 그때 "아하~ 여자들에게 경제적인 여유가 생기면 결혼을 늦게 하는구나."는 사실을 깨달았다. 실제로 미국 바이어들도 거의 다 결혼을 하지 않고 혼자 사는 올드미스들이었다. 그런 미국 여성들은 40대뿐만이 아니라 50대도 즐비했다.

남자들 여유롭기는 마찬가지였다. 우리들은 점심 식사 후 근처 교회를 갔다. 부장님이 원체 열심인 터라 함께 가자는 권유를 뿌리칠 수 없어서 가다 보니 계속 가게 되었다. 회사 옆 교회에서는 인근의 직장인들을 상대로 점심 예배를 개설하였다. 12시 30분부터 1시까지 30분 동안 보는 아주 짧은 예배였다. 나는 사우디를 다녀 온 후로 아내를 따라서 교회를 다니기 시작하였다. 5년 동안이나 아내에게 원체 많은 죄를 지었던 터라, 귀국해서는 무엇이든 아내가 하자는 대로 하기로 작정하고 따라나선 것이었다.

드디어 첫 월급을 탔다. 그런데 월급이 먼저 직장에서 받던 것보다 50%는 더 많았다. 아내는 월급봉투를 받아 들더니 입이 찢어졌다. 나는 토요일 아침이면 주차장에서 차를 닦았다. 빨간색 포니 엑셀을 왁스로 반질반질하게 닦는 모습을 보고 주민들은, "아하. 오늘이 토요일이구나."라고 생각했다는 농담이 돌기까지 했다. 그때만 해도 30대는 댈 수 있는 넓은 지상 주차장에 우리 동의 차라고 해보아야 열대

여섯 대가 전부였다.

Big Mouth Ms. Susan McKenna

내가 취직이 확정되고 지점장님을 면담하는 자리에서, 지점장님은 나에게 미국 이름이 필요하다며 이름을 골라보라고 했다. 바이어의 90%가 미국 여자들인데, 그들은 '최대석'이니 '김복동'이니 하는 이름을 기억하지 못한다는 것이었다. 정말 내가 들어보니, 사무실에서 부르는 호칭이 샐리, 헬렌, 마리아, 에스더, 사라 같은 이름들이었다. 여자가 30명에 남자가 10명이다 보니, 여자들은 거의 다 그런 이름을 부르고, 남자들은 한 부장, 정 과장 이렇게 한국식으로 불렀다. 그래서 남자들끼리 모이면 농담 삼아, "여기가 무슨 양공주 촌이냐?" 하면서 낄낄거리곤 했다. 성경의 다윗인 데이비드라는 이름은 지점장님이 써서 안 되고, 그래서 나에게 주어진 이름이 '다니엘'이었다. 그날 이후로 나는 최대석과 다니엘 최라는 두 개의 이름을 사용하고 있다.

입사한 후 보름쯤 지났나? 첫 번째 바이어가 왔다. 우리 거래선 중 가장 상대하기가 까다롭다는 수잔 맥켄나라는 여자였다. 그녀는 한국에서 주로 주방 장식품을 수입하고 있었는데, 그 금액은 별로 많지 않았다. 그런데 모두가 이 여자를 만나면 벌벌 떠는 이유가, 이 여자가 우리 거래처인 프레드릭 애트킨스라는 그룹에서 왕 고참으로 파워가 막강한 데다가, 성격이 불같아서 조금만 대우가 시원치 않거나 준비가 만족스럽지 못하면 그냥 우리 그룹 본사의 미국인 회장에게 컴플레인을 날려 보내는 그런 인물이기 때문이었다. 내가 처음 상대로 수잔을 맡게 되자 모두가 '잘 해볼까?' 하는 눈초리로 걱정을 많이 했다.

공장은 부평과 인천에 밀집하여 있었다. 나는 그 며칠 전부터 공장을 방문하여 이런저런 샘플의 준비 상황을 체크하고 가격이나 품질 등도 따져보곤 하였다. 요즘은 우리나라도 많이 변하여 몸이 뚱뚱하거나 말거나, 어떤 옷을 입거나 말거나 신경을 별로 쓰지 않는다. 그러나 1980년대까지만 하더라도 그런 거구의 여자를 보면 모두가 눈이 휘둥그레져서, "어머, 어머, 저 여자 좀 봐." 하고 손가락질을 해댔다. 수잔은 덩치가 어마어마해서 이코노미석을 못 타는 여자였다. 좌석에 몸이 끼어서 그렇단다. 그런 여자가 아침에 뒤뚱거리며 힐튼 호텔 로비에 나타나면 모두의 시선이 집중되게 마련인데, 바로 그때 로비를 가로질러서 손을 번쩍 들고 달려가는 사나이가 있었으니, 바로 다니엘 최!

"하이, 수잔!"

"하이, 다니엘!"

그와 동시에 볼에 쪽! 소리가 나게 키스해야 한다. 이것이 내가 입사하여 교육받은 매너이고, 우리 회사의 바이어 응대 방식이었다. 맨 처음에는 그게 잘될 턱이 없었다. 그러나 그것도 한두 번 하고 나니까 아무것도 아니었다. 오히려 몇 번 하고나니까, 호텔 사람들이 지켜보는 가운데 그런 연출을 한다는 것이 마치 내가 무슨 영화배우가 된 듯한 착각이 들기까지 했다. 하루 종일 공장을 서너 군데 다녀야 하는데, 운전은 렌트카 회사에서 기사가 해주니 나는 오로지 상담만 신경 쓰면 된다.

드디어 사흘간의 한국 투어를 마치고 마지막 저녁, 나의 첫 번째 바이어 응대에 대한 평가를 받는 날이다. 우리 바이어들은 주로 힐튼, 하야트, 웨스틴 조선에 머물렀다. 저녁 식사는 지점장, 부장, 나, 그리고 수잔 맥켄나, 이렇게 네 명이 힐튼호텔의 일 폰테라는 이탈리아 식당에서 했다. 수잔은 굉장히 정치적인 센스가 있는 여자였다. "이번 투어가 어땠느냐?"는 지점장님의 질문에 잠시도 지체하지 않고, "레지스가드는 진작에 다니엘과 같은 능력 있는 사람을 데려왔어야 했다."고 말하는 것이 아닌가. 그 말 한마디에 지점장님의 입은 쭉 찢어졌고, 그날 이후로 나는 능력 있는 사원으로 평가되기 시작하였다.

우리 거래선은 색스 피프쓰 애비뉴라는 뉴욕 최고의 장신구 백화점을 비롯하여, 프레드릭 애트킨스, 마샬 필드 등, 미국의 고급 백화점들과 미드 프로덕트라는 미국 내 최대의 문구 공급업체 등이었다. 거기에 아주 드물게 일본 바이어도 있었다. 의류, 핸드백, 봉제완구를 제외한 모든 품목을 내가 담당해야 했으니, 나는 그야말로 1인 종합상사의 대표인 셈이었다.

내가 많이 취급했던 품목은 우성 셰프라인의 스테인레스 주방용품, 양지사의 다이어리, 한국도자기와 요업개발공사의 도자기였고, 그 외 다른 품목을 합치면 100여 가지나 되었다. 심지어는 삼성전자의 TV도 일본에 수출하려고 몇 차례 바이어를 대동하고 삼성전자 직원들과 상담을 벌인 적도 있었다.

그런데 바이어와의 품목 개발과 상담도 힘들지만, 더욱 어려운 것은 상담이 끝나면 함께 하는 저녁 식사였다. 저녁 식사 자리에서 그들을 즐겁게 해주어야 하는데, 그들은 거의 다가 여자인 관계로 술을 마시지 않는다. 바이어의 95%가 모두 미국 여자들이다. 그러다 보니 식사를 하면서 이야기를 풀어나가기가 상당히 힘들다. 그래서 식사 시의 매너, 미국과 영국의 문화, 여성들이 좋아할 만한 가십거리 등등을 연구하는 데에 상당한 에너지를 쏟아부어야 했다.

Spring Import Fair 1987

1987년 4월이 되자 본사에서 미국 스프링 페어에 참가하라는 지시가 떨어졌다. 미국 본사에서는 이런저런 수입박람회를 수시로 열곤 하는데, 이번 Spring Fair는 잡화류만 취급하는 전시회였다. 의류 전시회는 섬유류는 섬유로 대로, 가죽 의류는 가죽 의류대로 각각 따로 개최한다.

미국 바잉오피스들의 작업 패턴은 대략 이렇게 진행된다. 봄과 가을로 미국에서 바이어들이 내한하여 이런저런 상담을 벌인다. 어떤 제품은 새로 개발을 요구하기도 하고, 또 다른 제품은 기존의 품목을 변경하기도 한다. 이렇게 하여 만들어진 샘플을 여름에 컨테이너로 미국으로 보내면, 가을에 그것들을 전시해 놓고 박람회를 여는 것이다. 제품의 디스플레이는 모두 미국 측 바이어들이 어시스턴트들을 데리고 하고, 우리는 박람회 준비가 다 끝나면 거기에 참석해서 제품의 변경, 가격의 조정 같은 바이어들의 요구에 응해주면 되는 것이다.

본사에서 우리에게 보내는 바이어들은 수입회사의 바이어들이고, 그 임포트 페어에 참가하는 바이어들은 백화점의 바이어들이다. 한국으로 예로 우리가 어떤 수입회사라고 가정하면, 전 세계에서 물건들을 수집하여 놓고 우리들의 거래처인 현대백화점과 롯데백화점 바이어들을 부르는 식이다. 그러면 롯데백화점 부산점 바이어는 이것 몇 개 저것 몇 개, 서울 명동점의 바이어는 저것 몇 개 이것 몇 개, 하면서 품목과 수량을 결정하는 것이다. 그러면 그 취합된 수량이 우리에게 보내져서 각 공장에서 생산하는 방식이다. 그러므로 Spring Fair에 전시되는 품목은 그해 가을~겨울 상품이 되고, Fall Fair에 전시되는 품목은 이듬해 봄~여름에 팔 제품이 되는 것이다.

모두 미국 출장을 가고 싶어 하지만, 회사에서는 경비 문제 때문에 바이어 측의 강력한 요청이 있거나 꼭 필요한 경우가 아니면 담당자를 보내려고 하지 않는다. 그러나 나는 미국회사에 있는 5년 내내 일년에 두 차례씩 임포트 페어에 참가하는 행운을 누렸다.

FWC그룹의 Spring Import Fair 1987은 뉴저지주의 세카커스라는 동네의 메도우랜드 힐튼(Meadowland Hilton) 호텔에서 열렸다. 허드슨강을 바로 옆에 끼고 지어진 이 호텔은 전시회에 특화된 호텔이었다. 아침에 눈을 뜨면 허드슨 강에 한가히 다니는 배들도 보이고 가끔 낮게 날아다니는 비행기도 보이는 아주 한적한 호텔이었다. 전시회 날짜가 되자 이른 아침부터 사람들이 모여들기 시작하였다. 그중 대다수가 여자 바이어들이었다.

나는 거기서 그들의 전시회 문화, 회의 진행 매너, 협업과 토론 과정 등, 미국 사회를 형성하고 있는 많은 것들을 배울 수 있었다. 우선 시간에 철저했다. 늦는 사람을 거의 볼 수가 없을 뿐더러, 진행도 단 1분도 늦고 빠르지 않게 항상 정시에 시작하고 정시에 끝났다. 또한 그런 공식적인 행사에는 언제나 정장이었다. 운동화를 신고 오는 사람을 한 명도 보지 못했다. 토론 과정에서도 발표자가 하는 말에 이의를 제기하는 경우라도, 아주 예의 바르게 하는 것이 특히 인상적이었다. 회의 도중 벌떡 일어나서 "무슨 말 같지 않은 소리냐?"와 같이 언성을 높인다거나 얼굴을 붉히는 경우가 거의 없었다. 이의를 제기하더라도, "좋은 생각인데, 내 생각은 이러이러하다."라면서 자기 의사를 개진하는 경우가 대부분이었다.

본사에서 출장은 보통 8일을 주는데, 처음 4일은 전시회에서 일을 보고, 나머지 4일은 이곳저곳 관광하도록 배려해 준다. 나는 뉴저지에서 회사 일이 끝난 후 뉴욕 관광에 나섰다. 작년에 이어 두 번째의 뉴욕 방문이었다.

돌아오면 출장보고서를 쓰도록 되어 있었다. 나는 전시회에서의 업무 실적 이외에도 뉴욕 시내를 돌아다니면서 내가 보고 느낀 것을 소상히 썼다. 보통 다른 사람들의 보고서는 기껏해야 A4 2쪽 정도인데, 나는 장장 8쪽짜리 보고서를 만들었다. 뉴욕 번화가의 매이시, 메이, 몽고메라, 월마트 등등의 유통업체를 돌아다니면서 점원들에게 물어도 보고 고객들의 움직임도 눈여겨보아서, 일종의 시장동향에 관한 종합보고서를 올린 것이었다. 며칠 후 지점장님이 나를 불러서 함께 점심을 먹자고 했다. 나의 보고서를 받아본 도쿄 본사의 미국인 회장으로부터, "다니엘에게 꼭 수고했다는 격려의 말을 전해주라."는 메시지가 왔다는 것이었다.

본사에서는 나의 보고서를 받고는 입이 딱 벌어졌단다. 지금까지 여러 지사에서 온 보고서는 거의 다 전시회 실적이 어떻고 하는 천편일률적인 말뿐이었는데, 나의 보고서는 전혀 차원이 다른 것이라는 평가였다. 내가 개인 휴가 일정을 그냥 놀러만 다니지 않고 이곳저곳을 돌아다니면서 나의 품목들이 앞으로 어떻게 될까? 또는 앞으로는 어떤 품목들이 전망이 있을까?를 물어보며 연구한 노력을 회장님이 알아보아 주신 것이었다. 그 일로 인하여 나는 더욱 회사에서, "없어서는 안 될 인재"라는 평가를 받게 되었고, 입사 불과 6개월 만에 어느 직원에도 꿀리지 않는 탄탄한 지위를 확보한 것이었다. 사우디에서 무려 5년 동안을 미국인 변호사 밑에서 영문 보고서를 만들어 제출한 경험이 알게 모르게 나에게 실력으로 축적되어 있었던 셈이다.

1987년 9월, 나는 인민재판을 보았다

1987년 6.29선언이 발표된 후, 그동안 억눌려 있던 노동자들의 불만이 표출되었다. 나의 거래처들이 밀집해 있던 부평, 인천 지역에서도 파업과 쟁의가 격렬하게 일어났는데, 내가 직접 목격한 현장을 가감 없이 소개할까 한다.

8월 여름휴가를 마치고 회사에 돌아와서 10월에 있을 1987 Fall Import Fair의 샘플 준비 상황을 점검하고 있을 때였다. 신문 지상을 통하여 인천 쪽에서도 파업이 심각하다는 이야기를 듣고 있었던 터라, 나는 휴가를 가서도 수시로 공장에 전화로 샘플 준비 상황을 체크하고 있었다. 몇 개의 공장 쪽에서는 파업의 어려움이 있지만, 그런대로 준비는 잘하고 있다는 대답이 돌아왔다. 그래도 날이면 날마다 신문에 파업이 심각하다는 보도가 나오는 때라 나는 현지를 직접 방문해 보기로 했다. 샘플 물량이 제일 많이 몰려있는 인천의 양식기 회사에 전화하니 공장장이 전화를 받았는데, "사장님은 지금 통화가 곤란하다."는 것이 아닌가. 무언가 이상한 느낌이 왔다. 그곳 말고도 소규모로 샘플이 걸려있는 공장들이 걱정되어서 나는 현지를 직접 방문해 보기로 했다. 1987년 9월 초순이었다.

부평을 지나서 공단 입구에 도착하자 입구에서부터 그 분위기가 아주 살벌했다. 큰 양식기 업체의 본 공장을 올라가는 길목에는 여러 개의 소규모 공장들이 밀집해 있었다. 공장 골목의 입구에서부터 붉은 글씨로 "XXX죽여라!" "XXX는 흡혈귀!", "단결" "쟁취" "투쟁" "노동자 생존권 쟁취" "투쟁만이 살길이다." 등등의 구호가 너저분하게 쓰어 있었다. 작은 도로를 따라 가면서 보니 양옆의 공장 문들은 거의 다가 쇠사슬로 줄이 처져 있어 정상적인 출입이 힘들었다. 공장 마당에 있는 사람들도 마치 무슨 운동회라도 하는 듯 모두 머리에 붉은 띠를 두르고 있었다.

내가 도착한 시간은 오후 4시 경이었는데, 공장 안으로 들어가려고 하자 직원이 차를 제지했다. 그 공장을 여러 차례 방문하였던지라 낯이 익은 직원이었다. 그 직원은 눈을 부라리며 나를 보고 누굴 만나러 왔느냐고 했다. 공장장님을 만나려고 한다고 하자, 주변에서 서성이던 다른 공원들과 몇 마디를 주고받더니 길을 터주는데, 그 태도가 아주 불량하기 짝이 없었다. 영화 〈디어 헌터〉의 베트남 사람들 같다는 생각이 언뜻 들었다.

공장 내부에도 여기저기 광목으로 된 붉은 글씨가 붙어 있고, 각목, 깡통 같은 것들이 마구 널려있었다. 옆의 2공장에서는 와! 와! 하는 함성이 계속 터져 나왔다. 공장 안의 분위기는 그야말로 폭격을 맞은 집 같았다. 기자재며 온갖 집기들이 마구 어질러져 있는 것이, 이게 얼마 전에 보았던 그 공장인가? 하는 생각이 들었다.

공장장실 앞을 지키고 있던 두 명이 길을 터주어서 공장장실에 들어갈 수가 있었다. 그런데 거기에는 뜻밖에도 사장님도 함께 계셨다. 우리나라에서 1, 2위를 다투는 양식기 제조업체의 사장님과 공장장님이 수염이 텁수룩하고 초췌한 모습으로 앉아있다가 나를 보더니 반색하며 손을 움켜잡는 것이었다. 다른 업체에서는 전화만 오고 모두 겁을 먹고 접근을 꺼리는데, 최 과장은 용기 있게 여기까지 오셨단다. 주변을 둘러보니 공장장의 책상 옆으로는 야전침대 두 개가 놓여 있었다. 아마도 여기서 숙식을 해결한 모양이었다. 사무실 구석구석에는 치우지 않은 자장면 그릇들과 휴지 조각 같은 것들이 아무렇게나 널려있었다.

사장님은, 자기네들은 지금 사흘 동안 집에도 들어가지 못하고 있다며 울분을 토해냈다. 그러면서 종업원들이 그럴 줄 몰랐다며 흐르는 눈물을 손등으로 닦았다. 그러자 처남인 공장장이 또 옆에서 함께 훌쩍거리면 울어댄다. 자기네들이 온갖 정성을 다 기울여서 어려운 여건 속에서도 업체 최고의 대우를 해준다고 해왔는데, 파업의 광풍이 불어닥치니 이건 대책이 없다는 것이었다. 순식간에 돌변한 그네들을 보고 있자니, 마치 북한에서 몰래 잠입해 온 폭도들이 폭동을 주도하고 있다는 생각이 들 정도로 근로자들이 과격해졌다고 했다. 종업원들의 요구사항은 300%의 특별상여금을 당장 내놓으라는 것이란다. 그밖에 이런저런 요구사항들이 많지만, 그것만 관철되면 당장 파업을 풀겠다고 한다는 것이었다.

그러면서 사장님은 근처의 다른 공장 상황을 설명해 주었다. 원래 여기 사람들은 그렇지 않았는데, 서울의 무슨 노동조합인가 하는 본부에서 몇 명을 내려보내더니 이렇게 파업이 과격해졌다고 했다. 집에 못 들어간 지가 벌써 사흘째라고 했다. 사장님이 집에 가서 이곳저곳에 알아봐야 돈을 마련하든지 말든지 할 것 아니냐고 해도, 그네들은 막무가내로 당장 각서에 사인을 해야만 보내준다는 것이다. 그런데 만약 거기에 사인을 하면 자기는 그날로 망한다며 이런 경우는 없다고 했다. 300명에게 300%씩 상여금을 얹어주면 한 달에 무려 4개월 치 월급을 주어야 하는데, 그건 아무리 집을 팔고 돈을 끌어모아도 감당할 수 없다는 이야기였다.

더욱 분통이 터지는 것은 공권력이 개입을 해주어야만 하는데, 구청이건 노동청이건 그냥 강 건너 불구경한다며 이럴 수가 없다고 책상을 두드리면서 울분을 토했다. 자기네들은 그래도 조금 형편이 나은 것이라고 했다. 그 옆 공단의 도금 공장 사장은 종업원들이 개새끼, 소새끼 하면서 욕을 해대고 앞으로 끌어내서 강제로 잘못을 시인하게 하고 노래를 시키는 등, 온갖 모욕을 다 주어서 결국 그걸 참지 못하고 밤에 목을 매달아서 죽었다고 했다. 그런데 더욱 분통이 터지는 일은, 어느 신문도 그걸 제대로 보도해 준 곳이 없다고 했다.

나는 이분들의 고충을 진정으로 이해한다. 당시 그 옆에 있는 공장 사장님은 인정이 아주 많은 분이었다. 나보다 열 살 정도 많은 전남 해남 출신이었는데, 구리 장식 주방용품을 제조하고 있었다. 구리 주전자, 구리 프라이팬, 구리 찻잔, 구리 벽걸이 장식을 만드는 종업원 15명 남짓의 아주 작은 규모의 공장이었다. 가끔 인천에서 함께 술을 마실 때면 자기 집에서 자고 가라고 간청하여 한 번은 거기서 자고 온 적도 있었다. 사모님은 그냥 집에서 살림만 하시는 분으로 된장찌개를 얼마나 맛나게 끓여주셨던지, 나는 그분들의 고마움을 잊을 수가 없다. 그 사장님은, 자기는 평소에 직원들에게 잘해주어서 그랬는지, 공장 철문과 담벼락이 망가진 것이 전부일 정도로 상당히 양호한 편이라고 했다. 그래도 이번 사태를 겪으면서 더 이상 사업을 하고 싶은 마음이 없어졌다며 울분을 토해냈다. 벽에다 자기 이름과 욕을 써댄 것을 도저히 참기 힘들어 지난 며칠 동안은 차라리 모두 정리하고 고향에 내려가서 농사를 지을까도 생각했단다.

그런데 그 자살하여 죽었다는 분의 도금 공장이 바로 그 옆이었다. 양식기공장에서 자기네들의 제품공정을 설명할 때 마지막 도금 공정을 함께 보자면서 나에게 그 공장을 견학시킨 일이 있어서 한 번 가본 적이 있다. 역한 화공약품 냄새가 코를 찌르는 곳이었다. 아마도 작업환경이 내가 가본 곳 중에서 가장 열악하지 않을까 싶었다. 한편으로는 그곳 종업원들의 심정도 이해는 간다. 그렇다고 해서 자기들이 모시고 있던 사장님을 그렇게 모욕을 주고 결국 죽음으로까지 가게 해서야 되겠는가? 월급날이면 직원들 월급 마련에 이리 뛰고 저리 뛰고 하던 분들을. 두고두고 아쉬움이 남는 1987년의 9월이었다.

뇌물은 사람을 망친다

비록 직원이 40명밖에 되지 않지만, 수출 규모로 보면 400명 직원의 한국 회사와 비교하여도 전혀 뒤지지 않는 조직이 바로 내가 몸담은 바잉오피스였다. 물동량이 엄청 많다 보니 선사에서는 서로 자기 거래처로 만들려고 경쟁이 치열하였다.

우리 회사는 선적팀에 세 명이 있었는데 배송업체를 결정하는 모든 권한은 팀장이 갖고 있었다. 그 팀장은 나와 같은 또래로 서강대 철학과를 나왔는데 아버지가 목사였다. 이 친구는 가끔 술자리가 있으면 봉제완구 담당인 외대 영어과 출신 정 과장과 나를 불렀다. 수출 물량의 거의 절반이 봉제완구였기에 컨테이너 선사에서 그 둘을 자주 정대했는데, 그 친구들 덕분에 나도 두어 차례 따라간 적이 있었다.

접대는 언제나 강남의 호프집에서 시작하였다. 1차로 맥주를 몇 잔 마시고 나면 2차는 고급 노래방이거나 룸살롱이었다. 그건 나와 생리도 맞지 않기에 나는 그런 데서 술을 얻어먹어도 영 불편하기만 하였다. 그런데 2차를 가면 이 친구가 하는 노래가 딱 정해져 있었다. 술에 잔뜩 취해서 부르는 노래는 언제나 찬송가였다. 술이 거나해서 목을 길게 뽑고 "내 주를 가까이 하려함은~"을 부를 때면 이걸 따라 불러야 할지 아니면 말려야 할지, 참으로 난감한 상황이 벌어지곤 하였다. 아마도 아버지가 목사라는 데에 대한 반감이 가슴속에 숨겨져 있었던 게 아닌가 하는 생각이 들었다.

사무실에서 보면, 이 친구는 일주일에 두세 차례 정도는 피곤한 표정으로 책상에 앉아 있거나 꾸벅꾸벅 졸기 일쑤였다. 그런데 어느날 아침에 출근하여 보니, 그야말로 초대형 사고 소식이 기다리고 있었다. 이 친구가 죽은 것이었다!

사고의 과정은 이랬다. 그날도 선박업체 사람들과 강남에서 술을 잔뜩 마시고 12시가 다 되어서 강북의 집으로 돌아오고 있었단다. 그런데 택시가 반포대교에서 중앙선을 넘어 반대편에서 오던 차와 정면으로 충돌한 것이었다. 그 당시만 해도 반포대교건 어느 다리건 중앙분리대가 설치되어 있지 않았을 때였다. 그 친구는 현장에서 즉사하였다.

장례식장에 직원들과 함께 조문을 가보니, 아버지라는 목사님이 아주 침통한 표정으로 넋이 나가 앉아 계셨다. 그런데 잠시 후에 문상객 한 분이 조문을 와서 함께 앉았는데, 김영삼 총재의 측근이라고 알려진 김덕룡 의원이었다. 두 분이 나누는 말로 미루어보아 평소에 매우 가까운 사이인 것 같았다.

우리 직원들 모두는 의정부 어딘가에 있는 공원묘원까지 따라갔다가 돌아왔다. 그러나 아무리 조문을 한들 죽은 사람이 살아서 돌아올 리도 없는 일이고, 돌이켜보면 참으로 허망한 죽음이 아닐 수 없다. 평소에 장지갑을 꺼내어 10만 원짜리 자기앞 수표로 자랑스레 밥값을 내던 그 친구는, 그렇게 서른일곱인가 하는 나이에 허망하게 세상을 떠났다. 나는 그 친구의 죽음을 보면서 진리 하나를 터득했다.

"이익을 탐하는 자는 자기 집을 해롭게 하나,
뇌물을 싫어하는 자는 살게 되느니라."

- 잠언 15:27

미국 어느 장로님의 환대

1989년 봄에 또 미국 출장을 갔다. 이번 출장은 Import Fair 참관차 간 것이 아니라 국내 문구류 거래처인 양지사와의 수출 협업 과정의 일환으로 미국 바이어 본사를 방문하기 위하여 마련된 출장이었다. 본사에서는 그 1년 전에 미국에서 제일 큰 문구류와 종이 제조업체인 미드 프로덕트라는 회사를 신규 거래처로 확보하여 활발한 거래가 진행되고 있었다. 이번 출장은 새로 개발한 제품 몇 종을 선보여서 더 많은 주문을 받아내려고 합동 세일즈팀을 꾸린 것이다. 양지사 측에서는 대표이사가, 우리 측에서는 부장님과 내가 가기로 하고 몇 차례의 협의를 거쳐 준비를 마쳤다.

미드 프로덕트의 본사는 오하이오주의 데이턴이라는 도시에 있었다. 세 군데 회사의 일정을 조율하다 보니 3일의 휴가를 먼저 쓰고 정작 상담업무는 뒤에 하기로 되었다. 토요일에 뉴욕에 도착하여 센트럴파크 인근의 호텔에 머물며 이곳저곳을 둘러보았고, 그다음 날은 양지사 사장님의 친구가 다니는 교회에서 함께 예배를 보기로 했다.

11시 예배에 늦지 않게 택시를 타고 퀸즈 지역에 있는 퀸즈한인장로교회를 갔다. 목사님이 성경 본문을 낭독한 후, 우리들을 소개하면서 특송을 부탁하셨다. 우리들은 예배 시간 전에 잠시 연습한 대로 찬송가 369장 '죄짐맡은 우리 구주'를 불렀다. 미리 연습한 세 명이 베이스, 테너, 앨토를 맡고 나는 멜로디를 했다. 세 명 모두가 안수집사들이니 각자 파트 별로 아주 잘 불렀다. 예배에 참석한 200여 명의 성도들은 특송이 끝나고 한참 동안을 한목소리로 "아멘, 아~멘!" 하면서 힘차게 박수를 보내주었다.

미국 출장을 몇 차례 가보니 교포들이 한국 사람들을 만나는 유일한 장소가 자기네들이 사는 지역의 교회라는 사실을 알게 되었다. 교회가 우리로 치면 어른들의 사랑방이요, 아이들의 배움터이자 놀이터 역할을 하는 셈이다. 보통 교포들은 교회에 오기 전에 집에서 장만한 음식과 반찬을 조금씩 들고 온다. 그렇게 갖고 온 음식과 교회에서 준비한 음식이 합쳐지면 훌륭한 부페가 마련되는 것이다. 그걸로 아침도 먹고 점심도 먹는다. 모두가 바쁘게 살다 보니 동포들과 어울려 지낼 수 있는 유일한 날이 바로 주일날이다. 그날만큼은 아이들도 교회학교에서 선생님들의 지도를 받으며 친구들과 어울리며 지낸다.

그런데 점심 식사 자리에서 한 분이 자기 집으로 저녁 식사 초대를 하는 것이 아닌가. 그 장로님은 그 교회에서 중책을 맡고 계신 분이라고 했다. 아쉽게도 양지사의 사장님은 친척 집에 가야 한다고 해서 안되고, 그 친구인 안수집사님도 내일의 장사 준비 때문에 못 간다고 했다. 그 사람은 브루클린 지역에서 신발 장사를 하고 있었다.

저녁에 적어준 주소로 택시를 타고 근처에서 조그마한 선물을 사 들고 갔다. 장로님의 집은 3층짜리 건물의 3층이었는데, 집에 들어서면서부터 고기를 굽는 냄새가 풍겨 나왔다. LA갈비를 굽고 있던 사모님이 행주치마에 손을 문지르면서 우리를 반갑게 맞아주셨다. 아파트는 우리네로 치면 30평이 될까 말까 하는 규모였다. 거실에 들어서니 그야말로 상다리가 부러진다는 말이 바로 그런 풍경이 아닐까 싶은 생각이 들 정도로 푸짐한 식탁이 우리를 기다리고 있었다. 아마도 교회에서 돌아오자마자부터 온 식구가 동원되어서 준비한 모양이었다.

장로님이 가족을 하나하나 소개해 주었다. 사모님과 딸 둘에 아들 하나, 이렇게 모두 다섯 식구였다. 모두가 음악 가족으로 큰딸은 줄리어드음대에서 성악을, 둘째 딸은 뉴욕음대에서 바이올린을, 그리고 막내아들은 맨해튼음대에서 피아노를 공부하고 있다고 했다. 솔직히 나는 그날 LA갈비를 처음 먹어 보았다. 요즘은 우리나라에도 흔한 게 LA갈비이지만, 그때까지만 해도 나는 소고기라면 그냥 불고기가 전부인 줄로만 알았다. 장로님이 기도를 해주시고 식사를 아주 맛있게 먹고 나자 삼 남매가 우리를 위하여 노래를 부른다. 그때 들은 노래의 곡명이 무엇이었는지 잘 기억나지 않는데, 어쨌든 대단한 실력이라는 생각이 들었다.

노래가 다 끝나고 장로님께서 딸들과 아들의 녹음 테이프를 두 개씩 주었는데, 거기에는 '삼남매1집' 그리고 '삼남매2집'이라는 타이틀이 붙어 있었다. 이들은 미국에서 상당히 유명한 복음성가 그룹이라고 했다. 바이올린 솜씨도, 피아노 솜씨도, 그리고 성악 솜씨도 최고였다. 세계 최고의 명문대학에 다니는 수재들이 공연히 그런 찬사를 받는 것이 아니라는 사실을 절감했다. 그날 저녁은 그야말로 '감동의 시간'이었다.

나는 귀국 후에 차를 운전하고 다니면서 그 테이프를 수백 번도 더 듣고 다녔다. 그중에서도 내가 가장 즐겨들었던 곡은 '예수 그 이름'이라는 곡이었다. 그날 밤 장로님 댁에서의 환대는 내가 그 후 세상을 살면서 다른 사람들, 특히 믿음의 식구들을 대하는 기준이 되었다. 그건 "만약 타인을 섬기려면 최소한 그 정도는 해야 한다."는 묵언의 가르침이었다.

그 후 10년의 세월이 흘러 내가 47살부터 52살까지 5년 동안 서울 서소문동의 예닮교회에서 청년부장을 맡았을 때 아내와 함께 열정적으로 100여 명의 청년들을 섬기며 오로지 '주기만 한' 이유도 바로 그 장로님의 가르침 덕분이었다. 그 이야기는 뒤에서 자세히 하겠다.

미국은 살 만한 나라인가?

나는 미국 출장을 갈 때마다 업무가 끝나면 호텔에서 머무르지 않고 한국 사람들 집에서 묵거나 아니면 미국인 친구 집을 방문하곤 했다.

그 목적은 그들의 생활 실태를 직접 보고자 함이었다. 내가 사우디에 있을 때부터 미국에 있는 처가 쪽 식구들이 우리도 미국에 와서 살라는 식으로 미국으로의 이민을 권하곤 했다. 가운데 처형네가 LA에 살고 있고, 처제도 그 옆에서 살고 있으며, 거기서 멀지 않은 곳에 큰언니네 아들 두 명도 살고 있었다. 그래서 나는 실제로 그들의 삶이 한국에서의 삶보다 좋은지 어떤지를 직접 체험해 보고 싶었다.

세 번째 출장 때였나? 미국인 할아버지 케니 박사에게 연락해 보니 자기는 지금 텍사스에 있지 않고 플로리다주의 템파 별장에 머무르고 있다면서 올 수 있으면 와서 며칠 쉬다 가라고 한다. 한밤중에 템파 공항에 도착해보니 시골 간이역 같은 분위기였다. 케니 박사가 차로 픽업해 주어 차로 거의 한 시간을 가니 그의 별장이 나왔다. 오면서 아무도 없는 산길에 신호등이 있었는데, 거기에 빨간 불이 들어오자 케니 박사가 한참을 서있던 광경이 참 이상하다는 생각이 들었다. 무엇 때문에 사람도 없는데 이렇게 한참이나 서 있을까? 그때만 해도 우리나라에서는 안전벨트는 있어도 매지 않고 신호등도 보는 사람이 없으면 그냥 지나치곤 하던 때였다.

별장들은 멕시코만을 끼고 띄엄띄엄 있었는데, 한 집 한 집마다 모터보트 한 대에 요트가 한 대씩 매어져 있었다. 아침에 케니 박사와 모터보트를 타고 멕시코만으로 낚시를 떠났다. 케니 박사는 500m 정도를 가다가 낚시를 드리우고 해 보다가 또 조금 더 가고, 계속 그런 과정을 반복하며 점심때가 되어서는 넓은 바다 한가운데까지 나왔다. 멕시코만은 바다 색깔이 약간 붉은 색을 하고 있었는데 물은 아주 맑았다. 한 2~3m의 깊이가 아닐까 싶을 정도로 밑으로 돌아다니는 물고기들이 훤히 다 보일 정도였다. 자세히 살펴보자니까 커다란 거북이 너울너울 춤을 추며 모터보트 옆을 헤엄쳐 가고 있었다. 바다에는 군데군데 고목 나무들이 죽어있었는데, 그 위에는 펠리칸 수백 마리가 새하얗게 앉아 있기도 하고 날아다니기도 했다. 고기는 심심치 않게 올라왔다. 싱싱한 새우를 미끼로 사용해서 그런지 30cm 전후의 고등어같이 생긴 고기가 주로 낚였다. 케니 박사는 내가 잡으면 자기 손에 대보고 손바닥보다 작으면 바다에 던지고 크면 어망에 담곤 하였다.

별장에 돌아와서 아침에 물속에 담가 놓은 통발을 들쳐 올려보니 손바닥 크기의 게가 5~6마리 들어 있었다. 우리들은 잡은 고기를 튀겨서 먹었다. 미국 사람들은 생선을 먹어도 삶거나 튀겨서 먹곤 한다.

반면에 한국 사람들은 어떤가? 내가 일부러 호텔 대신 교포들에 집에서 지낸 이유는 그들의 실생활을 느껴보기 위함이었다. 춘천 큰 동서와 절친인 약사 부부가 있었다. 춘천에 자주 가다 보니 그들의 동생 부부와도 안면이 생겼는데, 몇 년 전에 그들이 미국으로 건너와서 퀸즈 지역에서 살고 있었다. 뉴욕은 아주 크게는 맨해튼, 브롱스, 브루클린, 퀸즈, 롱아일랜드 등의 몇 개 지역으로 나뉜다. 〈위대한 개츠비〉의 배경이 되는 롱아일랜드가 아주 부자들이 사는 동네를 대변한다면, 퀸즈는 대표적인 한인 밀집 지역이다.

그분은 작은 리커스토아(liquer store)를 운영하고 계셨다. 미국인들은 주로 병술을 사서 집에서 술을 마신다. 리커스토아란 그런 병술을 파는 가게인데 거기서는 복권도 팔았다. 가게의 안과 밖은 방탄유리로 차단되어 있었다. 방탄유리 밖에서 손님이 주문하고 타원형으로 뚫린 유리 안으로 돈을 넣으면, 안에서 술이나 복권을 내주는 방식이다. 그분이 일하는 몇 시간 동안 나는 옆에서 유심히 지켜보았다. 미국 이민을 오면 이런 일을 하게 될 터인데, 과연 이게 나나 아내에게 적합한 일일까? 하는 의문을 품고 살펴보는 것이다.

그런데 재미있는 일은 금요일 저녁이면 가게 앞에는 복권을 사려는 흑인들로 바글거린다. 그중에는 무언가를 브래지어 속에서 꺼내 보이며 서로 히죽대는 여자들도 있다. 그 형님이, "저년들 저 앞 마트에서 훔쳐 온 걸 자랑하는 거야."라고 설명해 주었다. 한국인들은 흑인 지역을 꺼린다. 범죄가 많기 때문이다. 그런데 자기는 오히려 여기가 장사에 더 편하다고 했다. 위험한 것 말고는 흑인들이 순박하고 단순하다는 것이다. 그러면서 백인 지역에서 수퍼를 운영하던 친구의 이야기를 해주었다. 어느 날은 백인 노부부가 와서 진열된 포도를 하나하나 따먹고 있더란다. 그래서, "이건 상품인데 그렇게 먹으면 어떡하냐?"고 항의했더니, "너 우리 동네에 와서 돈 벌어 먹고살지 않느냐?"며 윽박지르더라는 것이었다.

그 형님의 집에서 두세 번 신세를 졌다. 그 형님이 사는 집은 40년도 더 된 아주 오래된 아파트였다. 네 집이 빙 둘러있고 가운데에 엘리베이터가 있는 구조였다. 한번은 아침에 그 형님 내외와 함께 엘리베이터를 탔는데 정말로 기겁할 뻔했다. 그 엘리베이터는 요즘 우리나라 공사장에서 쓰는 화물용 승강기와 비슷했다. 중간에서 엘리베이터가 멈추고 노인네가 타는데 그야말로 송아지만큼이나 큰 개와 함께 타는 것이 아닌가. 아마도 산책을 가는 모양이었다. 그 형님이, "미국 사람들은 저렇게 아파트에서 개와 함께 산다."고 설명해 주었지만,

나는 그들의 문화를 도저히 이해할 수 없었다. 요즘은 우리나라도 개와 함께 지내는 문화가 많이 보편화되어 있었지만, 1980년대 당시에는 충격이었다.

나는 낮에 하루 종일 뉴욕 맨해튼의 42번가와 브로드웨이 등지를 쏘다니면서 시내 관광을 했다. 뉴욕 시내는 그 자체로도 볼거리가 무궁무진하다. 한참을 걸어서 바닷가에 정박해 있는 항공모함 박물관을 갔다. 3만 6천 톤급으로 태평양전쟁 때 맹활약을 펼쳤던 인트레피드라는 항공모함을 퇴역 후 뉴욕 맨해튼의 허드슨강으로 끌고 온 것이다. 실제 항공모함을 박물관으로 개조하였기에 남자들의 구경거리가 참으로 많았다. 나중에 아들이 크면 꼭 데리고 오겠다고 다짐했는데, 아직 함께 가보지는 못했다.

밤이 늦어서 둘이 퇴근하면서 집에 가까이 오자 옛날의 기억이 생각났는지 그 형님이 자기의 천 가방에서 무언가를 꺼내 보여주었다. 권총이었다. 그 형님은 2년 전에 바로 그 장소에서 흑인으로부터 테러를 당했다고 했다. 12시가 다 됐는데 덩치 큰 흑인이 달려들더니 그냥 짓밟으며 폭행하더라는 것이다. 자기는 그 밤에, "아, 내가 여기서 죽는구나."라는 생각이 들더란다. 그래도 돈가방만큼은 꼭 움켜잡고 놓지 않았단다. 그런데 하늘이 도왔는지 행인 두 명이 지나가면서 소리를 지르자, 그 흑인은 돈가방을 포기하고 도망갔다고 했다. 그때부터 자기는 총기를 휴대하고 다닌다는 것이었다.

그 밖에도 조카들이 하는 주유소 아르바이트에도 함께 있어 보았고, 세탁소를 운영하는 사람의 세탁소에도 몇 차례 가보았다. 1991년 가을 내가 미국회사를 그만둘 때까지 고민하다가 내린 결론은, "미국은 내가 살 곳이 아니다."였다.

보스턴 공항에서 대만 여자 담당자와 싸운 이야기

미국회사에 입사한 지 5년 차인 1991년 Spring Import Fair에 참가하였는데, 이번 페어의 미션은 두 가지였다. 하나는 통상적인 전시회에서 바이어들을 돕는 일이고, 또 하나는 전시회가 끝나면 그 샘플 중 일부를 회수하여 보스턴으로 이동하여 또 다른 소규모 전시회를 여는 일이었다. 본사에서는 미국 내에서 상당한 규모의 양판 체인인 마샬스라는 업체를 신규 거래처로 끌어들였다. 그래서 우리 전시회 참가 요원들에게 각자의 샘플 중 좋은 것들을 선별하여 보스턴으로 이동하라는 명령을 한 것이었다.

마샬스는 미국 전역에 1천여 개의 점포를 갖고 있는 양판점으로 보스턴 외곽에 대학교 건물 비슷한 시설을 본사 사옥으로 쓰고 있었다. 우리들은 그곳 직원의 안내를 받아 하루 종일 동안 작업하여 몇 개의 방에 쇼룸을 제법 멋지게 꾸몄다. 다음날부터 마샬스의 직원들이 방문하여 우리들과 상담을 벌였다. 이틀에 걸친 작은 전시회는 꽤 성공적이었다. 일본에서는 고급 도자기류와 사케 병, 대만에서는 각종 크리스마스 트리 장식품, 한국에서는 스테인레스 주방용품, 홍콩에서는 실내 장식용품, 필리핀에서는 대나무 세공품, 싱가폴에서는 각종 티, 인도네시아에서는 저가의 도자기 제품 들을 전시하였다. 이렇게 7개국, 8개 지사(일본은 도쿄, 오사카)에서 가지고 온 제품들로 전시회를 잘 마치고 현장에서 즉석 주문도 상당히 많은 양을 받았다. 마샬스는 한 점포에서 하나씩만 팔아도 기본이 1천 개나 되니 실로 그 물량은 엄청난 것이었다.

뉴저지와 보스턴에서의 모든 공식적인 업무를 끝내고 나흘 간의 휴가를 위해 뉴욕으로 떠나려고 보스턴 공항에 도착하였다. 여섯 명은 먼저 이곳저곳으로 떠났고, 나와 대만 지사의 여자 담당자만 남아서 뉴욕행 비행기를 기다리고 있을 때였다. 대만 직원이 다짜고짜 나에게 시비를 걸어오는 것이었다.

"야, 다니엘, 너에게 할 말이 있어."

"뭔데?"

"네가 도대체 뭔데 우리한테 이래라저래라 지시하냐? 우리가 언제 너를 우리 그룹 출장팀의 리더로 뽑았냐?"

그녀는 나보다 다섯 살 정도 어렸는데, 사람들로 북적거리는 공항에서 나에게 소리소리 지르며 달려드니 이건 여간 난감한 게 아니었다.

"내가 언제?"

"네가 왜 우리에게 저녁 먹으러 여기로 가자, 저기로 가자, 몇 시까지 어디로 모여라 마라 이런 지시를 하느냐. 우린 너를 대장으로 세운 적도 없어. 도대체 네까짓 게 뭔데."

곰곰이 생각해 보니 여덟 개 지사에서 각자 한 명씩 왔으니 그중 누군가는 리더 역할을 해야만 하지 않는가. 그래야 바이어들도, "코너 그룹(우리 회사의 공식 명칭) 직원들은 단합도 잘되고 서로 친하게 잘 지내더라."는 평가를 할 것이 아닌가 말이다. 그래서 내가 나이로 보면 제일 연장이고 또 일본지사와 홍콩지사에서 온 친구들은 벌써 여러 번 만나서 나를 형처럼 잘 따르다 보니까 자연스럽게 내가 일과 후 일정을 주도했을 뿐이었다. 그런데 대만, 인도네시아, 싱가폴에서 온 여자

세 명은 아마도 자기네들끼리만 따로 어울려서 다니고 싶었던 모양이었다. 그 불만을 둘이 남게 되니까 나에게 퍼붓는 것이었다. 대만 남자들은 절대로 여자들에게 그렇게 무례하게 굴지를 않는단다. 항상 여자를 떠받든다는 것이었다.

이 여자는 키는 작지만 아주 다혈질이었다. 사람들이 보거나 말거나 그냥 소리소리 지르며 손가락질까지 해가면서 나를 몰아세우는 것이 아닌가. 급기야는 상소리까지 나왔다.

"Daniel, you bastard!"

"Fucking shit!"

"You mother fucker!"

뭐? 쌍놈? 개새끼? 지에미하고 붙어먹어? 이건 더 이상 참을 수 없다. 나도 순간 폭발했다. 욕이라면 사우디에서 포르노 비디오를 100편 이상 보면서 거의 도사 수준까지 익힌 내가 아닌가. 사우디 현장에서는 미국 감독관들을 통해서도 비디오가 공급되지만, 다른 현장과 서로 바꾸어보기도 한다. 마치 그 옛날 어린 시절 동네에서 만화책을 바꾸어보던 것처럼 말이다.

"You asshole~"

"Fucking bitch!"

"You psycho pussy!"

우리가 삿대질에 고래고래 소리까지 지르며 입에서 침을 튀겨대자 지나가던 사람들이 우리 주변으로 잔뜩 모여들었다. 그러자 대만 여자도 자기가 좀 지나쳤다고 생각했던지 수그러들었고, 나도 이대로 계속하다가는 경찰에 잡혀갈 것 같다는 생각이 들었다. 그녀와 헤어지고 나서 뉴욕까지 오는 한 시간 내내 많은 생각이 들었다. 혹시 이것이 문화의 차이에서 오는 문제가 아닐까?

한국은 그때까지만 해도 여직원은 그냥 미스 김, 미스 박이었다. 우리 같은 미국회사에서는 여자가 남자보다 더 많은 봉급을 받을 수도 있지만, 보통의 한국 회사에서는 여전히 여자는 그냥 잡무만 하는 처지였다. 보통 남자들도 전화할 때면, "우리 여직원에게 얘기해 놓으세요." 또는 "여직원이 잘 처리할 거예요." 등등의 말을 했다. 즉, 여직원은 그냥 잡무만 처리하고 전화나 받아주는 그런 존재였던 것이다. 실제로 1980년대까지도 여대생들의 장래 희망 1순위는 여전히 현모양처(賢母良妻)였다. 결혼해서 아이들 잘 키우는 것이 여성의 제일 우선적인 목표였다는 뜻이다. 그날 이후로 나는 여자들에게 좀 더 상냥하고 친절하게 대해주어야 하겠다고 생각했다. 그리고 지금까지 그렇게 행동하고 있다.

"아니, 부장 진급했는데 왜 그만둬요?"

1991년 8월, 부장 진급 발표가 있었다. 우리 부서의 부장님이 개인 사정으로 회사를 그만두자 부장을 새로 임명해야 했는데, 모두가 옆 핸드백 파트의 MR이 진급하리라 예상했었다. 그녀는 바잉오피스 경력도 10년이 넘는 베테랑인 데다가 실적도 많고 또 뒤에서 밀어주는 바이어들도 많았다. 더구나 남편도 미국인이라 영어 회화는 거의 본토박이 수준이었다. 그런데 모두의 예상을 깨고 내가 부장이 된 것이다.

모두가 축하한다고 했지만 나로서는 진퇴양난의 기로에 선 꼴이 되었다. 의류 파트에서는 부장이 되면 밑의 담당자(MR)들을 통솔하는 것이 별다른 문제가 없다. 자기 경력이 쌓여서 부장이 된 것이고, 밑의 담당자들은 자기가 담당자일 때 밑의 보조원이었기 때문이다. 바이어들도 업무 경력이 몇 년 안 되는 MR과 이야기하는 것보다 경험이 풍부한 부장과 이야기하는 편이 더 편하기에, 의류 파트의 부장은 말 그대로 부서를 컨트롤하는 실세였다.

그러나 내가 속한 잡화 팀은 상황이 다르다. 핸드백 팀과 거기서 분리된 악세사리 팀은 내가 맡은 잡화 팀과 옆의 봉제완구 팀에서 완전히 분리되어 서로가 무엇을 하는지, 어떤 제품인지를 전혀 모른다. 더군다나 핸드백 담당자는 베테랑 중에서도 베테랑에 나이도 나와 별 차이가 없었다. 당연히 핸드백 담당자는 반발했다. 그러면서 나의 권위를 무시하기 일쑤였다.

바잉오피스의 부장은 일선의 제품을 담당하지 않는 대신, 바이어들이 오면 함께 따라다니기도 하고 저녁에 함께 식사 자리에 참석하면서 투어에 문제는 없었는지, 앞으로 도와주어야 할 일은 없는지 등등을 살피는 정도의 일을 한다. 업무에서 해방되고 월급은 많다. 그러니 서로 부장이 되려고 하는데, 잡화부서는 서로가 옆 파트의 제품을 모르니 컨트롤이 될 수가 없다. 지금까지 있던 부장님은 그래서 부서원들에게 간섭하는 일은 접어두고, 그냥 조용히 지내던 분이었다. 월급은 일반 MR(Market Representative 영업 대표)보다 훨씬 많으니까 그런대로 부서에 문제만 없으면 그냥저냥 지내기는 편한 직위였다.

핸드백 바이어가 왔다. 국내 최대의 핸드백 업체라는 주식회사 시몬느를 동행했다. 우리 측 바이어, 담당자, 그리고 시몬느 측 담당자가 상담하는 동안 나는 꾸어놓은 보릿자루 신세였다. 저녁에 식사 자리에서도 내가 핸드백의 가죽 특성을 아나, 미국 소비자들의 취향을 아나, 도대체 이야기에 끼어들 수조차 없었다. 그렇게 한 달이 지났다. 월급은 많이 올랐다. 집에서는 좋다고 난리다. 그러나 나는 무언가 결단을 내려야 했다. 이대로 아무런 실권도 없고, 하는 일도 없고, 월급만 받는 것은 내 적성에도 맞지 않는다. 내 밑에는 핸드백 팀 3명, 가죽 악세사리 팀 2명, 봉제완구 팀 3명, 그리고 잡화 팀 2명, 이렇게 모두 10명의 직원이 있었다. 내가 맡은 잡화 팀은 업무량이 많아져서 최근에 이화여대 영문과 출신 직원을 하나 새로 보강한 터였다.

나는 저녁에 나와 제일 친하게 지냈던 정 과장과 함께 술을 마시며 나의 장래를 의논했다. 외국어대 영어과를 나와서 바잉오피스에서만 잔뼈가 굵은 그는 나의 입장을 100% 이해했다. 내가 그만두겠다고 하니까 조금 더 참고 지내면 적응이 될 것이라고 하면서 나를 달래주었다. 나보다 두 살이 아래인 그는 내가 입사하자마자 나와 죽이 잘 맞아서 나에게 많은 것을 가르쳐 주었다. 자기도 이번의 회사 인사가 잘못되었다는 점을 인정하였다. 부장을 따로 둘 것이 아니라 핸드백-악세사리 두 명의 담당자 중 하나를 MR 겸 부장으로 하고, 봉제완구-잡화 두 명의 담당자 중 하나를 MR 겸 부장으로 했으면, 회사 전체로 보아도 인력과 비용 모두를 절감할 수 있었는데, 왜 그랬는지 모르겠다며 나를 달래주었다.

부장으로서 나에게도 여러 가지 권한이 있다. 내가 평가를 나쁘게 하면 급여에서도 불이익을 받을 수도 있을 것이다. 결국은 서로 협조하지 않을 수 없게 될 것이다. 며칠을 고민했다. 입사한 지 꼭 5년이 된 9월이 왔다. 나는 과감히 회사에 사표를 던졌다. 있으나 마나의 부장으로 월급만 축내는 그런 직책에는 더 이상 있기 싫었다. 회사에서 지점장님은 뜻밖이라는 듯 나를 달랬다. 본사에서도 내가 보는 시야가 더 넓고 경험도 풍부하다고 해서 일부러 나를 부장으로 진급시킨 것인데, 왜 그만두냐며 제발 다시 생각해 보라고 했다. 그러나 나는 고집을 꺾지 않았다. 까짓것, 새로 직장을 구하면 되지 뭐 별건가? 회사에서도 나의 사표를 더 이상 보류하기가 힘들었다. 그래서 결국은 회사를 떠나게 되었다. 1991년 9월 말이 다 된 어느 날, 나는 5년 동안 정들었던 바잉오피스를 떠났다.

(12) 세종대학교 계열 세종서적
(1991년 12월~2006년 9월)

나쁜 일은 꼭 겹쳐서 찾아온다

내가 사표를 냈다고 하자 아내는 울고불고 난리였다. 그 좋은 직장을 차버리는 사람이 어디 있느냐고, 이번에 월급도 많이 올랐는데 당신 미쳤냐면서 나를 몰아세웠다. 그래도 어쩌겠는가? 내가 다니기 싫다는 데야.

　내가 직장을 그만두었다고 하자 주요 거래선 중 하나인 우성셰프라인에 근무하는 친구들이 나를 위로하여 준다고 저녁에 나오란다. 서초동에서 술을 진탕 마셨다. 그런데 친구들이 만류하는데도 불구하고 차를 몰았다. 그때까지만 해도 술을 먹고 운전하는 일이 흔했다. 술 먹고 운전하여 집으로 돌아온 일을 무용담처럼 주고받던 시절이었다. 큰길로 어디까지 가다가 거기서부터는 옆 골목으로 해서 꼬불꼬불 이렇게 저렇게 가면 된다는 식으로, 자기의 경험을 공유하던 때였다. 심지어는 경찰에 걸리면 얼른 근처의 구멍가게(지금 같은 편의점이 생기기 전이었으므로)에 들어가서 소주를 사서 벌컥벌컥 마시면 된다고도 했다. 경찰에게, "내가 너무 긴장해서 지금 술을 마셨다."라고 둘러댄다는 것이다. 지금 생각하면 소가 웃을 일이다.

또 경찰에게 적발되어도 돈을 주면 그냥 넘어가던 때였다. 한번은 경기도 안성의 결혼식장을 다녀오면서 고속도로에서 순찰 오토바이에게 걸렸는데, 운전면허증 안에 넣어두었던 5천 원을 주고 2천 원을 거슬러 받은 적도 있었다. 돈이 한 푼도 없다고 하니까 경찰이, "잘 가시라."면서 돌려준 것이다. 그때는 그런 때였다. 그래도 내가 소주를 몇 병씩이나 먹고 운전을 한 것은 지나쳐도 한참을 지나쳤다. 가락동 농수산시장 앞 지하차도를 오는데 합동 검문에 딱 걸린 것이었다.

다음 날 아침 눈을 떠보니 송파경찰서 유치장이었다. 면허가 취소되었으니 차가 필요 없게 되었다. 풀려나서 차를 팔고 벌금을 냈다. 아침에 베란다에 서서 주차장 마당을 내려다보았다. 항상 서있던 빨간색 포니 엑셀은 더 이상 그 자리에 없었다. 불과 며칠 사이에 직장을 잃고 차도 잃고······. 그런데 그게 끝이 아니었다. 이번에는 엄청난 재앙이 기다리고 있었다. 누님의 사업이 부도가 난 것이다.

내가 사우디에 있을 때 휴가를 나오면 누님이 나에게 보증을 서달라고 졸라댔다. 나는 몇 차례 거절했다. 아내가 죽어도 빚보증만큼은 안 된다면서 완강히 버티었기 때문이었다. 그런데 큰형과 작은형까지도 가세해서 나를 몰아세우는 데는 방법이 없었다.

"네가 이렇게 사람 구실 하는 것이 다 누구 덕택이냐?"

"누나가 너를 대학에 보내주었기 때문이 아니냐?"

"이건 담보금액을 늘리기 위해서 그냥 넣어두는 것일 뿐이다."
"만약에 거절한다면 너는 인간도 아니다."

더 이상 버틸 재간이 없었다. 집문서를 움켜쥐고 발버둥 치는 아내의 어깨를 주먹으로 치면서 그것을 빼앗아 누님에게 갖다주었다. 내가 아내에게 폭력을 쓴 것은 그때가 처음이자 마지막이었다. 1986년 사우디아라비아에서 마지막 휴가를 왔을 때의 일로 기억한다.

그런데 내가 실직하고 보름쯤 지난 1991년 10월 어느날, 누님이 부도가 난 것이다. 태평양화학 본사에서 전화가 왔다. 며칠 내로 2천만 원을 갚지 않으면 집을 경매에 넘기겠다고 하는 것이 아닌가. 아내는 울고불고 하면서 거의 실신 상태였다. 왜 안 그럴까? 남편이 사우디에 가 있는 동안 안 먹고 안 쓰면서 악착같이 돈 모아 장만한 집이었다. 미국회사에 입사하여 붓기 시작한 5년 만기 2천만 원짜리 적금을 이제 여섯 달 후면 타게 되고, 그러면 한결 생활이 여유로워질 것이라고 기대에 부풀어 있던 아내였다. 그런데 남편은 덜렁 직장을 그만두고, 또 며칠 후에는 음주 운전에 걸려서 차를 팔고, 이제는 빚보증 때문에 집까지 경매에 넘어간다니, 이렇게 불행이 연속으로 찾아올 수는 없는 일이라며 목 놓아 울었다.

어떻게든 해결책을 찾아야만 했다. 태평양화학 용산 본사 몇 층인가에 법무팀이 있었다. 사정 이야기를 했다. 앞으로 다섯 달 후면 2천만 원짜리 적금을 탄다고 통장을 보여주자, 그걸 담보로 하여 기다려주겠다고 하였다.

날마다 아침이면 아내의 넋두리가 시작되었다. 그걸 견디기도 힘들고 하여 아침에 집을 나왔다. 어디로 가야 하나? 그야말로 발길 닿는 대로 갔다. 둔촌아파트에서 한 시간 넘게 걸어오니 석촌호수가 나왔다. 벤치에 잠시 앉아 있으려니 웬 '도를 믿으세요?'들이 그렇게 많은지 조용히 있기도 힘들었다. 서너 명을 보내니 이번에는 '예수 믿고 천국가세요.'들이 떼를 지어서 다닌다. 아! 내겐 석촌호수에서 떨어지는 낙엽을 감상할 자유도 없구나.

또 발길 닿는 대로 걸었다. 종합운동장 거의 가까이 왔나 보다. 길 옆에 철학관이라는 입간판이 놓여 있었다. 내 운명이 어찌되려나? 난 그때까지 단 한 번도 점을 본 적이 없었다. 그러나 원체 상황이 답답하니 무엇에라도 의지하고 싶은 마음이 생겼다. 2층으로 올라가니 다락방에서 자장면을 먹고 있던 사람이 황급히 난간을 내려온다. 미니 2층에서 숙식을 해결하는 모양이었다. 남자는 50대쯤 되어 보였는데 나에게 어디 사느냐고 묻는다. 둔촌동 산다고 하자, "앞으로 목동도 좋고 상계동도 좋다."고 한다. 이건 뭐 하나 마나 한 소리 아닌가? 내가 멍하니 쳐다보자 다시, "올해가 가기 전에 서쪽에서 좋은 소식이 올 것이다."라며 나를 달래준다. 공연히 5천 원만 날렸다는 생각을 하면서 발걸음을 돌려서 집으로 왔다.

세종호텔의 신규사업팀 책임자로 들어가다

열심히 신문을 뒤적이다 보니까 어느 날 '경력사원 모집'이라는 광고가 눈에 띄었다. 세종투자개발이라는 회사에서 신규사업을 위하여 경력사원을 구한다는 공고였다. 원서를 냈더니 며칠 만에 면접을 보러오라는 연락이 왔다.

전철을 타고 명동역에서 내려 세종호텔 2층으로 갔다. 커다란 홀에 사람들이 꽤 많이 모여 있었다. 차례가 되어 들어가니 면접관 다섯 명이 앉아 있었다. 그중 한 분이 주도적으로 질문을 던졌다. 수입 업무는 해본 적이 있느냐? 영어 실력은 어느 정도냐? 직원을 통솔한 경험이 있느냐? 신규사업을 어떻게 추진하겠느냐? 등등을 물었다. 수입 업무라면 수출의 역순이고, 영어는 현대자동차 4년, 사우디 5년, 미국회사 5년이 전부 영어로 먹고살던 일이었으니까 전혀 문제가 없다고 했다. 직원 통솔은 사우디에서 250명이나 되는 현장의 관리 담당 부소장을 했으니까 이런저런 경험이 많다고 했다. 신규사업은 시장조사가 우선이고, 그다음에는 기존에 있는 회사들을 벤치마킹하면서 거기에 약간의 방향 변경을 하면 될 것이라고 대답했다. 면접관들이 꽤 만족스러운 표정을 짓는 듯 보였다. 마지막으로 하고 싶은 말을 해보라고 했다. 나는 이곳저곳 다양한 경험을 쌓았는데, 그 경험을 여기서 꽃피우고 싶으니 뽑아주시면 마지막 직장으로 알고 열심히 하겠노라고 말했다. 일주일이 지났나? 합격했다는 통지서가 왔다. 그렇게 하여 나의 마지막 직장생활 16년이 시작되었다.

직급은 차장에 신규사업 중 외국서적 사업 책임자로 나를 뽑았다고 했다. 상황은 이랬다. 세종대학교 그룹에는 대학교, 고등학교, 초등학교, 유치원 등, 교육기관 외에 한국관광용품센터(주), SMS(주) 등 7~8개의 기업체가 있는데, 그중 세종호텔에서 새로운 사업을 벌이려고 이번에 경력직 몇 명을 뽑은 것이었다. 세종대학교는 2년 전에 설립자 부부가 2선으로 물러나고 장남이 새로 이사장이 되면서 공격적으로 그룹을 경영하고 있었다. 특히 책을 좋아해서 외국서적 수입사업과 출판사업에 큰 열의를 가지고 있었다. 내가 입사하기 전에도 알

음알음으로 이런저런 사람들을 뽑아서 해보았는데, 도대체 진척이 없고 사람만 바뀌다 보니 이번에 좋은 사람을 뽑아보자고 하여 신문에 구인 광고를 내게 되었다고 했다.

나를 도와줄 사람으로 인하대 경영학과 출신 하나를 과장으로 뽑았고, 출판사업을 담당할 경력직원도 두 명을 뽑았다. 우리들은 세종호텔 뒤 건물에서 근무를 시작하였다. 회사를 다시 다니게 되니 집안에도 활기가 돌기 시작했다. 급여는 지난 직장보다는 적지만 뭐 아무려면 어떤가. 다시 착실하게 근무하다 보면 진급도 하고 월급도 올라가고 할 것이 아닌가.

입사 후 4개월 정도가 지난 어느 날, 드디어 적금을 타는 날이 되었다. 나는 2천만 원 적금을 우리 집 앞이 아닌 용산지점에서 찾았다. 그 돈을 그냥 고스란히 태평양화학에 갖다 바쳤다. 아내는 울고불고 세상이 다 끝난 것처럼 난리를 쳤지만, 나는 그냥 덤덤했다. 누님의 신세를 져서 대학 공부를 했으니 그걸 갚는 셈 치면 된다고 생각했다. 그러나 아내는 아니었다. 5년 동안 안 먹고 안 쓰고 해서 악착같이 모은 돈을 만져보지도 못하고 그냥 통째로 갖다 바친 꼴이니, 왜 억울하지 않겠는가.

누나가 우리 아파트를 담보로 쓰자고 할 때는 둔촌아파트 시세가 8천만 원이었다. 그런데 아내가 하도 반대하다 보니까 그때 해주지를 못하고 그냥 사우디로 떠났다. 그다음 휴가 나와서 담보를 설 때는 부동산 경기침체로 시세가 6천만 원으로 떨어졌다. 그래서 시세의 1/3을 담보로 잡는다면서 설정한 금액이 2천만 원이었다.

2025년 1월 10일에 둔촌동 부동산에 전화해서 시세를 알아보니

34평이 24억이란다. 24억의 1/3이면 8억이다. 쉽게 말하면 지금 돈 8억에 해당하는 금액을 빚보증 때문에 고스란히 갖다 바친 것이다. 아내가 원통하다고 하는 심정도 충분히 이해가 간다. 그러나 대학 4년을 공부시키는 데도 적은 돈이 드는 것은 아니다. 이 누님의 빚보증 문제는 평생을 두고두고 아내와 불화의 원인이 된다.

입사 후 1년이 되니까 운전면허 시험을 볼 수 있는 자격이 생겼다. 지금은 면허취소 후 3년이 지나야 하지만 그때는 1년이었다. 나는 운전면허시험장에 가서 가볍게 실기시험을 통과하고 다시 운전면허증을 받았다. 이제 뒤죽박죽이었던 삶이 제자리를 잡아가는 것이다.

시장조사, 사업계획서 통과, 그리고 본격적인 사업착수

회사에서는 매주 월요일마다 주간 보고를 하도록 되어 있었는데, 그 회의는 세종그룹의 총책인 재단이사장, 그룹을 총괄하는 전무, 그리고 세종호텔과 신규사업을 책임지는 관리이사 등이 참석하는 회의였다. 처음 한 달 동안 그곳에서 함께 회의를 하여보니 이건 회의도 아니었다. 외국서적 신규사업 전임자가 그냥 말로만 떠들다가 매번 아무런 성과도 없이 끝나곤 하였다. 그 사람은 종로서적에서 외국서적 영업을 하다 세종에 스카웃되어 온 사람이었는데, 그냥 말로만, "이건 이렇습니다." "저건 저렇습니다."하고 나불대니 함께 회의실에 있는 윗분들 모두가 한심한 표정들이었다. 그 사람은 그렇게 두어 달인가 나와 함께 있다가 퇴사하였다. 그러니까 나는 사실 그 사람과 더불어 신규사업을 추진할 '보강된' 인력이었던 셈이다. 그 사람 전에도 또 한 사람이 있었단다. 그렇게 전임자 두 명이 1년이 넘는 세월을 날려 보내고 나서 내가 입사하게 된 것이었다.

　나는 차근차근 시장조사부터 했다. 외국서적 사업이란 게 과연 전망은 있는지? 경쟁업체들은 어떻게 하고 있는지? 그들의 매출 규모는 얼마나 되는지? 우리가 뛰어들면 승산이 있는지? 등등을 두 달 동안에 걸쳐서 철저히 파악하였다. 시장조사를 하자니 자연스럽게 경쟁업체의 사람들을 만날 수밖에 없었다. 나는 이런저런 인맥을 통하여 그들을 접촉해 나갔다.

　그때의 일화 하나를 소개한다. 그 당시 외국서적 업계의 강자는 구미무역, 범한서적과 종로서적이었다. 교보나 영풍은 그냥 구색 갖추기 정도로 외국서적 사업을 하고 있었다. 어떻게 어떻게 하여 종로서적의 외국서적 책임자를 소개받았다. 그에게 찾아가니 "바쁘니 다음에 오라."는 말 한마디뿐이었다. 이틀 후에 다시 찾아갔다. 또 바쁘단다. 세 번째는 저녁 무렵에 찾아가니 그 사람이 나를 빤히 쳐다보며, "우리 술 한잔 어때요?"라는 게 아닌가. 〈삼국지〉에도 삼고초려(三顧草廬)가 나오지 않던가. 종로서적 뒷골목에서 빈대떡에 소주를 마셨다. 술이 얼근하게 되자 그때부터 그는 이런저런 이야기를 시작하였다. 이야기 끝에 외국서적 업계에서 발이 넓은 사람이라며 또 한 사람을 소개하여 주었다. 그는 큰 외국 출판그룹의 한국 지사장이었다. 그때쯤 외국 출판사로부터 카달로그가 도착하기 시작하였다. 입사하자마자부터 외국의 유명 출판사에 편지를 보냈는데, 그 결실이 나타나기 시작하는 것이었다.

　자료가 충분히 쌓였고, 또 사람들로부터 웬만큼 시장에 대한 정보도 확보했다는 판단이 들자, 그때부터 사업계획서 작성에 착수하였다. 나는 하루 종일 사무실에서 근무하고 퇴근해서는 집에서 사업계획서를 타이핑하였다. 그 당시는 컴퓨터가 별로 보급되지 않고 타자기와 컴퓨터의 중간 단계인 워드프로세서란 기계가 잠시 유행할 때였다. 나는 대우전자의 워드프로세서를 사서 그걸로 며칠 밤을 새워가며 사업계획서를 만들었다.

드디어 입사한 지 두 달 만인 1991년 2월, 나는 무려 20쪽짜리 사업계획서를 10부 만들어서 회의실로 갔다. 내가 시장 개황에서부터 차근차근 발표하자 모두 놀라는 눈치였다. 앞으로 3년 간의 인력계획과 매출 및 영업이익도 추정해서 넣었다. 그렇게 20분간 발표가 끝나고 질의응답 시간이 있었다. 질문은 거의 없고, "놀랍다." "어떻게 이런 것까지 알아냈느냐?" "모처럼 속이 시원하다." 등등의 찬사만 쏟아졌다. 그래서 나는 외국서적 사업에 관한 전권을 위임받을 수 있었다. 그때부터 경력직 영업사원을 한 명씩 스카웃하는 한편, 외국에서 온 출판사 사람들과 상담을 벌여 도서도 소량씩 주문하기 시작하였다.

외국서적 사업 호황을 누리다

본격적인 도서 수입을 위하여 독일 북페어에 참가하기로 하였다. 매년 10월에 프랑크푸르트에서 개최되는 북페어는 세계 최대의 서적박람회이다. 나는 그 준비를 위하여 외국의 출판사들과 30분 단위로 미팅 스케줄을 짰다. 덜 채워진 시간은 현지에 가서 다시 조정하기로 했다. 과연 프랑크푸르트 북페어는 세계 최대의 도서박람회라는 이름에 걸맞게 엄청난 규모에 엄청난 인파가 몰렸다. 이른 아침부터 수백 명의 사람들이 출입증을 받으려고 줄을 서서 기다리고 있었다. 동행

한 세종호텔의 관리이사님은 그냥 현장을 관람하는 수준이지만, 나는 치열하게 시간을 잡고 상담하여야 한다. 그런데 참 묘한 것이, 이번에 내가 모시는 상사도 서울대 출신이었다. 나는 현대차(경기고-고려대), 진흥기업(경기고-서울대), 레지스가드(2기 지점장 경기여고-서강대), 그리고 세종그룹(서울고-서울대) 등등, 가는 곳마다 상사는 언제나 최고 일류학교를 나온 사람들이었다.

우리들이 수입하는 도서는 대학이나 연구소에서 연구용으로 사용하는 도서들인데 그런 전문서적의 강자는 단연 영국이었다. 그다음이 네덜란드이고 그 다음이 독일이다. 미국은 전문서적 수출이 그렇게 활발하지 않다. 하버드, 프린스턴, 예일 등, 일부 대학들도 전문서적을 출간하기는 하지만, 영국의 옥스퍼드나 케임브리지와는 게임이 되질 않는다. 그 내용도 빈약하고 종 수도 현저히 적다. 나는 그룹 이사장님을 모시고 독일도 가고 미국도 갔는데, 우리가 미국 출장을 갔을 때는 마이애미에서 북페어가 진행되고 있었다. 북페어를 마치고 마이애미에서부터 해변도로를 따라서 하루 종일 올라가 올란도의 디즈니월드에서 1박을 하고 시카고 CES(Consumer Electronic Show)에도 들러서 이것저것을 구경하였다.

그렇게 1년이 지나니까 이제 우리도 제법 의젓한 외국서적 수입업체의 반열에 오르게 되었다. 여전히 소속은 세종투자개발주식회사의 서적사업부이지만, 규모나 내실 면에서도 점차 회사다운 조직을 갖추게 된 것이다. 직원들을 많이 보강하여 영업직이 6명에 관리직이 3명, 책임자인 나를 포함하여 총 10명의 조직으로 발전하였다. 책도 꽤 좋은 책들이 많이 들어와서 전국 대학이나 연구소에서 우리 명동 매장을 자주 찾곤 하였다.

당시는 서점도 엄청나게 많았다. 명동 세종호텔 뒤에 세종서적을 비롯하여 코스모스 백화점에도 무슨 서점이 있었고, 롯데백화점 대각선 건너편 지하에는 리브로라는 대형서점이 있었다. 전두환 대통령의 아들 전재국 씨 소유라고 했다. 그뿐인가? 종로의 종로서적, 양우당, 교보문고, 영풍문고 등등에, 지방에도 동네마다 서점이 최소한 하나씩은 있었다.

비슷한 시기에 전국적으로 연구소 설립 바람이 불어닥쳤다. 대우자동차연구소, 포항체철연구소, 삼성종합연구소, 삼성전자연구소, 쌍용경제연구소, 대덕연구단지에도 정보통신연구소, LG화학연구소 등등, 그야말로 자고 나면 연구소가 하나씩 새로 생겨나는 판이었다. 대학교에서도 도서구입 예산이 풍족하여 좋은 책을 구입하려고 서로가 난리였다. 외국서적은 마진이 박하다고 하여 환율에 20%를 더 얹어 주었다. 그러니까 $100에 책을 사 오면 $120에 파는 셈이 된다. 보통 40% 할인을 받아서 수입하니까, 평균 마진이 50%가 되는 것이다.

사업 시작 3년 차쯤 되었을 때의 일이니까 1994년의 어느 날이다. 인천의 대우자동차 연구소에서 도서를 구입하려고 하는데 우리에게 책을 싣고 오면 좋겠다는 요청이 왔다. 입사 2년 차 직원이 프라이드에 책을 가득 실었다. 그야말로 '눌러서 담은' 것이다. 프라이드 차량의 스프링이 아스팔트에 닿을 정도로 실으니 200권쯤 실렸다. 10시경에 "잘 다녀오라."며 떠나보냈다.

저녁 8시가 다 돼서 돌아온 직원의 차는 텅텅 비어있었다. 10여 권을 빼고 전부 내려놓고 왔단다. 그다음 날 계산서를 끊으니 2천만 원이 넘었다. 직원 단 한 사람이 하루에 2천만 원, 요즘 돈으로 환산하면 6천만 원도 넘는 금액의 책을 팔고 온 것이다. 연구소를 세우면 맨 처음 해야 할 일이 무엇인가? 실험 기자재도 구입해야 하지만, 우선 제일 연구소답게 보이려면 책이 있어야 한다. 그중에서도 외국책의 가치는 연구소의 품격을 한 단계 더 올려주는 것이다.

반면에 가슴 아픈 일도 있었다. 같은 해 여름의 어느 날이다. 오후 4시경이 되었는데 영업직원으로부터 전화가 왔다. 서울대학교에서 나와 언덕 내리막길을 내려오다가 어린아이를 치었다는 것이었다. 그런데 이 직원이 울먹거리며, "애가 죽은 것 같아요."라고 하는 게 아닌가. 회사는 발칵 뒤집어졌다.

사고의 경위는 이렇다. 회사에서는 영업사원들에게 차를 사도록 권장하였다. 차만 사면 유지비는 모두 회사에서 대주는 조건이었다. 다른 회사들은, "와~ 유지비를 모두 주냐?"며 부러워했다. 영업사원들이 기동력이 없다면 무얼로 경쟁하겠는가? 이것이 당시 나의 판단이었다. 그래서 모두가 기아의 프라이드를 샀다.

종로서적에서 있다가 세종이 외국사업을 시작하자 우리에게 온 경력사원이 있었다. 그 친구가 서울대 도서관에서 일을 마치고 오다가 고개 내리막길에서 그만 어린아이를 친 것이다. 반대 방향 차들이 신호 대기하고 있는 사이를 헤치고 뛰어오던 어린아이를 미처 발견하지 못한 것이었다. 내리막이니 발견하였을 때는 이미 늦었다. 아이는 몇 미터를 날아갔고 아스팔트에 머리부터 떨어져서 현장에서 즉사하였다.

회사에는 비상이 걸렸다. 호텔의 관리이사님은 나에게 그 부모를 찾아가서 무조건 잘못했다고 빌라는 것이었다. 나는 회사의 책임자라고 하여 관악경찰서에도 가고 그 아이의 장례식장에도 갔다. 벽제 화장터에서 만난 부모는 젊은 사람들이었다. 여섯 살 난 외동아들이 그런 참변을 당했으니 그야말로 넋이 나간 상태였다. 그런데 경찰조사 결과 100% 아이의 잘못으로 판명되었다. 지금은 어떤지 모르겠는데 당시의 법 해석은, "파란불이 켜있을 때의 횡단보도는 그냥 도로로 본다."는 것이었다. 그러니까 유치원을 다녀오던 꼬마는 도로를 무단횡단한 셈이 되었다. 우리로서는 다행이나 부모의 심정은 어땠을까를 생각하니 마음이 아팠다. 나는 아이의 49재에도 갔다. 그래도 배운 사람들이라 달랐다. 내가 이런저런 일에 계속 따라다니자, "뭐 차장님이 잘못하신 게 있나요?" 하면서 오히려 나를 위로하여 주었다.

그런데 참으로 묘한 것이, 그 아이의 아버지 직장이 바로 우리 회사에서 200m 거리에 있는 신한은행 명동지점이었다. 그런 인연으로 이런저런 이야기를 많이 나누었다. 나와 비슷한 나이로 은행 대리였는데 늦둥이로 딱 그 아이 하나라고 했다. 나는 그때 한참 교회에 열심히 출석할 때였다. 어느 날 문득 그런 생각이 드는 것이었다. 하나님이 과연 존재하나? 만약 존재하신다면 그토록 단란한 가정에 왜 이런 엄청난 고통을 주시었나? 나는 한동안을 심한 자괴감에 빠져서 지냈다.

큰 조직의 리더는 무언가 다르다

2년에 한 차례씩 정기 검사 차 서울 현대아산병원에 갈 때마다 늘 이런 생각을 한다.

"정주영이라는 분은 이렇게 큰 조직을 만들어서 한국을 부강하게 만드는 데 일조했는데, 나는 어찌하여 가족도 제대로 건사하지 못하는가? 나의 어느 부분이 잘못된 걸일까? 내가 게을러서일까? 아니면 능력이 부족한 탓일까?"

정말 모를 일이다, 나도 현대그룹이라는 울타리 안에서 일했던 사람이 아니던가. 비록 4년이라는 짧은 기간이었지만 그의 정신력을 배운 사람이 아닌가 말이다. 실제로 내가 정주영 회장님을 만난 것은 같은 엘리베이터 안에서의 10여 초가 전부였지만, 나는 그 후부터 그분을 흠모하고 배우려고 많이 노력하였다. 〈시련은 있지만 실패는 없다〉라는 자서전을 몇 차례 탐독하였을 뿐만 아니라 이런저런 동영상도 보았다. 내가 지금까지 27년 동안 내리막길만 걸으면서도 이렇게 꿋꿋하게 버틸 수 있었던 것도, 어쩌면 그분의 가르침이 알게 모르게 나의 가슴속에 스며들어 있었기 때문이 아닐까?

정주영 회장님이 그저 잠시 스쳐 지나간 인물이라면, 세종그룹의 주명건 이사장님은 내가 직접 몇 번을 모시고 다니며 함께 일을 한 경험이 있는 분이다. 처음 세종에 입사할 당시에도 그분이 면접관으로 함께 있었다. 그분은 서울고등학교를 졸업한 후로 미국 메사추세츠 대학에서 경제학 박사학위를 받았다. 그분이 나의 세 살 위, 그리고 세종에서 근무하는 16년 내내 나의 상사로 든든한 버팀목이 되어주었던 최승구 사장님은 그분의 고등학교 1년 후배로 서울대 수학과를 나왔는데, 나의 두 살 위이다.

1994년 10월 독일 프랑크푸르트 북페어에 동행하였을 때의 일이다. 도서전시회가 끝나고 나니 이사장님이 쾰른을 함께 가자고 하신다. 그곳에서 식품박람회가 열리고 있는데, 거기를 참관하자는 것이다. 독일은 전시회 강국으로 매년 이곳저곳에서 수많은 전시회가 열린다. 쾰른 식품박람회는 파리 식품박람회, 동경 식품박람회와 함께 세계 3대 식품박람회로 그 역사만도 무려 100년이 넘는다.

프랑크푸르트에서 아침 일찍 기차를 타고 쾰른까지 갔다. 그곳의 전시장도 프랑크푸르트 전시장 못지않게 그 규모가 엄청났다. 세종그룹 계열사 중 하나로 한국관광용품센터라는 회사가 있었는데, 연 매출 규모가 대략 3천 ~ 4천억 되었던 것으로 기억된다. 이사장님은 그곳에 혹시라도 그 회사에 필요한 아이템이 있을까 하여 둘러보자는 것이었다. 오전부터 시작하여 현장에서 핫도그를 하나씩 사 먹고 또 오후 내내 돌아다녔다. 저녁 여섯 시가 되자 음악이 나오며 "전시회가 끝났으니 모두 나가달라."는 방송이 계속 나온다. 그런데 "저기 아까 못 가본데 한 군데만 더 보자."면서 나를 데리고 반대편으로 간다. 안내방송은 계속 나오고, 나는 발에서 불이 나고……. 그래도 아랑곳 하지 않았다. 다시 또 한군데, 그리하여 우리가 전시회장을 빠져나온 시간은 일곱 시가 거의 다 된 시간이었다. 그때 나는, "아하! 큰 조직의 리더는 이렇게 의욕이 왕성하구나."하는 사실을 깨달았다. 그런 욕심과 동기가 결국은 조직을 키우는 것이다.

쾰른역에서 야간열차를 타고 오는데, 조금 있자니 우리나라 유학생들 네 명이 우리 주변에 자리를 잡고 앉는다. 그곳에서 이사장님의 즉석 현장 강의가 이루어졌다. 엊그제 독일에서 한승주 외교부장관 일행을 만났던 일, 우리나라가 나아갈 방향, 그리고 독일에서 배워야 할 것 등등……. 독일 유학생들이 무슨 돈이 있겠는가? 이사장님이 맥주에 소시지 이것저것을 푸짐하게 사주자, 모두가 한 잔씩 하면서 기차 객실 안은 순식간에 대학의 무제한 자유토론 강의실로 변해 버렸다. 참으로 즐거운 시간이었다. 그때, 20년 안으로 세종대학교를 한국의 MIT로 만들겠다는 이야기는 좀 과하다 싶었는데, 그로부터 30년이 지난 지금의 세종대학교를 보면 그때 한 말이 꼭 허황된 이야기만은 아니었다는 생각도 든다. 한 사람의 지도자가 꿈을 갖고 열심히 이끌어가면 조직이 크게 발전할 수도 있다는 진리를 체험한 에피소드다.

운하와 관련된 이야기도 빼놓을 수 없다. 당시 세종대학교에서는 경인 운하의 필요성을 홍보하느라 상당한 공을 들이고 있었다. 대학교가 주관하여 이런저런 학술 세미나도 많이 열었다. 이사장님의 지론은, 한강과 낙동강을 이어서 운하를 개발한다면 인천의 화물과 여객을 부산까지도 배로 실어 나를 수 있다는 것이었다. 부산항의 컨테이너도 경부고속도로에 매연을 내뿜지 않고 수로로 서울까지 올 수 있다는 주장이었다. 중간에 있는 보와 댐을 허물고 몇 개의 갑문을 설치하면 된다는 계산이었다. 실제로 이런 세미나를 위해서 대학교 측에서는 상당한 돈과 인력을 들여서 기초적인 토목이나 구조계산까지도 끝낸 상태였다. 그런 그룹의 노력을 잘 아는지라, 나는 독일에 갈 때면 이곳저곳을 다니면서도 갑문이 있는 곳에서는 그곳의 관리자에게 사정을 설명하고 현장 사진을 최대한 가까이에서 찍어서 가지고 오곤 하였다. 그건 누가 나에게 시킨 일도 아니었다. 나도 무언가 일조해야 한다는 정도의 작은 애사심이었을 뿐이다.

나는 지금도 김포를 지나칠 때면 이명박 정부에서 만든 경인 운하가 그 이후에도 계속 사업으로 추진되었더라면 지금쯤은 인천공항이나 인천항에서부터 여객과 화물이 서울에도 내리고, 남한강을 거쳐 낙동강으로 해서 상주를 지나 부산까지도 갈 수 있었을 것이라고 굳게 믿는다. 결국 국운이란 어떤 지도자가 얼마나 열심히 하느냐, 그리고 전임자의 사업을 후임자가 얼마나 충실히 계승해 주느냐에 따라 발전할 수도 있고 퇴보할 수도 있다고 본다. 내륙수로 이용 계획은 조금만 더 계속되었더라면 큰 결실을 볼 수도 있었던 사업이라 두고두고 아쉬움이 남는다.

좋은 친구는 먼저 떠나고

대학에 1학년으로 복학하니 복학생은 나 하나뿐이었다. 그다음 해, 그러니까 1975년 3월이 되자 몇 명의 복학생들이 새로 합류하였는데, 그중에 오수환이라는 친구가 있었다. 그 친구는 홀어머니를 모시고 있던 탓에 2학년에 복학하자마자 결혼했다. 대학을 졸업하고는 동서해운이라는 회사에서 1년쯤 있다가 동양화학그룹으로 이직했다. 지금의 OCI그룹이다. 그 친구가 필리핀 지사장으로 오래 있었다. 그런데 자꾸만 놀러 오란다. 이곳저곳 좋은 곳이 많다며 가족과 함께 오라는 것이었다. 그 친구의 말도 있고, 또 필리핀은 한 번도 가보지 못한 곳이었기에 아내와 아들, 이렇게 셋이 함께 여행을 떠났다.

1995년 여름휴가 때의 일이다. 공항에 전송나온 친구의 차를 타고 마닐라 시내로 들어가는데 상당히 이해하기 힘든 장면이 펼쳐졌다. 다리를 건너가 신호등에 서있는데 아이들이 몰려들면서 차를 닦는 체하며 돈을 달란다. 그 당시 한국도 못사는 나라였지만, 우리는 길거리에 차가 선다고 하여 아이들이 차를 닦는 체하고 돈을 달라고 하지는 않는다. 그런데 이 친구의 대답이 걸작이었다. "여긴 원래 그래."

조금 더 가자 개천 옆에 천막을 치고 사는 사람들의 집이 즐비하게 널려있었다. 친구는 천막촌을 지나쳐 집으로 가기 전에 마닐라의 부촌을 구경시켜 준다면서 그쪽으로 차를 몰았다. 주택단지 출입구에서 경비실에 신분증을 맡기고 도로를 따라 들어갔다. 단지 내의 일직선 도로 양옆으로는 열대 가로수가 죽 늘어서 있는 것이 한눈에 보아도 부촌이라는 표시가 났다. 한 집에서부터 그다음 집까지의 담장이 끝없이 길었다. 그런 주택단지는 한국에도 없었다. 어찌하여 그렇게나 빈부격차가 심한지 그게 궁금하여 물어보니 또 대답은, "여긴 원래 그래."였다. 그러면서 하는 말이, 여기는 그냥 중상류층 정도 되는 사람들이 사는 곳이라고 한다. 아주 잘사는 사람들의 단지는 아예 들어가지도 못한단다. 사전에 예약이 되어야만 정문 경비실에서 통과시켜 준다는 것이었다.

하루를 자고 다음 날, 친구가 히든밸리(Hidden Valley)라는 곳을 예약해 놓았다면서 우리 세 식구를 데리고 갔다. 마닐라에서 남쪽으로 한 시간 넘게 간 것 같았다. 정말로 산속에 '숨겨진 골짜기'였다. 완만한 경사의 산속에 원두막 형태로 두 집을 한데 붙여 놓은 구조의 방갈로가 24채 있었다. 숙소의 시설은 지금껏 가본 힐튼호텔이나 하야트호텔 못지않은 아주 고급이었다. 아내와 아들도 아주 대만족이었다.

아침에 일어나니 방갈로 앞에 뷔페를 차려 놓았다. 하얀 목욕가운을 걸치고 아침을 먹었다. 사람도 별로 없었다. 리조트 전체라고 해봐야 24가구가 전부이니, 그 넓은 산에 손님이라고는 세 명씩이라고 해도 70명 정도밖에 되지 않는다. 오히려 이곳저곳에서 일하는 사람들이 더 많아 보였다. 산속으로 조금만 걸어 들어가면 이곳저곳에 노천탕이 마련되어 있었다. 그곳에서 잠시 물속에 들어가 있기도 하고, 대나무 숲을 거닐다가 배고프면 돌아와서 숙소 앞에 차려진 식탁에서 맥주에 음식을 먹고……. 모처럼 사람들이 없는 호젓한 산속에서 2박 3일간 가족과 함께 알찬 휴가를 보냈다.

　친구가 차를 가지고 왔다. 친구의 말이 여기 예약하느라고 고생을 좀 했단다. 그래서 내가 물었다. "우리네 같으면 이 넓은 산속에 24채만 운영하지 않고 높은 빌딩으로 100개도 넘는 객실의 호텔을 지었을 텐데 왜 여기는 이렇게 소규모로 운영하느냐?" 그랬더니 이 친구는, 미국의 지배를 받다 보니 사람들의 생각이 서구화되어 있다고 했다. 또 스페인의 통치 아래서 살아서 가톨릭의 가르침이 사회를 지배한다는 것이었다. 자기네 집에도 운전기사와 식모가 있었는데, 그 둘이 바람이 났단다. 아이까지 생겼는데, 여자는 아이를 시골의 어머니에게로 보내고 둘은 그냥 뿔뿔이 흩어졌다고 했다. 여기는 우리 한국처럼 그런 일이 있다고 해서 울고불고 하지 않는단다. '미워도 다시 한번' 같은 일은 한국에서나 있는 현상이라는 것이다.

　우리는 그 친구의 도움으로 마닐라만 앞에 있는 올챙이 섬이라는 코레히돌 요새도 관광하고 왔다. 태평양전쟁 때 미군이 끝까지 항전하며 일본군과 치열한 전투를 벌였던 곳으로, 그 후에 터널과 당시 사용하던 포대 등을 수리하고 복원하여 완벽한 관광지로 만들어 놓은 곳이었다. 필리핀 관광이라면 빠질 수 없는 쾌상한 급류 보트도 체험했다. 우리 가족은 친구 덕분에 필리핀에서의 1주일 휴가를 정말로 알차게 즐길 수 있었다.

  그런데 이 친구가 2017년에 영면하였다. 대학교 다닐 때부터 알아온 간염이 재발하여 결국은 세상을 떠나고 만 것이었다. 죽기 전에 양평의 황토집에서 몇 달간 마지막으로 요양을 한 적이 있었는데, 그때 보신탕이 생각난다고 하여 내가 양평 시내로 데리고 나와서 둘이 식사를 한 적이 있다. 이 친구가 참으로 훌륭하다고 새삼 느낀 곳은 그의 장례식장이었다. 서울 아산병원 장례식장을 가보니 놀랍게도 필리핀에서 30여 명도 넘는 사람들이 와 있는 것이 아닌가. 한국까지 경비도 만만치 않게 들 터인데 필리핀에서부터 찾아오다니. 지금까지 살아있었다면 서로에게 많은 위안이 되었을 터인데, 참으로 두고두고 아쉽다는 생각이 드는 친구이다.

세종서적주식회사로 독립하다

1995년 사업은 번창하여 내가 맡고 있는 외국서적부만 30명 가까이 되었다. 그러자 별도 법인으로 독립하는 것이 더 좋다는 판단하에 우리는 세종서적주식회사로 독립하였다. 광진구 군자교 근처 능동에 그룹에서 매입해 놓은 건물이 있었다. 그 건물로 이사하여 그때부터 외국서적부 능동 시대가 열렸다. 1층은 가구점에, 2층은 다른 업체에 세를 주었다. 3층은 일본서적 매장, 4층은 양서 매장, 그리고 5층은 사무실로 꾸몄다. 실질적으로 한 건물을 소유한 기업의 대표가 된 것이다.

  세종서적주식회사는 외국서적부와 출판사업부, 이렇게 두 개의 부서로 구성되었다. 그런데 내가 입사할 당시에 똑같이 출발한 출판사업은 아직도 제자리걸음이었다. 외국서적 사업은 이미 구미무역, 범한 서적, 종로서적, 교보문고와 어깨를 나란히 할 정도가 되었는데, 출판 사업은 아직도 처음 출발 당시나 별반 다르지 않았다. 그 이유는 외국 서적 사업은 내가 혼자서 시작하여 주도적으로 사업을 추진하다 보니 중간에 시행착오 없이 곧바로 사업이 진척되었지만, 출판사업은 그동안 책임자가 서너 번 바뀌었고, 바뀔 때마다 매번 다시 출발하는 악순환이 계속되었던 탓이다.

매년 가을 독일 프랑크푸르트 도서박람회에 참가하여 새로운 출판사들을 계속 접촉하면서 수입 선을 다변화하였다. 좋은 상품을 계속 수입하니 경쟁력이 생기는 것은 당연했다. 영국의 런던 북페어나 미국의 도서전시회에도 참가하여 좋은 출판사가 없는지를 눈여겨보았다. 미국 뉴욕에서 도서 전시회를 참관하던 중, 재료공학에 독보적인 미국 출판사 하나를 발견하였다. 클리브랜드에 있는 ASM이라는 회사로 그곳에서 나오는 6권짜리 재료공학 백과사전은 수입하면 아주 좋은 상품이 될 것 같았다. 그 출판사는 독자적으로 부스를 갖지 못하고 다른 출판사의 부스에 자기네 책을 몇 종 전시해 놓고 있었다.

뉴욕에서 전시회가 끝나자 곧바로 ASM 본사와 접촉하여 일정을 잡고 그곳으로 날아갔다. ASM은 클리브랜드에 있었는데, 내가 그곳까지 찾아가자 무척이나 놀란 표정이었다. 외국인들, 특히 미국인들과의 상담에는 이골이 난 내가 아닌가. 대표는 내가 독점권을 달라고 하자 흔쾌히 승낙하였다. 그 자리에서 정가 $1,200의 책 30질을 수입하였다. 책값도 무려 정가의 50%나 할인해 주었다. 그 책이 도착하자 국내 대학에서 전시회를 할 때마다 재료공학과 교수들은 서로 자기가 추천하려고 난리였다. 국내 독점이니 다른 경쟁사에서는 그냥 쳐다만 볼 뿐이었다. 외국서적의 구매 방식은, 교수들이 여러 회사에서 만든 도서 목록을 보고 책을 선정하여 도서관에 요청하는 '추천' 방식이 있고, 몇 개의 업체를 불러서 도서관이나 강당 같은 곳에서 전시회를 하여 교수들로 하여금 도서를 뽑게 하는 '전시회' 방식이 있다.

나는 세종서적 주식회사의 이사로 외국서적 사업을 총괄하면서 다른 한편으로는 외국서적수입협회의 부회장을 맡아 20개 회원사를 이끌며 맹활약하였다. 우리 업계의 애로사항을 대학 총장들에게도 설명하려고 한양대 김종량 총장, 부산대학교 윤수인 총장과도 면담하였다. 그때 나는, 자기 소유의 대학을 맡아 총장을 하는 사람과 월급쟁이 총장의 차이를 느낄 수 있었다. 김종량 총장은 자기가 교육학 박사라면서 앞으로 몇 년 내에 한양대학교를 어떻게 어떻게 발전시키겠다고 의욕이 대단하였다. 그러나 부산대학교의 총장은 말 한마디 한마디에서, 혹시라도 무슨 책임을 질 발언을 하지는 않을까 조심하는 기색이 역력해 보였다. 1990년대 중반이 외국서적 업계의 최대 호황기였다.

영국 출판조합으로부터 초청받다

1996년 여름, 영국의 서적수출조합에서 초청장이 왔다. 우리 한국의 굵직한 외국서적 업체의 대표들을 공식 초청한 것이었다. 영국은 출판산업이 국가의 전략산업이다. 그곳에서 수출을 좀 더 촉진하려고 우리들을 초청하여 환대하기로 한 것이다. 초청된 업체로는 구미무역, 세종서적, 범한서적, 종로서적, 교보문고, 신호서적, 범문사의 7개사였다. 모든 경비는 영국 측에서 부담하기로 되어 있었다.

우리들은 영국 측에서 제공한 브리티시 에어라인 비즈니스석을 타고 런던으로 떠났다. 초청 기간은 1주일이었는데, 첫날은 런던대학교의 강당을 빌려서 영국 서적수출조합의 조합원들을 대상으로 하여 세미나를 열고 질의응답 시간을 갖고, 오후에는 런던 시내에 있는 몇 개의 출판사를 방문하도록 일정이 짜여 있었다.

런던대학 강당에는 300명 가까운 사람들이 모였다. 인사말은 구미무역의 김우중 대표가 맡아 하셨다. 구미무역은 당시 외국서적 업계의 최강자로 직원만도 50명이나 되었다. 그분은 후일 정치가로 변신하여 동작구청장을 세 차례 역임하셨다. 우리들은 영국 출판사 대표들을 상대로 강연을 하고 토론을 벌였다. 제1세션에서는 범한서적의 부대표가 '한국의 경제 상황과 발전 추이'라는 주제로, 제2세션에서는 내가 "한국의 도서시장과 향후 전망"이라는 주제로 각각 1시간씩을 배정받아 영어로 발표하고 질의에 응답하였다. 범한서적은 창업주의 아들이 막 경영을 물려받으려고 활발히 활동할 때였다. 그는 나보다 다섯 살이 아래였는데, 연세대 영어과를 나와서 영어에 상당한 식견이 있었다.

그다음 날은 옥스퍼드 대학교와 케임브리지 대학교를 방문하고 런던 시내를 2층버스로 관광하는 일정이 잡혀 있었다. 대학교를 다 볼 수는 없으니 박물관과 도서관 중심으로 둘러보기로 되었다. 나는 그곳에서 왜 영국이 '해가 지지 않는 나라'라는 찬사를 받는 문화 강국이 되었는지를 실감할 수 있었다. 옥스퍼드 대학교 박물관에는

200여 년 전에 자기들이 쓰던 인쇄기, 아주 조잡한 타자기 같은 골동품들이 전시되어 있었다. 그때 나는. "아하! 이 사람들은 이렇게 선조들이 쓰던 물품을 소중히 생각하는 온고지신(溫故知新)이 생활화되어 있구나."하는 것을 느꼈다. 케임브리지 대학 도서관을 방문할 때는 안내자가 열람실 건너편을 가리키면서, "저기에 호킹 박사님이 계신다."라고 하는 게 아닌가. 건너편을 보니 휠체어에 앉아서 책을 읽고 있는 자그마한 사람이 보였다. 스티븐 호킹이었다! 그때 사인이라도 받아 둘 걸…….

2박3일 간의 공식 일정이 끝나자, 3개 업체는 자기네들 각자가 알아서 다닌다고 따로 떨어져 나갔고, 종로 장 사장, 교보 신 이사, 신호윤 사장 그리고 세종의 나, 이렇게 네 명은 스코틀랜드의 에딘버러를 다녀오기로 했다. 기차로 왕복 10시간이 걸리는 여행이니 에딘버러 고성 한 군데 밖에 볼 수가 없었다.

그다음 날은 하루 종일 런던 관광을 하고 저녁에는 그곳에서 크게 사업을 하는 종로서적 장 사장의 친구가 한턱을 낸다고 하면서 제일 유명한 클럽으로 우리를 초대하였다. 트라팔가 근처의 레이몬드 클럽으로 여자들이 발가벗고 춤을 추는 곳이었다. 거기서 맥주도 마시고 양주도 마셨다. 그러자 남자들이 호기를 부리기 시작했다. 그곳은 완전히 발가벗고 춤추는 곳이 아니었다. 모두가 약간 아쉬운 생각을 하던 차에, "최 이사가 런던을 잘 안다니까 어디 더 좋은 데 좀 있으면 추천해 봐."하는 의견이 나왔다. 그 말에 나의 호기가 발동했다.

런던을 두 차례 와 보긴 했지만 내가 뭐 특별히 런던을 잘 아는 건 아니었다. 그래도 나는 호기롭게 일행을 데리고 나왔다. 불과 몇 분

지나지 않아 삐끼 하나가 접근하더니, "저기 완전히 홀딱 벗고 춤추는 데가 있다."며 우리를 끌고 간다. 우리 네 명은 별다른 의심 없이 그를 따라갔다. 불과 100여m도 떨어지지 않은 건물의 지하였다. 그런데 들어가 보니 예쁜 여자도 없고 나이 든 할망구 둘만 앉아 있었다. 그냥 나가기도 무엇하여 서울에서 하던 대로 기본 안주와 맥주를 시켰다. 그 여자 둘이 룸에 와서 차례로 춤을 추긴 추는데, 이건 영 아니었다. 궁둥이에 살도 없는 쭈구렁 할망구들이니 무슨 볼 것이 있나.

모두가, "야, 여긴 아니다."라면서 나가자고 한다. 계산서를 가지고 오라고 해서 돈을 주었는데 주인 여자가 잠깐 기다리란다. 그러더니, "아까 그건 9시까지 적용되는 요금이고, 계산을 새로 해야 한다."며 새로운 계산서를 가져오는 것이었다. 모두들 '그런가?' 하면서 계산하려고 하니 또 그게 아니란다. 시간이 다시 바뀌었으니 다른 계산서를 가지고 와야 한다는 것이었다. 그러자 일행 중 하나가, "야, 우리 바가지 썼다. 빨리 나가자."면서 나가려고 보니, 계단 입구를 검둥이 둘이 하나는 잭크나이프를 들고 다른 하나는 야구 배트를 들고 서 있었다. 별 수 있나? 우리들은 지갑을 통째로 다 내놓았다. 그래도 다행이었던 것이, 네 명이 가진 돈을 전부 합쳐도 현금은 600파운드(당시 한화 90만 원)밖에 되지 않았다. 그들은 카드에는 손을 대지 않았다.

우리들은 있는 대로 다 털리고 결국 서울에 와서 다시 술을 한잔하면서 '눈물의 정산'을 했다. 런던 토박이 친구의 말이 맞았다. 그는 레이몬드 클럽에서 우리들을 접대하면서, "이 근처에서 레이몬드 클럽 빼고는 다 바가지니까 절대로 가면 안 된다."고 했다. 그의 충고를 들었더라면 좋았을 것을…….

아, 1997년 12월 IMF 외환위기

1997년이 되었다. 사업은 여전히 잘 나가고 있었다. 전년도에 영국 초청을 받고 다녀온 후로, 업체들은 성은이 망극한지 앞다투어 책을 수입하였다. 우리도 영국 출판사들로부터 책을 대량으로 수입하였다. 케임브리지 출판사 한 군데에서만도 커다란 트럭으로 두 대 분량을 수입하였으니 실로 어마어마한 양이었다. 그런데 갑자기 외환위기라는 듣도 보도 못한 악재가 터진 것이었다.

새해가 시작되자마자 동남아에서부터 이상한 소식이 들려오기 시작하였다. 태국의 바트 화가 폭락한다더니 곧이어 말레이시아도 위험하다고 했다. 그러더니 우리나라에서도 달러가 치솟기 시작하는 것이 아닌가. 곧바로 한보철강이라는 대기업이 부도나자 나자 기다렸다는 듯이 기아, 해태, 삼미, 진로, 대농, 뉴코아 등등의 대기업들이 줄줄이 나가떨어지기 시작하였다. 후일 통계청에서는 그 한해에만 무려 14,000개 이상의 기업이 부도났다고 발표하였다.

그때까지 신용등급이 무언지도 모르고 살았는데, 우리나라의 신용등급이 자꾸 떨어진단다. 그러더니 11월에는 김영삼 대통령이 국제통화기금(IMF: International Monetary Fund)으로부터 돈을 빌린다고 기자회견을 했다. 12월이 되어서는 신용등급이 무려 4단계나 떨어졌단다. 평소 1달러에 800원이던 환율이 치솟기 시작하더니 그다음 해에는 1,600원까지 올라갔다. 한국 원화의 가치가 반토막 난 것이었다.

수입한 책들을 모두 현금으로 사 왔다면 얼마나 좋았을까? 그러나 책은 거의 다가 외상거래였다. 수입하고 3개월~6개월 후에 대금을 지급하는 방식이었다. 그러다 보니 외국 출판사에 갚아야 할 돈이 두 배로 늘어났다. 덩달아 대학과 연구소에서는 800원 하던 환율이 1,600원이 되자 구입 물량을 절반으로 줄였다. 평소 $100짜리 책을 8만 원에 사던 것을 이제는 그 두 배인 16만 원을 주어야만 하니, 그들로서는 당연한 조치였다.

나의 책임하에 내가 주도적으로 해오던 사업이니 누구에게 원망할 수도 없었다. 당장 이 난관을 헤쳐 나가야만 했다. 구조조정에 착수하였다. 40명이 넘던 직원 중에서 15명을 내 보냈다. 대구주재원, 부산주재원, 대전주재원과 같은 주재원 제도도 모두 없애버렸다. 하루아침에 정든 직장을 울면서 떠나는 그들을 보는 내 마음은 찢어지는 듯하였다. 또 다른 한편으로는 외국 출판사에 일일이 편지를 보내어서 한국의 상황을 이해시키려고 노력하였다. 다행히 그들도 언론 보도를 통하여 우리나라의 사정을 자세히 알고 있던 터라 상당히 협조적이었다. 어느 출판사에서는 30%를 감해주기도 했다.

그러나 그것 가지고 해결할 수 있는 문제도 아니었다. 나는 출판사에 일일이 전화로 우리나라의 상황을 이야기하고 지금 파격적으로 빚을 탕감하지 않으면 어쩌면 영영 돈을 받을 수 없을지도 모른다고 설명하였다. 설명이 아니라 사실은 협박인 셈이었다. 그중 몇몇 업체들이 부채의 절반만 주어도 좋으니 제발 빨리만 송금해달라고 응해왔다. 나는 그런 곳부터 차례차례로 빚을 정리하였다.

또다시 직원을 줄였다. 2000년까지 2차, 3차, 4차 감원을 하자 직원수가 12명으로 쪼그라들었다. 45명까지 되던 회사가 이제 12명의 초라한 구멍가게 수준으로 전락한 것이었다. 남들은 새천년이 어떠니 하지만 나에게는 그야말로 최악의 시절이었다.

세종서적, 이제는 출판사업부가 먹여살린다

사람이 죽으라는 법은 없나보다. 10여 년 동안 계속 방향을 잡지 못하고 헤매던 출판사업이 돌연 호황을 맞이하기 시작했다. 그 핵심은 한 사람의 인재를 영입한 결과였다. 강경화 외교부장관의 동생이 있다. 그녀는 언니를 빼닮았다. 큰 키도 그렇고, 생김새도 아주 비슷했다. 어느 날 그 사람이 세종서적에 부장으로 입사하였다. 그런데 이 사람이 아나운서였던 아버지를 따라서 미국에서 살다가 왔기에 영어를 기막히게 잘했다. 게다가 연세대 영어과를 나왔으니 영어는 말할 필요도 없었다. 이 사람이 어찌어찌하여 〈모리와 함께한 화요일〉이라는 책을 잡았는데 그게 그야말로 대박을 친 것이다.

내가 이사일 때 함께 프랑크푸르트 박람회를 갔다. 나는 매년 갈 때마다 부하 직원 한 명씩을 데리고 갔다. 관광 겸 견문을 넓혀주려는 목적에서였다. 그때는 영업부장을 대동했는데, 출판사업부에서는 강부장과 편집 담당 여직원 한 명이 동행하였다. 그 사람은 일에 열정이 있었다. 출판사와 상담 중 좋은 책이 있으면 그걸 빌려와서 밤새도록 호텔에서 읽고 다음 날 상담하여 계약하곤 하였다. 사실 해외 도서전 시회의 주목적은 판권을 사고파는 일이다. 책 자체를 사고팔고 하는 일은 그다지 비중이 크지 않다.

나는 부장을 대동하고 라인강 투어도 하고 하이델베르그 성에도 가고, 쾰른 대성당도 가고, 라인강 투어도 했다. 사실은 그게 프랑크푸르트 북페어 이후의 단골 코스였다. 우리 4명은 의기투합하여 이번 기회에 프랑스 파리도 가보기로 했다. 프랑크푸르트에서는 파리행 야간열차가 있다. 밤 10시쯤에 타면 다음 날 아침에 도착하는 기차로 한 칸에 6명씩이 타게 되어 있었다. 프랑크푸르트 중앙역에서 기차를 타고 얼마나 왔을까? 아마도 고블렌츠나 하이델베르그였을 것이다. 30대 중반쯤으로 보이는 서양 청년이 우리 칸에 들어왔다. 그런데 이놈은 오자마자 3층 자기 침대로 가더니 옷을 홀딱 벗고 담요를 덮는 것이 아닌가. 나는 3층 침대의 맨 아래 자리이고 내 위로 여자들 두 명이 있었던 걸로 기억한다. 그 친구의 자리는 여자들의 바로 맞은편이었다. 아마도 서구 사람들은 여자들 앞에서 옷벗는 것을 대수롭지 않게 생각하는 모양이었다. 기차는 밤새 갔다. 덜컹~덜컹~ 하는 소리에 따라서 열차가 흔들려댔다. 마치 어린 시절 엄마가 나를 업고 토닥거리는 느낌이 들었다. 다음 날 아침에 눈을 떠보니 파리란다.

〈모리와 함께한 화요일〉이 베스트셀러 1위에까지 올라가고 그 이후에는 〈폰더씨의 위대한 하루〉라는 책이 연이어 베스트셀러가 되었다. 그렇게 되니 세종서적 전체로는 별다른 어려움이 없었다. 그 옛날 출판사업부가 자리를 잡지 못하고 헤맬 때는 우리가 먹여 살렸는데, 이제는 정반대로 출판사업부 덕분에 외국서적부가 먹고 사는 시대가 온 것이다.

제3부

다니엘의
세 번째 기적

(13) 도서출판 행복우물 (2006년 10월~현재)

학내 분규, 관선이사 파견, 그리고 강제 퇴사

직원들을 계속 줄여도 내가 맡은 부서는 나아질 줄 몰랐다. 이제는 나도 리더로서 무언가 책임 있는 행동을 보일 때가 되었다는 판단이 들었다. 나는 과감하게 내 월급을 반납했다. 월급 중에서 100만 원만 받기로 한 것이다. 신한은행 중곡동지점의 지점장을 거래관계로 알게 되어 가끔 그의 사무실에 차를 마시러 가곤 하였다. 그 친구가 이런 저런 이야기 끝에 나의 월급을 물어보아 450만 원쯤 된다고 하니까, "꽤 많이 받으시네요."라고 했던 말이 기억난다. 집에서는 또 난리였다. 온갖 험담을 다 했다.

"그렇게 한다고 회사가 살아나느냐?"

"누가 당신보고 월급을 깎으라고 하더냐?"

"자기 월급을 자기 스스로 깎는 멍청이가 어디 있느냐?"

그런데 그것이 문제가 아니었다. 대학에 학내 분규가 터지면서 그것이 해결되지 않고 계속 시끄러우니까 교육부에서 관선이사를 파견한 것이었다. 나는 그 자초지종을 모두 알고 있는 사람이다. 그것의 발단은 이렇게 시작되었다.

내가 입사한 그다음 해에 남산의 서울 힐튼호텔에서 창립 몇십 주년인가 하는 기념식이 열렸다. 그때는 대양학원(세종대학교 재단의 공식 명칭) 설립자 주영하-최옥자 내외가 물러나고 장남이 그룹의 경영을 맡은 지 얼마 지나지 않은 때였다. 조영남 씨가 사회를 맡은 행사에 500명 정도가 참석했던 것으로 기억한다. 그런데 그때부터 불안한 조짐을 보이던 가족 간의 불화가 거의 막장 드라마 수준까지 발전하였다.

나는 원래 큰아들인 주명건 이사장이 뽑아서 세종이라는 기관에 입사한 케이스였다. 그런데 세종호텔에서 무슨 사건이 발생하여 가족들 간의 싸움으로 번졌다. 형은 동생이 부정을 저질렀다고 하고, 동생은 형이 자기를 호텔 사장 자리에서 몰아내려고 한다며 시작된 싸움이 재단 이사장인 큰아들 측과, 부모-누이-여동생-남동생이 합세한 가족 싸움으로 확대되었다. 여기에 대학 내의 분규까지 겹쳐서 급기야는 주명건 이사장 한 사람 대 주씨 가족 전체와 세종대학교 노조 연합군의 싸움으로 발전한 것이다. 명동의 세종호텔은 말할 것도 없고 어떤 날은 군자동의 우리 회사에도 대학 노조가 몰려와서 하루 종일 점거 농성을 하기도 했다. 분규가 점차 사회문제로 번져가자 가뜩이나 정권 창출에 공헌한 사람들에게 챙겨줄 자리가 부족해서 쩔쩔매던 노무현 정부 측에서 넝쿨째 굴러들어 온 호박을 놓칠 리가 없었다. 결국 2005년 5월에 교육부에서는 관선이사라는 명목으로 세종대학교에 임시 이사를 파견하기에 이른다.

하, 그런데 이 임시 이사란 제도가 또 기가 막힌다. 교육재단은 일반 기업체와 달라서 재단 이사장이 재단 산하 모든 학교나 기업체의 인사권을 행사하는 시스템이다. 관선이사로 온 사람들은 거의 다가 운동권 출신들이었다. 원래 기업체에서 잔뼈가 굵은 사람들은 법인카드가 있어도 함부로 쓰질 못한다. 돈을 얼마나 힘들게 벌었는지를 잘 알기 때문이다. 물론 우리들이라고 법인카드를 100% 거래처의 접대에만 쓰지는 않는다. 가끔은 친구들을 만나 술을 마시며, "야, 오늘은 내가 낼게. 나 법인카드 있어!" 하면서 호기를 부리기도 한다. 그렇지만 단돈 몇만 원을 결재하면서도, "이래도 되나?" 하면서 죄스러운 마음이 든다. 그런데 이 사람들은 거침이 없었다. 심지어는 법인카드로 마누라의 금목걸이까지 샀다는 이야기도 들렸다.

관선이사가 파견되자 세종그룹에서 덩달아 힘을 쓰는 사람이 호텔의 사장을 하다가 비리 문제로 퇴사를 당한 설립자의 막내아들이었다. 그에게 실제로 비리가 있었는지, 아니면 형이 가족들을 다 몰아내고 자기에게 충성하는 우리 같은 사람들만 데리고 일을 하려고 했던 것인지는 나는 알지 못한다. 안다고 해도 더 자세히는 밝힐 수가 없다. 그런데 관선이사가 오자 동생이 관선이사 쪽에 합류하여 산하 기업체의 인사권을 좌지우지하게 되었다. 그때 세종서적주식회사의 대표이사는 내가 16년 전에 신규사업 담당자로 들어올 때 그 위에서 관리를 맡았던 대학 출신의 인사였다. 그런데 그를 물러나게 하더니 출판의 강 이사와 같은 연세대 출신 안 모라는 사람을 대표로 앉힌 것이었다.

　2006년 6월의 어느 날인가 그들이 나를 명동으로 불렀다. 나가보니 두 사람이 앉아서 앞으로 외국서적부를 어떻게 하면 좋겠느냐고 이런저런 질문을 했다. 나는 아는 대로 대답하고 돌아왔다. 그때까지만 해도 나는 회사가 어렵기는 하지만 그 고비만 잘 넘기면 별문제가 없을 줄로 알았다. 그런데 그다음 날 회사에 출근해 보니 내가 해고됐단다.

　내가 그들을 잘못 보았다. 나는 형인 주명건 이사장 측에 속한 사람이고, 그들은 동생인 사장 쪽의 사람들이었다. 나를 퇴사시키라는 지시를 받고 온 줄 모르고 앞으로의 대책이 어쩌니저쩌니하며 떠들어댔으니, 그들이 얼마나 나를 비웃었을까? 그렇게 하여 나는 16년 동안 온갖 정열을 불태웠던 세종서적주식회사 외국서적부를 떠나게 되었다. 그야말로 하루아침에 실업자가 된 것이다. 1년을 넘게 월급을 모두 반납하고 어떻게든 회사를 살려보려고 한 나의 노역도 허사였다.

강제퇴직의 충격, "그래, 넘어진 김에 쉬었다 가자."

그야말로 청천벽력이었다. 회사에서는 중역으로 진급만 되면 대개 70살까지는 근무할 수 있다는 불문율 비슷한 믿음이 있었다. 그것이 무슨 정해진 규칙은 아니고, 그룹의 총수인 이사장의 사고방식이 그런 듯했다. 그분에게는, "장수는 쉽게 바꾸면 안 된다."는 경영철학 같은 게 있지 않았나 싶다. 실제로 한국관광용품센터라는 회사의 대표이사는 70이 훨씬 넘은 나이까지도 근무하다 퇴사하였다. 또 중역들이 퇴사할 때는 퇴직위로금을 주는 관행이 있었는데, 나는 그것도 한 푼 받지 못하고 그냥 '쫓겨 난' 것이다.

충격도 보통 충격이 아니었다. 하루는 분당에서 전철을 타고 가는데 문득, "어디를 가는 중이지?" 하며 정신이 돌아왔다. 그야말로 아무 생각 없이 집을 떠나온 것이었다. 어느 날 저녁에는 아들이, "엄마 왜 이래?" 하면서 아내의 머리 쪽을 가리킨다. 살펴보니 머리 한 모퉁이가 뻥 뚫렸다. 원형탈모였다. 당시 아들은 대학원을 졸업하고 여의도 증권사에 근무하고 있었다.

학자들이 공통으로 하는 이야기가, 사람이 가장 크게 충격을 받는 일의 첫 번째가 배우자의 죽음이고, 두 번째가 실직이나 사업의 실패라고 했다. 과연 그 말이 틀리지 않았다. 그래도 이대로 죽을 수야 없지 않은가? 무언가 해결책을 찾아야 했다. 이제 내 나이 57세, 아내는 취직자리를 알아보라고 했지만, 그 나이에 다시 취직을 하기는 어려울 것이라는 판단이 섰다. 그래도 아내의 등쌀에 못 이겨 이런저런 곳을 알아보았지만 그게 어디 가능한 일인가?

자꾸 공인중개사 자격을 따라고 보챈다. 늙어선 그게 최고란다. 그래서 분당의 공인중개사 학원을 등록했다. 가보니 40명 중에서 30명이 여자들이었다. 게다가 나처럼 나이 많은 사람은 한두 명에 불과했다. 두 달을 다니다 이건 도저히 아니라고 생각하여 그만두었다. 두어 군데 면접을 보았는데 조건도 형편없고 자존심도 상하고 하여 포기하였다. 그래도 아내는 그냥저냥 조금만 벌면 사는 데는 별문제가 없을 것이라며 취직을 종용했다.

이참에 아내와 미국 여행을 다녀오기로 했다. 나는 열 번 이상을 갔다 왔지만, 아내는 그때까지 LA와 서부지역 관광을 한 차례 다녀온 것이 전부였다. 한 달 일정으로 워싱턴으로 떠났다. 워싱턴에는 가운데 처형과 처제가 살고 있었다. 가운데 동서는 서울고등학교에 서울대 상대를 졸업한 수재였다. 머리가 좋으니 LA에서 쫄딱 망해 달랑 몸만 떠나왔는데도 어찌어찌하여 15년 만에 꽤 큰 회사를 운영하고 있었다. 사이딩(Siding)이라고 하여 주택의 옆면 가로 나무판을 붙이는 공장을 차려 성업 중이었다. 회사에는 직원이 30명쯤 된다고 했다.

우리는 동서가 운전하는 차로 룰레이 동굴도 가고 조지 워싱턴 생가인 마운트버논도 갔다. 백악관도 가고 국립묘지도 갔다. 조지 워싱턴 기념관에서는 많은 생각이 들었다. 100만 평도 넘는 거대한 땅을 소유했던 조지 워싱턴을 미국 사람들은 그냥 '국부'로 모신다. 안내하는 사람은 심지어 눈물을 흘리며 해설한다. 우리도 그런 '국부'를 추앙하는 풍토가 빨리 잡았으면 좋겠다는 생각을 한 것이다.

처제가 셰난도 국립공원을 가잔다. 처제는 미국에서 공인회계사를 하면서 해외선교센터를 운영하고 있었다. 아팔라치아 산맥의 능선을 따라 드라이브를 하면서 관광하였다. 그런데 그 과정에서 두 번이나 공원 경찰 두 명이 총을 겨누고 사람들의 몸을 수색하는 광경을 보았다. 그 전날 버지니아 페어팩스의 총기박물관에 전시된 수천 점의 총기류가 생각났다. 미국은 가히 경찰국가라고 할만하다는 생각이 들었다.

미국 캐나다 7일짜리 동부여행 패키지 관광에 합류하였다. 나이아가라를 지나 몬트리올을 거쳐 퀘벡까지 갔다 오는 여정이다. 끝없이 넓은 캐나다 평원을 지나면서 어떤 한국 이민지가 하소연한 이야기가 생각났다. 친구가, "여긴 골프를 쳐도 앞뒤로 사람도 없고 서두르지 않고 느긋하게 즐길 수 있다."라며 하도 좋다고 하길래 "친구따라 강남간다."고 캐나다 이민을 오게 되었단다. 그렇게 와서 실제로 골프를 쳐보니, 앞에도 사람이 없고 뒤에도 사람이 없어 정말 좋더란다. 그런데 그것도 몇 번 해보니, 이건 그냥 벌판에서 몽둥이를 휘두르는 꼴이 아닌가. 뒷사람이 치는 공이 바로 옆에 떨어지기도 하면서 무슨 쫓기는 기분이 들어야 하는데, 이건 앞뒤로 아무도 없으니, "내가 뭐 하지?"라는 생각이 들면서 골프가 재미없더라는 것이었다. 그래서 그 친구는 결국 미국으로 오게 되었다고 했다.

뉴욕으로 와서 시내 관광을 하고 다시 워싱턴으로 돌아왔다. 아내는 그곳에서 처형네와 더 있고 나는 그길로 콜드 스프링스라는 동네로 비행기를 타고 이동했다. 그때는 누님이 그곳에서 미국인 상이용사와 결혼하여 살고 있었다. 한국에서 매형이 돌아가시고 화장품 사업도 부도나자 얼마 지나지 않아 미국으로 온 누님은 한국전에 참전한 경험이 있는 상이용사와 재혼하였다. 나는 그 옛날에도 미국 출장 왔을 때 콜드 스프링스에 들러서 그 매형을 만나 함께 식사도 했다. 우리 한국 식구들의 사진을 벽에 걸어놓고 아내를 진심으로 사랑해 주던 참으로 좋은 분이었다.

원래 인천공항에서 출발할 때는 큰형과 함께 왔었다. 미국까지 함께 온 큰형은 덴버를 거쳐서 누님이 있는 콜드 스프링스로 가고 우리들은 워싱턴으로 온 것이다. 누님과 큰형을 모시고 내가 차를 몰고 두 시간 거리에 있는 덴버에 갔다. 덴버에는 종로 고모의 작은 딸이 살고 있었다. 그 누님은 나보다 세 살 위인데 매형은 경희대 학생회장 출신으로 영원무역에서 뉴욕지사장을 하다가 그냥 미국에 눌러앉은 케이스였다. 미국은 원체 지도가 잘되어 있어서 지도만 있으면 바로 그 집 앞까지도 갈 수 있다. 처음 운전인데도 정확하게 그 집 주차장에 차를 댈 수 있었다. 고종사촌 누님네는 커다란 골프장이 바로 앞에 정원처럼 펼쳐진 고급 주택에서 살고 있었다. 한국에서 우리들이 왔다고 한식당에서 불고기에 술에 거창한 대접을 받았다. 돌아와서는 누님과 큰형님을 모시고 콜드 스프링스 인근의 인디언 유적지도 둘러보고 이런저런 곳을 관광했다.

워싱턴의 처형 집에서는 날마다 소고기 바비큐를 해주는 등, 정말 지극정성으로 우리를 보살펴주었다. 처제도 마찬가지로 여러 곳을 데리고 다녔다. 덕분에 스미스소니언 박물관도 가고 항공우주 박물관도 가고 하다 보니 어느 사이에 한 달이 후딱 지나갔다. 미국을 떠나기 전날 처형과 처제가, "남편이 하고 싶은 대로 하도록 해줘라."라고 아내를 설득했다. 그리하여 출판사업을 하기로 최종 결정이 되었다.

건설회사에 취직 되었다가 취소된 이야기

2006년 10월 26일에 출판사 등록을 했다. 곧바로 분당에 사무실을 얻고 하루 종일 사무실에서 글을 썼다. 출판사를 차렸으니 첫 작품은 내가 쓴 책을 내고 싶었다. 〈박정희 다시 태어나다〉란 제목으로 소설을 쓰기로 했다. 1979년 10월 26일 갑작스러운 죽음이 아닌 그후 계속하여 살아있다는 가정으로 이야기를 출발시킨 것이다. 그 후에 김영삼-김대중-이명박-박근혜 순서로 대통령이 된다는 가상소설인데, 지금 생각하면 끔찍스러울 만큼 그 내용이 들어맞는다. 어떻게 그런 상상을 하게 된 것인지는 나도 모르겠다. 10년 후의 일을 마치 점쟁이가 미리 예견하듯 정확히 맞춘 것이었다.

동아일보 사옥에 찾아가서 기자들의 협조를 받아 그 옛날 보관용 슬라이드까지 확인하면서 자료를 확보하였다. 윤영하 소령의 참수리 고속정과 북한과의 전투 장면도 되살려서 넣었다. 평택의 해군 제2함대 사령부도 가고 군 관계자들도 여럿 만나 인터뷰했다. 책에 넣을 삽화는 세종대 애니메이션학과 교수에게 당시로서는 거금을 주고 부탁하였다.

그런데 몇 달 후 강남에 있는 어떤 건설회사에서 나에게 면접을 보자는 제안이 왔다. 아마도 해외건설협회에 의뢰하여 추천받은 모양이었다. 그 회사는 국내에서 FED공사를 여러 군데서 하는데, 감독관청인 미국 사람들과 소통할 책임자급 사람이 절실히 필요했던 모양이었다. 미국공병단(COE: Corps of Engineers) 중에서 극동지역을 담당하는 조직을 Far East District, 즉 FED라고 부른다.

가서 면접을 보니 회사가 꽤 규모 있어 보였다. 담당 중역 두 명이 면접을 보는데 이런저런 사항을 물어보았다. 미국 감독관들과의 업무와 영문 행정 업무는 내가 통달했으니 아무런 문제가 없었다. 직급은 이사에 월급도 그쪽에서 제시하는 금액이 500만 원으로 세종서적에서 받던 금액보다도 더 많았다. 두 차례의 면접을 끝내고 월급도 책정하고 이제 다음 주부터 출근하면 되는 것이었다. 집에 와서 최종적으로 내가 건설회사에 취직이 되었다고 하니 집에서는 좋아서 난리였다. 아들은, "우리 아버지가 참 대단하다!"며 나를 추켜세운다. 왜 안 그렇겠는가? 57살에 번듯한 회사에 중역으로 취직이 되었으니. 나도 불확실한 출판보다는 그래도 몇 년 더 직장을 다니는 편이 좋을 듯하여 그쪽으로 마음을 굳혔다.

금요일에 회장님에게 인사를 하고 월요일부터 출근하기로 되어 있었기에 강남의 사무실을 다시 찾아갔다. 가면서 내가 그동안 쓴 원고를 회장님께 보여드리자고 생각하고 그걸 들고 갔다. A4용지 무려 180페이지에 달하는 막대한 분량이었다. 상무란 사람의 안내로 회장실에 들어가서 인사를 했다. 회장과 아들인 사장이 앉아 있었다. 사장은 내가 면접 때 본 구면이고 회장은 처음이었다. 나이는 80 가까이 되었을까? 인사도 다 마치고 휘파람을 불면서 집으로 돌아왔다. 그런데 집에 온 지 두 시간 정도 되었을까? 돌연 그 회사의 상무란 사람으로부터 전화가 왔다. 취업이 취소되었다는 것이 아닌가!

회장님이 그 원고를 보시더니, "이렇게까지 책을 준비한 사람이 그 책을 포기할 리가 없다. 두 군데 신경 쓰는 사람을 쓸 수는 없으니, 합격을 취소하고 다시 알아보라."고 지시했다는 것이었다. 그것으로 강남의 건설회사 취직 건은 물 건너가 버렸다. 나는 하나님이 나에게, "이제 더 이상 직장생활은 하지 말라나보다."라고 생각하고는 출판에 더욱 매달렸다.

나의 첫 책 〈박정희 다시 태어나다〉

드디어 2007년 4월, 나의 첫 책 〈박정희 다시 태어나다〉가 나왔다. 서점에서의 반응은 가히 폭발적이었다. 대구에서는 나의 책이 베스트셀러 1위, 김훈의 〈남한산성〉이 2위였다. 부산에서는 김훈이 1위, 내가 2위였다. 그러나 서울에서는 80위 권에 머물고 있었다. 나는 조금만 더 알려지면 전국적으로 1위도 가능하겠다고 판단하여 공격적으로 홍보에 투자했다. 그러나 대구를 중심으로 한 영남지역에서만 1~2위를 오르락내리락할 뿐 전국적으로는 여전히 50~70위 권이었다. 결과적으로 이름은 조금 알렸지만, 손익분기점(BEP)을 넘기는 데는 실패했다. 〈박정희 다시 태어나다〉는 베스트 셀러 판매량 기준에는 도달하여 그 자체로는 양호한 성적이었지만, 투자대비 내실은 부족했다.

그 이후, 나는 베스트셀러 외국도서 몇 권을 판권계약을 했다. 디팩 초프라라는 미국의 영성 전문가가 쓴 책 〈죽음 이후의 삶〉도 그때 계약한 것인데, 18년이 지난 지금까지도 여전히 스테디셀러로 자리잡고 있기에, 여로 모로 성공한 케이스로 남아있다. 반면, 아주 철저한 실패를 경험한 사례도 있다. 대표적인 〈굿바이 내사랑 스프라이트〉이다. 당시 아마존 베스트셀러 1위까지 올라갔던 책인데 그것을 타 출판사와 서로 경합을 벌이다 보니 무려 베팅 금액이 3만 달러까지 올라갔다. 거금을 주고 계약했지만, 막상 시중에 내어보니 이건 그야말로 단 한 권도 팔리지 않는 것이 아닌가! 유기견과 그 주인의 우정 관계를 다룬 책이었는데, 아마도 지금쯤 나왔다면 결과는 상당히 달라졌을지도 모르겠다. 그러나 거의 20년 전인 당시는 아직 한국에서 반려견과 인간의 이야기가 별로 일반대중의 관심사가 아니었다.

내가 박정희라는 인물을 첫 작품의 주인공으로 삼은 이유는 그가 한국의 경제발전에 큰 기틀을 잡았기 때문이다. 서거 당시에는 스위스 은행에 무슨 비밀계좌가 있느니 어쩌니 했지만, 지금은 그저 검소하게 살다 간 분이라는 것이 세간의 평가이다. 그분은 일본과의 한일회담에서 받은 배상금 무상 3억 달러, 유상 2억 달러도 모두 포항제철이나 경부고속도로 같은 기간 산업을 발전시키는 데에 투자하였다. 그 결과 한국은 이제 당당히 세계 10위권의 경제 대국이 되었다. 반면에 필리핀 같은 나라도 일본으로부터 배상을 받았지만, 마르코스 가족의 치부에 다 탕진하고 지금껏 그저 그런 나라로 살고 있지 않는가.

나는 전두환 대통령은 정주영회장님과 함께 88올림픽을 유치한 사람으로, 노태우 대통령은 북방외교를 이룬 사람으로, 김영삼 대통령은 금융실명제를 실시한 사람으로, 김대중 대통령은 IMF외환 위기를 극복한 사람으로, 노무현 대통령은 한미FTA를 체결한 사람으로, 모두를 존경한다. 극우도 위험하고 극좌도 위험하다고 생각하는 사람이다.

가평으로 이사하다

그러던 중 서울 생활을 청산하고 가평으로 이사를 오기로 결심했다. 나는 원래 경기도 오산 출신으로 시골에 대한 향수가 있었다. 언제부터인가 시골에 가서 살았으면 하는 소원이 있었는데, 직장생활을 할 때는 그게 불가능했고, 이제는 출판사를 운영하니 이참에 시골로 이사를 해야 하겠다는 생각을 굳힌 것이었다.

그런데 전원주택은 거의 다 양평과 퇴촌 쪽에 몰려있었다. 그쪽을 수없이 다녀도 마땅한 집을 찾을 수 없었다. 집도 새집이고 하여 계약하려고 보니 바로 옆에 무덤이 있다. 이번에는 탁 트인 전망이 좋아 계약하려고 하니 너무 가파른 언덕이 문제다. 한겨울에 눈이라도 내리면 이 길을 어떻게 오르내릴까를 생각하니 또 망설여진다. 그렇게

5년 동안 80채를 보았는데 모두가 다 마땅치 않았다. 이게 좋으면 저게 나쁘고, 반대로 저게 좋으면 이게 나쁘고 하는 식이었다.

그러던 중 하루는 춘천 언니네를 가면서 얼마 전 신문에 난 집을 보러 가자고 했다. 한국일보에 매물로 나온 광고를 오려두고 있다가 언젠가 시간이 나면 가보려고 하던 차에 가평을 지나면서 들르게 된 것이었다. 우리 부부는 한눈에 그 집에 반했다. 마을 한복판에 있는 목조주택인데 네모반듯한 300평의 땅에 정원이 무척이나 넓었다. 춘천에 가서 언니에게 그 집이 마음에 든다고 하자 내일 함께 가보자고 했다. 다음날 보니 더욱 마음에 들었다. 그래서 그 자리에서 계약했다. 그것이 지금까지 16년 6개월 동안 살고 있는 집이다.

이사 와서 강아지도 키우고 고양이도 키웠다. 처음 이사올 때는 집 앞으로 칼봉산이라는 관광지를 가는 등산객들을 실은 관광버스들이 서너 대씩 주차해 있었는데, 그것도 2~3년이 지나면서 개울 건너편에 2차선 도로가 생겨서 모두 그리로 다니게 되었다. 100여 호 되는 동네의 마을회관 바로 앞에 있는 우리 집은 밤이면 적막강산이 된다. 봄이면 개구리 울음소리가 들리고 가을이면 풀벌레 소리만 들린다. 여름이면 열흘에 한 번씩은 잔디를 깎는다. 마당이 넓다 보니 잔디를 깎는 데만 하루 종일 걸린다. 잔디를 깎고 나서 저녁에 카페트와도 같은 초록색의 마당을 내려다보며 파라솔 아래서 마시는 맥주 맛은 그야말로 둘이 먹다가 하나가 죽어도 모를 정도이다. 밤 8시만 되면 집 앞으로 다니는 차는 하나도 없다. 사방이 조용하니 잠도 잘 오고 그러니 입맛도 나고. 나는 여기서 사는 16년 6개월 동안 병원이라고는 한 번도 가본 경험이 없다. 발가락에 티눈이 생겼다거나 사다리에서 떨어져서 찰과상을 입어 다닌 것 말고는 병원 간 기억이 없다. 아내도 마찬가지이다. 차로 5분만 가면 가평역이니 아들이 서울에서 오기도 좋고 친구들과 만나는 것도 전혀 문제가 없다.

체육관에서 주 4일 정도 탁구 치고, 하루는 헬스장에서 운동한다. 10여 년 동안 기타를 배웠다. 언젠가는 기타반과 오카리나반 연합으로 12명이 팀을 만들어 경기도 대회에서 우승하고, 전남대 앞 도로를 막아놓고 열린 전국대회에서 장려상을 받기도 했다. 교회도 새로 등록하여 교회 친구들도 많이 사귀었다. 집에서 4분 거리에는 도서관도 있다. 서울의 어느 도서관보다도 더 좋은 시설에 사람도 별로 많지 않다. 서울은 체육관을 가도 지하 주차장에 차를 대고 엘리베이터를 타고 올라가야 한다. 또 사람이 많아 운동을 하기도 힘들다. 그러나 여기는 가평군 전체 인구라야 6만 명이다. 가평읍은 여기저기 사는 사람들을 모두 포함해도 2만 5천 명밖에 되지 않는다. 그러니 모든 시설이 그냥 가기만 하면 즉시 이용 가능하다. 아내도 큰언니네와 가까우니 일주일에 서너 번씩은 만난다.

공기도 좋고 이웃들의 정도 넘치고 해서 가평은 여러모로 노후를 보내기엔 좋은 환경이었다. 그러나 사업이 안 될 때에는 아내와 다툼의 횟수도 늘어났다. 극심한 스트레스에 잠을 못이룬 날들이 이어졌다. 어느날은 아침에 일어났는데 목의 뒷덜미가 이상했다. 무언가 부스럼 같은 것이 돋아나서 자꾸 가려웠다. 병원을 갔더니 대상포진이란다. 사업의 극심한 스트레스가 대상포진이라는 결과로 나타난 것이었다. 몇 년 동안 이런 비슷한 일이 수도 없이 일어났다. 사업적으로나

심적으로 너무 힘들 때에는 주변의 좋은 생활 환경도 아무런 의미가 없었다.

그렇게 어려운 중에도 나에게 위안이 되어주는 것은 교회에서의 믿음 생활과 '야옹이'라는 고양이였다.

내 사랑 야옹이

가평의 시골집으로 이사오니 창고에 자꾸 쥐가 들끓었다. 쥐에는 고양이가 특효 아닌가. 두어 달 지난 어느 날, 하루는 아들이 서울에서 오면서 고양이 한 마리를 케이지에 담아왔다. 태어난 지 며칠 안 되는 모양으로 아주 어린 새끼 고양이였다. 어느 군대 여성 부사관이 새끼를 낳자마자 주었다고 했다. 그냥 평범한 토종 고양이인데, 우리는 '야옹이'라는 이름을 지어주고 온 가족이 정성으로 보살폈다. 우유를 사 와서 주사기로 입에 넣어주면서 키우기 시작한 놈은 무럭무럭 자라더니 얼마 후에는 새끼를 다섯 마리나 낳았다. 그걸 이곳저곳 아는 사람들에게 분양해 주었다.

그로부터 얼마 지나지 않았는데 이번에는 여섯 마리를 낳는다. 와, 이건 정말 큰 문제가 아닌가. 부랴부랴 불임수술을 해주어야겠다고 생각하고 청평의 동물병원을 갔다. 동물병원에서 불임수술을 마치고 집으로 돌아오는 길이었다. 청평에서 가평까지는 20분 정도가 걸린다. 가평읍에서 우리집으로 오려면 고개를 하나 넘어야 하는데 그때까지 죽은 듯이 있던 야옹이가 고개를 넘으면서부터 막 울어대기 시작하는 것이 아닌가. 야옹이는 집에 풀어놓기가 무섭게 방으로 비틀대며 들어가더니 새끼들을 한 마리씩 물어서 2층으로 옮기기 시작하였다. 마취도 제대로 풀리지 않았을 것 같은데도 야옹이는 필사적이었다. 그렇게 여섯 마리를 다 옮기고 나서 야옹이는 새끼들을 품고 그냥 잠이 들었다. 나는 그때 새끼를 사랑하는 마음은 동물이나 인간이나 전혀 다르지 않다는 사실을 직접 목격했다.

그런데 새끼 여섯 마리를 다른 사람들에게 나누어주어야 하는데, 아무도 받겠다는 사람이 없는 것이다. 그래서 밥도 사주고, 고양이 케이지도 사주고, 온갖 수단 방법을 다 해서 겨우겨우 여섯 마리를 다 넘겨주었다.

그런데 몇 달 후 또 사고가 터졌다. 가평읍 주민센터에서 기타를 배우고 있는데, 아내로부터 다급한 전화가 왔다. 아내는 야옹이가 쥐약을 먹은 것 같다고 했다. 급하게 차를 몰고 집으로 와보니 몸도 차고 거의 죽기 일보 직전이었다. 청평 동물병원으로 급히 차를 몰았다. 차 안에서 야옹이는 이제 울지도 않는다. 수의사가 이리저리 살펴보더니, 장세척을 해야 하는데 살려낼 수 있을지는 내일 아침에나 알게 될 것이란다. 그러면서, 만약 죽으면 자기네들이 그냥 처리하겠다고 했다. 다음 날 아침 반가운 전화가 왔다. 야옹이가 살아났다는 것이었다. 야옹이를 데리고 오는 내내 나와 아내는 기분이 아주 좋았다. 아무리 동물이라지만 1년을 넘게 살았는데 어찌 정이 들지 않을 수 있겠는가.

야옹이와 산 지 10년이 넘은 어느 여름날의 일이었다. 녀석의 목덜미 털이 벗겨지고 썩어서 고름이 나기 시작하더니 그 후로는 돌아다니지도 않고 누워만 있는 게 아닌가. 이건 또 무슨 일인가? 동물병원을 데리고 갔더니 다른 고양이와 싸워서 생긴 상처에 염증이 생긴 것이라고 한다. 그 며칠 전부터 동네의 들고양이들이 집에 드나들기 시작했다. 그럴 때면 야옹이는 집주인 행세를 하느라, 목의 털을 세우고 놈들을 집 밖으로 쫓아내곤 하였다. 그런데 그중 한 놈과 싸우다가 그만 상처를 입은 것이었다. 치료비가 10만 원이나 들었다. 수의사는 주사기와 주사약, 그리고 바르는 연고를 주더니 나에게 날마다 주사를 놓아주고 연고를 발라주란다. 상처가 난 곳을 긁지 못하게 목에 대는 플라스틱 보호대도 주었다. 그 후 한 달 이상을 지극정성으로 주사를 놓고 약을 상처 부위에 약을 발라주었다. 군대 위생병 출신인 것이 천만다행이란 생각이 들었다.

야옹이와 함께 산 지도 벌써 15년이 되었다. 사람의 나이로 치면 이제 80살 할머니지만 우리 야옹이는 내가 정성껏 보살펴서 그런지 아직도 쌩쌩하다. 녀석은 잘 때면 꼭 내 발치에 와서 잔다. 아내도 있고 아들도 있지만 유독 나만을 그렇게 따르는 것이다. 새벽에 문을 열어 달라고 하여 마당에 나가서 오줌도 누고 온다.

그동안 내가 어려울 때 얼마나 큰 위안이 되었던가? 아내와 아무런 이유도 없이 싸우고 실의에 잠겨있을 때 나는 야옹이의 눈을 들여다 본다. 그러면 이렇게 이야기하는 것만 같다. "힘내세요, 제가 있잖아요." 사업이 힘들어 죽고 싶은 마음이 들 때에도 야옹이는 내게 이런 말을 하는 것만 같다. "괜찮아요. 언젠가는 좋아질 날이 오겠지요."

여기서 강아지도 10년을 넘게 키워 보았지만, 고양이는 강아지와는 또 다른 기쁨과 위안을 준다. 내가 서울에 갔다가 늦으면 내가 올 때까지 대문 바로 앞에 쪼그리고 앉아서 나를 기다린다. 15년 전에 청평 수의사가 했던 말이 생각난다.

"암놈 고양이 한 마리를 키우는 건, 딸 하나 키우는 것과 똑같아요."

노벨문학상의 역설

2024년 10월 노벨문학상 수상자가 발표되었다. 이번에는 우리나라 차지였다. 나는 서적-출판 업계에서 30년 넘게 근무하면서도 늘 그게 이상했다. 왜 프랑스는 16명, 미국은 13명, 영국은 11명씩이나 나왔나? 세계 40개국에서 수상자가 나왔고 일본과 중국에서도 두 명씩이나 나왔는데, 왜 우리나라는 아직 단 한 명의 수상자가 없을까?

2006년에는 트루키에의 오르한 파묵이라는 작가가 〈내 이름은 빨강〉이라는 이름으로 문학상을 받았다. 극세화(極細畵) 작가의 죽음을 파헤치는 추리 소설 형식이 가미된 트루키에 전통에 관한 이야기이다. 2016년에는 스베틀라나 알렉셰이비치라는 여성 작가가 〈전쟁은 여자의 얼굴을 하지 않았다〉라는 작품으로 노벨문학상을 받았다. 독소전쟁에 참가한 소녀 병사들의 이야기였던 것으로 기억한다. 이 작가의 국적은 벨라루스다. 벨라루스가 어디 붙어 있는지 아는 사람이 몇 명이나 될까?

그런데 세계 10대 경제 대국이라는 한국은 아직도 노벨문학상 수상자가 없다. 문학상뿐만이 아니라 다른 어떤 분야의 노벨상 수상자도 없다. 나는 노벨평화상이라는 것은 정치적인 요소가 많이 작용하여 결정되는 것이기에 별 의미가 없다고 보는 사람이다.

왜 한국만 아직일까? 나는 그 이유를 한국이라는 나라가 원체 책을 읽지 않아서가 아닐까, 하는 생각을 해보았다. 전 국민의 독서율이라는 것이 통계를 내세우기조차 부끄러울 정도이니 말이다. 실제로 전철을 타고 서울을 다녀오다 보면, 전철 안에서 책을 들고 있는 사람은 단 한 명도 없다. 백이면 백 모두가 다 전화기만 들여다본다. 그런 나라에서 노벨문학상을 바란다는 것 자체가 부끄러운 일 아닐까?

그러던 중, 한강 작가의 노벨문학상 수상이라는 반가운 소식이 들려왔다. 출판업계에 종사하는 사람이라면 누구나가, "아하~, 이제부터 무언가 좀 달라지지 않을까?"라는 생각을 했을 것이다. 나 역시도 그랬으니까. 그런데 막상 뚜껑을 열어보니 조금 달랐다

우리 출판사 같은 경우, 출간 종수가 120종이 넘고, 매월 평균적인 판매량이 있는데, 노벨문학상 수상 소식이 들리고 나서부터 책의 판매량이 평균 내지는 그 이하를 기록한 현상이 발생 했었다. 그 이유를 곰곰이 생각해 보았다. 어쩌면 한강 작가의 책이 그 얼마 되지 않는 도서 시장을 '싹쓸이'하기 때문일 수도 있다는 결론에 도달하였다. 가령 한 달에 도서를 한 권씩 사던 사람이라면, 한강의 책만 사고는 더 이상 사지를 않는다. 또 평소에 책을 안 읽던 사람이 노벨문학상을 탔다고 하니, "어디 한 번 읽어 볼까?"하고 서점에 가서는 달랑 한강의 책만 사고는 다른 책은 들여다보지 않는다. 보통 예상하기는 한강 작가의 책을 사면서 주변에 다른 책도 덩달아 한두 권 살 것으로 보았는데, 현실은 조금 달랐던 것 같다 또한, 오프라인 서점에는 온통 한강 작가의 책들로 가득했다. 서점들도 매대를 당장 매출이 좋은 모두 한강 작가의 도서로 채워 놓았던 것이다.

당시에는 예상치 못한 현상에 잠시 놀랐으나, 시간이 지나자 우리 출판사의 판매량도 평균 이상으로 회복 되었다. 한강 작가의 노벨문

학상 수상은 분명 엄청난 업적이고 이로인해 국격이 한층 올라갔음은 분명하다. 궁극적으로는 한강 작가의 수상이 우리나라 출판시장에 긍정적인 영향을 미칠 것이다. 한강 작가의 노벨상 수상에 자극받아 우리나라 전체의 독서율이 올라가면 좋겠다는 생각을 해 본다. 그리하여 앞으로는 전철 안에서도 책을 읽는 모습을 볼 수 있었으면 하는 희망도 가져본다.

조금씩 나아지기 시작한다

어느 봄날, 소파에 잠들어 있는 아내의 얼굴을 보게 되었다. 아내는 코를 골며 소파에 잠들어 있었다. 곱디곱던 그 옛날의 그 모습은 사라지고 이제는 60대 중반을 넘어선 초로의 할머니 모습이 그대로 드러나 있었다. 순간 눈물이 핑! 돌았다. 내가 아내에게 해준 것이 무엇인가? 아내가 그 옛날 2천만 원 적금을 고스란히 태평양화학에 갖다 바쳤다면서 누나의 험담을 할 때에, 언제 한 번 동의하며 따뜻한 위로의 말 한마디 해준 적이 있었던가. 그런 생각을 하자 문득 아내에게 미안해지기 시작했다. 나 하나만 의지하여 시집을 왔는데 극빈층 바로 전 단계까지 추락하지 않았는가.

다음날부터 모든 것을 아내 위주로 생각하고 행동하기로 마음먹었다. 새벽기도 갈 때부터 시작하여 밤에 잠자리에 들 때까지 하루 종일 아내 생각만 했다.

"아내를 위로하여 줄 수는 없을까?"
"도울 수 있는 일은 없는가?"
"이렇게 하면 좋아할까?"

그래서 식사 후 설거지에서부터 집 청소, 심부름 등등, 온갖 일을 자발적으로 했다. 시중의 농담처럼, 아내가 눈만 희번덕거려도 알아서 기었다.

그런데 그게 참 묘한 것이, 그 이후 어느날 부터인가 집안 분위기가 차츰 좋아지기 시작했다.

"이제 무언가 기적이 일어나려나?"

그 전까지는 나는 힘들 때마다 내가 왜 이렇게 힘든지 이해하지 못하는 상태로 있었다. '조상의 묘가 잘못되었나?' 하는 생각에 산소에 가서 이리저리 둘러보아도, 조상 묘는 그야말로 왕가의 무덤 못지않게 잘 꾸며져 있고 관리도 잘 되고 있었다. 부모님이 죄를 지어서 나에게 무슨 갚아야 할 업(業)이 있나? 하고 생각해 보면, 우리 부모님은 착하디착한 분들이었다. 아버지는 그야말로 법 없이도 살 분이었다. 내가 '노력을 하지 않나?' 하여 돌이켜보면, 그 누구보다도 열심히 살고 있는 나였다. 그야말로 새벽부터 밤늦게까지 잠시도 쉬지 않고 노력하는 내가 아닌가. '머리가 나쁜가?' 하고 생각하면 그것도 아니었다. 그 옛날부터 반장이니 회장이니 하는 감투는 모두 내 차지였다. 그럼 믿음이 없어서 그런가? 그것도 아니었다. 새벽기도도 빠지지 않고 교회에서도, "최 집사 같이 훌륭한 믿음을 가진 사람은 흔치 않다."는 말을 자주 듣는다. 그렇다면 내가 어려운 이유는 중 남은 것은 단 하나밖에 없다.

"아직 나의 때가 되지 않았다."

세 번째 기적이 일어났다

지난 30년 넘게 새벽기도를 드렸다. 그러다 보니 그게 그냥 습관이 되었다. 어려울 때마다 나는 기도의 은사를 종종 체험했다. 판매 부진으로 절판 되었던 번역서 〈모세의 코드〉가 어느날 다시 종교분야 베스트셀러에 진입하기도 했다. 이 책은 초판 1쇄 3천 부를 찍은 후는 더 이상 판매가 없어서 절판을 시켰었다. 그런데 유명 유튜버인 '책추남'이 이 책을 소개한 후, 독자들의 열화와도 같은 요청이 쇄도하여 계속 중쇄를 거듭하고 있다. 여행에세이 분야에서 각각 1위, 3위 베스트셀러가 연달아 나오기도 했다. 나는 위기 때마다, 그리고 최악으로 치달을 때일수록 나는 더욱 절박한 심정으로 매달렸다. 사업을 일으켜 세울 수 있게 도와달라고. 투자를 유치하든, 귀인을 만나든, 그런 기적을 체험하게 해달라고 아주 구체적으로 기도했다.

그런데 이제는 정말 다시 일어설 수 없겠다고 느껴졌던 바로 그때, 하루는 이런 생각이 드는 것이었다. "기도만 한다고 무슨 돈이 하늘에서 뚝 떨어지나?" 그래서 이곳저곳에 편지를 보냈다. A4용지 5장 분량의 편지를 구구절절이 써서 투자를 할 만한 사람들, 협업이 가능한 사업가들에게 보냈다. 그중에는 안면이 없지만 대학 동창회보를 통해서 소식을 들은 정도의 사람들도 있었다. 그야말로 지푸라기에 매달리는 심정으로 보낸 것이다.

그래서 어떻게 되었을까? 결과는 22전 22패! 그러면 그렇지, 향학열에 불타는 10대 소년이 편지를 보냈다면 또 생각해 볼 수 있을지도 모르지만, 70대 늙은이의 호소에 어느 누가 응답하겠는가? 오늘 당장 죽어도 이상하지 않을 노인네에게 누가 "여기 있소. 힘내시오."라면서 돈을 보태줄 것인가 말이다. 애당초 그런 생각을 한 것 자체가 웃기는 이야기 아닌가.

이제 어찌할 것인가? 지난 세월 온갖 정성을 다 기울여서 이끌어 온 출판 사업을 이제 접어야 하는가? 날이면 날마다 고민을 하면서도 더욱 새벽기도에 치열하게 매달렸다. 그런데, 그런데 그때 참으로 이상한 일이 일어났다.

어느날 아침, 지인으로부터 전화가 왔다. 새벽기도 중에 자꾸 내가 생각났단다. 그러면서 일주일 이상을 계속 내가 떠오르더라는 것이었다. 그 지인은 나에게 사업에 관하여 이것저것을 물어보았고, 나도 아는 대로 대답해 주었다. 그다음 날에도 또 전화가 와서 혹시 사업자금이 모자라지 않느냐고 물었다. 그래서 나는 사정을 가감 없이 솔직하게 이야기해 주었고, 계속 새벽마다 기도한다는 말도 덧붙였다. 그러자 이 사람은, "내가 투자하겠다!"고 하는 것이 아닌가. 그것도 내 생각보다 더 큰 금액을!

그의 이야기는 계속되었다. 그중 1/3은 당신의 믿음과 앞으로의 비전을 보고 그냥 주는 돈이고, 나머지 2/3는 사업이 잘 되면 천천히 회수할테니 열심히만 하라는 것이 아닌가. 나는 그때까지만 해도 그냥 위로차 하는 말이라고 생각했다. 어쩌면 기도하다가 생각나는 대로 그냥 하고 싶은 말을 해본 것이 아닌가 하는 생각도 들었다. 어쨌든 그 말을 기다려보기로 했다. 그런데 정말 일주일 후에 1/3이 입금된 것이었다. 그런데 그 후 2/3는 감감소식이었다. 포기 반, 기대 반으로 하루하루를 보내고 있었는데, 몇 주 후 나머지 2/3가 또 입금되었다.

이렇게 하여 나의 세 번째 기적이 거의 이루어졌다. 성경의 사도행

전을 보면 이와 비슷한 기도의 응답이 여러 차례 기록되어 있다. 그렇지만 그것은 그 옛날 예수님 시대의 일이 아닌가. 개명 천지에 이런 기적이 일어날 수가 있다니!

그 이후에는 사업도 더욱 탄력을 받아 양질의 도서가 꾸준히 출간되고 있다. 전자책 분야에서도 국내 유수의 출판사들을 다 뒤로하고 우리 출판사가 '우수 전자책 출판사'라고 하여 정부기관으로부터 표창을 받기도 했다. 나는 이제 이런 간증을 할 수 있다. "성경은 진리이다."

"너는 내게 부르짖으라 내가 내게 응답하겠고
네가 알지 못하는 크고 비밀한 일을 네게 보이리라"

— 예레미야 33장 3절

제4부

다니엘의
7030 처세 성공법

(14) 다니엘의 운칠기삼론(運七機三論)

사람의 운명은 태어나면서 70%가 결정된다

내가 아는 사람 중에 흉부외과 전문의가 있다. 등단 시인이기도 한 그 사람은 한전부속병원인 한일병원 원장으로도 오랫동안 근무한 적이 있다. 예전 교회에서 그 사람과 같은 구역에 속해 있었는데, 그때 그가 한 말이 두고두고 나의 뇌리에서 떠나지 않는다.

"사람의 건강은 70%가 유전적 요소에 의한 겁니다."

물론 이것이 그가 만들어 낸 이야기는 아니고 의학계에서 통용되는 일반론일 것이다. 그럴더라도 이 말만큼 인생의 방향을 정확히 지적한 말은 없다고 본다. 이 말을 어느 한 사람의 인생에 그대로 대입해 보면 이런 추론이 가능하다.

"사람의 운명은 70%는 운에, 나머지 30%는 노력에 따라 좌우된다."

그렇지 않은가? 당신이 아프리카 소말리아에서 태어났다고 가정해

보자. 최근에 소말리아를 다녀온 사람의 이야기를 들어보니, 그곳 사정이 내가 46년 전에 다녀왔을 때나 별반 다르지 않다는 것이다. 그렇기에 소말리아가 2008년부터 2013년까지 6년 연속으로 세계에서 제일 실패한 나라로 이름을 기록하였다고 생각한다. 그곳 출신이라면 어떻게 이름을 떨칠 수 있겠는가? 이번에는 아주 가까운 북한에서 태어났다고 가정해 보자. 당신이 아무리 음악을 좋아한다고 해도 BTS 멤버가 될 수 있겠는가? 100% 불가능하다. 북한에는 자유가 없기 때문이다.

우리 자신이 부모를 선택할 수는 없다. 언제 어떤 나라에서 태어나는지도 알 수 없다. 어떤 건강 상태로 태어날지도 모른다. 우리가 조선 시대에 태어났다면 열에 아홉은 상놈으로 농사 일을 할 것이고, 어쩌면 노비가 되어 시달릴지도 모른다.

좋은 시대에 좋은 나라에서 태어난다면 행복하게 살다 편안한 죽음을 맞을 가능성이 높다. 여기 흥미로운 통계가 하나 있다.

인류 최고의 부자 순위

순위	이름	재산	국적	기업	출생년도
1	존 D. 록펠러	3,183억 달러	미국	스탠더드 오일	1839
2	앤드루 카네기	2,983억 달러	미국	카네기 스틸 컴퍼니	1835
28	프레드릭 와이어하우저	804억 달러	미국	와이어하우저 코퍼레이션	1834

순위	이름	재산	국적	기업	출생년도
33	제이 굴드	671억 달러	미국	유니온 퍼시픽 철도	1836
34	마셜 필드	663억 달러	미국	마셜필드 앤 컴퍼니	1834
35	조지 F. 베이커	636억 달러	미국	뉴저지 중앙철도	1840
36	헤티 그린	588억 달러	미국	시보드내셔널 은행	1834
44	제임스 D. 페어	472억 달러	미국	버지니아 마이닝	1831
54	헨리 H. 제임스	409억 달러	미국	스탠더드 오일	1840
57	J. P. 모건	398억 달러	미국	GE / 유에스 스틸	1837
58	올리버 H. 페인	388억 달러	미국	스탠더드 오일	1839
62	조지 풀먼	356억 달러	미국	풀먼 컴퍼니	1831
64	피터 브라운 와이드너	334억 달러	미국	아메리칸 토바코	1834
65	필립 댄포스 아머	333억 달러	미국	아모어 리프리지레이터	1832

맬콤 그래드웰의 〈아웃라이어〉라는 책에서 인용한 위의 통계는 지금까지 인류역사상 가장 많은 부를 축적한 사람들을 현재의 가치로 환산하여 작성한 것이다. 러시아 황제 니콜라이 2세가 2,535억 달러로 3위, 영국 여왕 엘리자베스 1세가 1,429억 달러로 15위, 고대 이집트의 클레오파트라가 958억 달러로 26위, 중국 중앙은행 총재 송자문이 678억 달러로 32위로 기록돼 있다는 점이 흥미롭다.

그런데 지금껏 유사 이래로 최고의 부를 축적한 갑부 75명의 통계를 만들어보니, 그중에서 무려 14명이 1830년대 중반에 미국에서 태어난 사람들이라는 것이다. 바로 위의 통계에 등장하는 사람들이다. 놀랍지 않은가?

〈아웃라이어〉의 저자 맬콤 그래드웰은 그 이유를 이렇게 설명한다. 즉, 1860~70년대는 미국 역사상 최고의 경제 활황기였고, 위의 부자들은 바로 그런 시대에 기업을 이끌었다는 것이다. 시장이 역사상 최고의 호황기이니 사업을 하는 족족 돈을 벌었고, 또 지금껏 그런 호황기가 전 세계 어느 나라에서도 없었으니, 그 시대 사람들이 그런 영광을 차지하게 된 것이라는 분석이다.

여기에는 빌 게이츠(37위)도 있고 워렌 버핏(41위)도 있다. 이 책의 한국어판이 2009년에 나왔으므로, 이 통계를 작성한 시점은 2007년쯤이 될 것이다. 거의 20년 전의 통계이므로 당연히 테슬라의 일론 머스크는 없다. 아마도 지금 통계를 작성했다면, 그도 상위 10위 언저리에 있지 않을까 싶다.

여기서 이야기의 핵심은, 미국의 부호들도 소련(현재의 러시아) 사회주의 체제에서 태어났거나, 중국 공산당 치하에서 활동했다면 이런 기록이 불가능하다는 것이다. 중국의 마윈을 보면 쉽게 상상이 가지 않는가?

30%가 더 중요하다: 노력과 끈기

운칠기삼이라고 모든 것을 운명으로만 돌린다면, 사람이 이 세상에 태어나서 노력할 필요도 없을 것이다. 따라서 여전히 30%의 노력은 중요하다. 아니 70%의 운 보다는 오히려 30%의 노력에 따라 그 사람의 인생이 결정된다고 하는 말이 맞다. 물컵의 물을 예로 들어보자. 컵에 70%가 차 있다면 30%의 물을 더 채워야 컵이 가득 채워진다. 29%를 넣으면 조금 모자랄 것이고, 31%를 넣으면 넘쳐흐를 것이다. 여기서 이야기의 핵심은, 우리가 어떤 노력을 얼마만큼 하여 물이 넘치도록 만드느냐 하는 것이다. 노력 없이 훌륭한 성과물을 낸 사람은 아무도 없다.

〈종의 기원〉 또는 〈진화론〉으로 유명한 찰스 다윈의 경우를 살펴보자. 어떤 사람은 그가 훌륭한 선조를 두어서, 또는 돈 많은 부인 덕에 그런 업적이 가능했다고 생각할지도 모르겠다. 그의 할아버지 이래즈머스 다윈도 유명한 진화론자였다. 그의 부인은 세계적인 도자기 회사인 웨지우드 재벌의 딸이었다.

이것이 다윈에게 70%의 운이었다면, 나머지 30%는 그의 끈기와 열정의 결과였다. 그가 얼마나 열심히 연구 활동을 했는지를 살펴보려면 재닛 브라운이라는 전기 작가가 쓴 〈찰스 다윈 평전〉을 보라. 이 책에는 그가 10년 동안 매년 1만 5천 통의 편지를 전 세계에 보냈다고 적혀 있다. 하루에 무려 40통이다! 그것도 요즘 우리처럼 몇 줄 끼적거리는 카톡의 잡담이 아닌, 하나하나가 다 10여 페이지씩 되는 소논문 정도의 내용들이다. 그는 연구하다가 궁금한 사항이 있으면 전 세계 어디를 막론하고 그걸 편지로 물어보고 조언을 구했다. 그가 연구한 학문은 비단 동물만이 아니다. 식물 중에서도 각종 난(蘭)이나 끈끈이주걱도 있다. 그가 72세 때에 〈지렁이를 통한 식물 재배 토양의 형성〉이라는 책을 출간한 것을 보면 그가 죽는 순간까지도 얼마나 연구열을 불태웠는지를 알 수 있다. 죽기 바로 1년 전에 책을 냈으니 말이다. 그런 노력과 열정을 기울였기에 인류역사상 가장 위대한 공헌을 할 수 있었고, 모교인 케임브리지에서 명예박사학위를 받고, 웨스트민스터 대성당 지하에 뉴턴과 이웃하여 잠들 수 있게 된 것이다.

그런 사람들의 예를 들자면 끝이 없다. 아인슈타인, 이순신, 정약용, 이승만, 김구, 김소월, 오프라 윈프리, 월트 디즈니, 스티브 잡스, 괴테, 톨스토이, 헤밍웨이, 강희대제, 나폴레옹, 처칠, 링컨, 에디슨, 니체, 쇼펜하우어, 카네기, 페니 크로스비, 존 버니언, 마틴 루터 킹, 베토벤……

호기심이 중요하다(Curiosity to Know)
내가 1970년 4월에 고등학교 3학년으로 편입하고 처음으로 영어시간을 맞이했는데, 그때 영어 선생님이 가르쳐준, "Oh! pioneer pioneer……" 하던 대목이 지금도 잊히지 않는다. 개척자들이 어디론가 탐험을 가는 이야기를 통하여 to 부정사를 학습하는 시간이었다. 선생님은 curiosity to know를 예로 들면서 설명하셨다. '알려는 호기심'이라는 뜻이다. 사람이 무엇인가를 알려고 하는 호기심이 있어야만 발전이 있다는 것이 그날 수업의 주제였던 것으로 기억한다.

나는 그날부터 '알려는 호기심'을 내 인생의 모토로 걸고 끝없이 노력하였다. 초등학교 4학년 1학기까지 마치고, 중학교도 야간 6개월만 다니다 고3으로 편입하였으니 무얼 알았겠나? 그래서 그날 이후로 모든 사물에 호기심을 갖고 배우려고 하였다. 그리하여 74세 생일이 지난 지금은 누구와 대화를 해도 밀리지 않는다.

10여 년 전에, 서울대 정운찬 전 총장님이 회장으로 있는 '스코필드 기념사업회'에서 함께 일한 경험이 있다. 스코필드 박사는 영국 태생으로 캐나다 온타리오 대학에서 수의학을 공부하고 세브란스 병원에서 의사로 근무한 후, 서울대 수의과대학에서 학생들을 가르쳤다. 그때 영어 성경 공부반을 운영했는데, 그 반의 학생 중 하나가 정운찬님이었다. 그런 인연으로 정운찬님은 국무총리를 퇴임한 후에 스코필드 기념사업회 회장을 맡았는데, 나도 회원으로 몇 년을 그분의 밑에서 봉사한 적이 있었다.

　스코필드 박사는 소아마비로 한쪽 다리가 불편한 중에도 화성 제암리에서 학살 사건이 일어나자, 서울에서부터 자전거를 타고 그곳까지 가서 사진을 찍고 사람들의 증언을 듣고 하여 일제의 만행을 전세계에 알린 사람이다. 만약에 스코필드 박사의 헌신이 없었더라면 제암리 사건(30명을 교회에 가두고 방화)과 수촌리 사건(천도교인 6명을 총살)은 그대로 묻혀버렸을지도 모른다. 그런 공로로 스코필드 박사에게 '민족 대표 34인 중의 한 사람'이라는 명예도 드리고, 후손에게 건국훈장도 수여한 것이다. 스코필드박사기념사업회에서는 매년 3.1절이 되면 화성 제암리에서 기념식을 가졌는데, 나는 그 후에도 현장을 좀 더 자세히 파악해 보려고 두어 차례 화성 제암리를 홀로 방문하기도 했다.

　어느 해 여름에 회원들이 서울대 교수 식당 앞 잔디광장에서 맥주를 곁들인 가벼운 모임을 가졌다. 그때 정운찬 총장님과 내가 UFO에 관하여 난상토론을 벌인 기억이 난다. 둘이 UFO가 있느냐 없느냐로 열변을 토하자, 동석한 서울대 교수들과 회원들도 양편으로 갈려서 치열하게 논쟁을 벌인 기억이 새롭다.

호기심을 다른 말로 하면 '배우려는 의지'라고도 할 수 있을 것이다. 공자와 제자들의 언행을 기록한 〈논어〉의 술이(述而) 편에도 이런 이야기가 나온다.

"선생님은 태어나면서부터 모든 것을 아셨습니까?"

"나는 태어나면서부터 아는 사람이 아니다(我非生而知之者), 단지 옛 것을 좋아하고 그것을 구하려고 민첩하게 공부하는 사람이다(好古敏以求之者也)."

지금 세상은 얼마나 편한가? 옛날에는 책꽂이 가득 꽂혀 있는 20질의 거대한 백과사전을 뒤적여야 했지만, 지금은 휴대폰 안에 모든 지식이 다 들어 있지 않은가. 문제는 우리의 '알려고 하는 호기심'이다. 호기심이 많은 사람은 잠시도 쉴 틈이 없다. 왜? 모든 것이 궁금하기 때문이다. 내가 호기심(Curiosity to Know)과 관련하여 모델로 삼고 있는 사람이 두 명 있다. 그 하나는 예수님보다 100여 년 후에 살다간 알렉산드리아 사람 클라우디오스 프톨레마이오스(AD 83~168)이다. 그는 천동설을 주장한 사람이다. 지금은 천동설이 틀린 이론이라고 판명 났지만, 어쨌든 그는 당대에 아주 뛰어난 지식인이요 선각자였음에 틀림없다.

그는 〈알마게스트〉란 책을 쓴 천문학자이자 〈지리학〉을 쓴 지리학자, 그 외에도 점성술사, 수학자, 기상학자, 음악가, 기하학자, 광학자 등등, 다양한 분야에 탁월한 업적을 남긴 사람이다. 또 한 사람은 중세기의 레오나르도 다 빈치(1452~1519)이다. 그에게는 화가, 조각가, 발명가, 건축가, 수학자, 해부학자, 지질학자, 천문학자, 식물학자, 작가

등, 수많은 호칭이 붙여져있다. 아! 이런 사람들의 1/10만 따라가도 얼마나 좋을까?

수불석권(手不釋卷): 독서로 간접경험의 폭을 넓힌다

우리가 한평생 90년을 살면서 만나는 사람이 몇 명이나 될까? 단순히 스쳐 지나가는 사람이 아닌 제대로 사귀는 사람 말이다. 개인 따라 편차가 크겠지만 아마도 거의 다 1천 명 이내가 아닐까 싶다. 전 세계 80억 인구에서 겨우 1천 명, 그것도 많이 잡아서 1천 명이다. 그러면 지구 역사가 시작된 이래로 지금까지 얼마나 많은 사람들이 살다 갔을까? 1929년에 미국 워싱턴에 설립되어 지금까지 활동하고 있는 PRB(The Population Reference Bureau)라는 기관이 있다. 우리말로 하면 '세계인구통계국' 정도가 될 것이다. 거기서 2023년에 발표한 숫자를 참고하면, 지금까지 지구라는 행성에서 살다 죽어간 사람은 대략 1,000억 명 정도라고 한다. 하! 1천억 명 중에서 1천 명이란, 그야말로 한강 백사장의 모래 중에서 겨우 한 스푼 분량의 숫자이다. 우리가 이 세상을 살면서 만나는 사람들이 그것밖에 되지 않는다는 말이다. 그러나 '책'이라는 인류 최고의 발명품을 통해서라면 이야기가 달라진다.

책을 통하여 우리는 1천 년 전 지구 반대편에서 살던 사람들의 이야기를 들을 수 있다. 원시인들이 어떠한 삶을 살았는지도 간접 경험할 수 있다. 트라이아스기(2억 5천만~2억 년 전), 쥐라기(2억~1억 4,500만 년 전), 백악기(1억 4,500~6,600만 년 전)의 2억 년이라는 장구한 세월 동안 지구의 주인공이었던 공룡이 왜 어느 날 갑자기 멸종되었는지도 알 수 있다. 다양한 책을 읽다 보면, 동양의 철학자들과 서양의 철학자들이 사상 면에서는 근본적으로 차이가 없었다는 사실도 깨닫게 된다. 그것을 동양에서는 인본주의(人本主義)라고 부르고, 서양에서는 휴머니즘(Humanism)이라고 부르는 명칭의 차이 정도라는 사실 말이다.

동서고금을 막론하고 성공한 사람들은 모두가 다 다독가였다. 나폴레옹도 책을 좋아하여 이집트 원정에 낙타를 동원하여 책을 잔뜩 싣고 갔다고 전해진다. 나폴레옹이 이집트 원정에서 얻은 가장 큰 성과라면, 원정 후 20년 동안 함께 원정에 참여한 학자들이 심혈을 기울여 집필한 〈이집트 지〉를 꼽을 수 있을 것이다. 표면적으로 보면 정복을 위한 원정은 실패했지만, 내면적으로는 엄청난 학술적 성과를 얻은 것이다.

우리가 〈돈키호테〉를 그저 그런 풍자극 정도로 알고 있지만, 사실 그 책 속에는 엄청난 철학적 위트가 담겨 있다. 저자인 세르반테스는 돈키호테라는 주인공을 통하여 그의 폭넓은 사고를 유감없이 발휘한 것이다. 다음 몇 가지 격언만 들어보아도 그의 지식의 폭이 어느 정도인지를 짐작할 수 있을 것이다.

"잊지 말아라, 산초. 지금 우리에게 닥친 이 폭풍우는 곧 잔잔하게 가라앉고 만사가 좋아질 것이다. 좋은 일이든 나쁜 일이든 그렇게 언제까지나 계속되는 건 아니니까."

"네가 누구와 함께 걷고 있는지 말해보라. 네가 어떤 인간인지 말해줄 테니."

"아내라는 길동무는 일단 사고 나면 무를 수 있는 물건이 아니야. 일단 목에 감겼다 하면, 순식간에 고르디아스의 매듭으로 변하는 밧줄인 셈이지. 죽음의 신이 낫으로 자르기 전에는 풀 방법이 없는 거야."

세르반테스(1547~1616)는 생전에 길을 걷다가도 떨어진 종이조각이 있으면 그것을 주어서 거기 쓰여있는 글을 읽었다고 할 정도로 지식에 대한 욕구가 무궁무진했다고 전해진다. 나 역시도 배움에 대한 욕심이 아주 많기에 항상 주변에 책을 놓고 산다, 지금까지 수천 권을 읽었지만, 아직도 나는, "죽기 전에 이 지구상의 지식 중 단 1%만이라도 알고 죽으면 얼마나 좋을까?"라는 생각을 하며 산다. 서울 갈 일이 있으면 전철 안에서 읽을 책과 안경을 미리 준비해 집을 나선다. 남들은 다 휴대폰을 들여다보고 잠을 자지만 나는 그 사이에 책을 읽는 것이다. 32살이라는 짧은 나이에 세상을 떠난 안중근 의사도, "단 하루라도 책을 읽지 않으면 입에 가시가 돋는다."라는 명언을 남기지 않았던가.

몇 년 전 나의 독서 경험을 살려서 세계 최고 도서 300종을 선정하여 소개하는 〈한권으로 백권읽기〉라는 독서 프로젝트를 시작하였는데, 1권과 2권을 낸 후 아직 3권을 내지 못하고 있다. 그 프로젝트는 인류학-고고학, 철학-문학, 사회학-심리학, 경영-경제, 과학-공학, 그리고 미래학-인류학까지, 그야말로 동서양 모든 분야의 책 중, 가장 훌륭한 도서 100종씩을 선정하여 소개하는 프로젝트이다. 올해 중으로 세 번째 책을 완성하여 300종 소개를 마치고, 마지막 완결편으로 그 300종 중 다시 100종을 추려서 〈다니엘의 명품도서 100〉으로 책읽기 권장 프로젝트를 내년까지 마치려고 한다. 몇 권이 팔리든지 나의 독서 경험을 독자들과 나누는 데 의미를 둘 생각이다.

어떤 사람들은 이렇게 말할 것이다. "뭐, 꼭 책이라야 하나? 영화를 보아도 되지." 그러나 영화는 '감동'은 줄 수 있을지언정 '지식'은 전달하기가 쉽지 않다. 영상매체를 통하여 본 기억은 잠시 스쳐 지나갈 뿐이다. 그러므로 꼭 책을 읽어야만 기억에 남아 자신의 지식이 된다.

몇 년 전 영국 케임브리지 대학을 방문했을 때 도서관장님이 했던 말이 기억에 남는다.

"케임브리지 대학이 세계 최고의 대학이라는 호칭을 받을 수 있는 이유는 도서관 때문입니다. 우리에게는 '1천만 권 도서 보유'라는 전무후무한 기록이 있으니까요."

케임브리지 대학교에는 100개도 넘는 도서관이 있다. 그중 중앙도서관의 장서 수는 무려 1천만 권이다. 그 당시 우리나라는 제일 장서 수가 많다고 하는 대학교에서 막 100만 권을 보유한다고 할 때였다.

나는 외국 여행을 할 때면 제일 부러운 것이 사람들이 곳곳에서 책을 펼쳐 놓고 읽는 광경이다. 런던의 하이드파크에서도, 뉴욕의 센트럴파크에서도. 마이애미 비치에서도, 네덜란드 암스테르담 중앙역에서도, 하이델베르그의 카페에서도 사람들은 틈만 나면 책을 펼쳐 들고 읽었다. 우리나라에서도 언젠가는 독서 열풍이 불어와서 곳곳에서 그런 모습을 보았으면 좋겠다.

1만 시간의 법칙: 한 우물을 파야 성공한다

사람은 한 우물을 파야 한다. 그래야만 전문성이 생기기 때문이다. 어떤 사람들은 여러 번 직장을 옮겨 다닌 내가 이렇게 말하는 것을 의외라고 생각할지도 모르겠다. 또 다른 사람들은, "혹시 이 사람이 진득하게 한 군데에 붙어 있지 못하는 성격이 아닌가?"라는 의심을 가질 수도 있겠다. 그러나 결론부터 말하자면, "나는 그런 사람이 아니다."

내가 현대자동차에서 사우디 건설회사로 옮긴 것은, 그 당시 현대자동차의 국내부서에서 연체 담당이라는 일을 했기 때문이다. 거기서 참고 지내면 다시 수출부서로 복귀할 가능성이 있었을까? 나는 없었다고 확신한다. 왜냐하면, 당시는 학연이 직장생활의 모든 것이라고 할 만큼 학연 중심 사회였기 때문이다. 경기고등학교 출신들만 가득한 그곳에 내가 복귀할 가능성은 없었다. 그러면 나는 꼭 수출 업무만 해야 하나? 물론 그것도 아니다. 그렇지만 국내 판매장에서 연체 고객들을 관리하는 일은 굳이 대학 졸업자가 아니라도 관계없는 일이다. 나는 가능하면 나의 전공인 무역과 영어를 살리고 싶었다.

결과적으로 나는 이곳저곳 몇 군데의 직장을 다녔지만, 한평생 수출과 수입 업무를 하면서 살았다. 사우디에서 돌아와서는 부득이하게 다른 직장을 찾아야만 하는 형편이었다. 그렇지 않으면 그렇게 대기 상태로 있다가 몇 달 후면 권고사직을 당할 것이 확실해 보였다. 그래서 미국계 바잉오피스로 옮겨간 것이고, 그곳에서 매니저가 되어서 고액 월급에 만족하며 지낼 것인가, 아니면 다시 역동적인 현업을 찾아볼 것인가를 고민하던 끝에 과감하게 사표를 내고 새 직장을 잡은 것이다. 마지막 직장인 세종서적에서는 나의 뜻이 아닌 대학 내 분규라는 불가항력적 사태로 인하여 퇴사하게 된 것 뿐이다.

몇 군데로 직장을 옮겼지만, 나는 한 번도 무역과 영어라는 주특기에서 떨어져 본 적이 없다. 세종서적에서도 단지 해외 도서전시회에만 참가한 것이 아니었다. 수시로 찾아오는 외국출판사 대표들과 이런저런 상담을 벌였다. 어떤 날은 하루에 두 번, 심지어는 세 번의 미팅을 하기도 하였다. 그 모두가 영어를 활용하는 일이었다. 그런 경험이 있기에 출판사를 운영하면서도 외국책을 몇 종씩 번역한 것이다. 물론 영어만 잘해도 외국책을 번역하는 일은 가능하다. 그러나 풍부한 사회 경험과 독서 실력이 뒷받침되지 않는 번역은 단지 영어를 우리말로 옮기는 행위에 지나지 않는다. 그런 의미에서 나는 가장 잘 번역된 작품으로 이윤기 님의 〈그리스-로마 신화, 전 5권〉을 꼽는다. 이윤기 선생님은 그리스-로마 신화를 가히 '새로운 창작'이라고 불러도 좋을 만큼 감칠맛 나게 번역해 놓으셨다.

통계학적으로 1만 시간 이상을 한 분야를 파고들어야 전문성이 생긴다고 한다. 이것을 '1만 시간의 법칙'이라고 하는데, 미국 플로리다 주립대의 에릭슨 교수가 연구논문에서 정립하였다고 알려져 있다. 그는 1993년 논문에서, 바이올린 연주자들이 평균 1만 시간은 연습해야만 제대로 된 성과가 나온다는 사실을 통계로 입증하였다.

그러나 사실 이 법칙은 우리가 알게 모르게 그 옛날부터 우리 주변에 늘 있어 온 법칙이다. 내가 아주 어렸을 때, 아버지는 사랑방에서 새끼를 꼬면서 옛날이야기를 즐겨 들려주시곤 하였다. 그때 들은 이야기 중에 이런 이야기가 바로 1만 시간의 법칙의 옛날이야기 버전이 아닐까 싶다.

옛날 옛적 깊은 산골에 약초꾼 아버지와 어머니, 그리고 어린 아들이 단란하고 행복하게 살았더란다. 그런데 하루는 깊은 산속에 있던 산적들이 동네에 쳐들어와서 동네 사람들을 무자비하게 쳐 죽이고 온갖 재물을 다 뺏어갔더란다. 어머니까지도 끌고 갔지.

하루아침에 고아가 된 아이는 이곳저곳을 떠돌아다니며 자기의 사정을 하소연했더란다. 그러던 어느 날, 해주 구월산에 아주 훌륭한 스승님이 있다는 걸 알게 되었지. 아이는 백 리도 넘는 길을 걷고 또 걸어 마침내 그 스승님을 만나서 하소연했더란다. "아버님의 원수를 갚고 어머님을 찾아오고 싶으니 제게 무술을 가르쳐 주십시오." 그래서 스승님은 그 아이를 제자로 받아들였고, 그날부터 아이는 죽기 살기로 무술 수련을 했더란다. 활쏘기, 칼쓰기, 당수도, 택견까지, 게다가 경신술까지도 모두 빼놓지 않고 배웠지. 경신술은 축지법을 말하는 거야. 그걸 배우면 하루에 3백 리도 힘들이지 않고 갈 수 있단다. 그야말로 먹고 자는 시간 빼고 하루 종일 무술만 연습했더란다. 그렇게 3년이 지나자, 하루는 스승님이 그 아이를 부르더란다. "네게 더 이상 가르쳐줄 것이 없구나. 이제는 그만 산을 내려가거라."······

여기서 더 이상 가르쳐줄 게 없다는 말은 이미 "달인이 되었다."는 뜻이다. 하루 10시간씩 3년이면 1만 시간이 넘는다. 그러니 이 아이는 어느 사이에 '1만 시간의 법칙'을 마스터하고 무술에 관한 한 달인의 경지에까지 이른 것이다.

나는 서적-출판 사업에만 어느덧 34년 차다. 하루 세 시간씩으로 계산하면 10년이면 1만 시간이 된다. 그렇게 쳐도 나는 세 번 달인이 되었어야 마땅하다. 옛날이야기처럼 하루 10시간으로 계산하면, 벌써 열 번이나 달인이 되었어야만 한다. 그러나 아직도 때가 되지 않았다.

목표가 있는 사람은 쓰러지지 않는다

1978년 1월에 현대종합상사에 입사하니 사무실 벽에, "담담한 마음을 가집시다."라는 액자가 걸려있었다. 그때는 그것이 무슨 뜻인지 몰랐는데, 45년이 흐른 지금은 어렴풋이 이해할 듯도 하다. 아마도 정주영 회장님의 좌우명이 아니었을까 생각되는데, 내가 생각해 낸 의미란 이런 것이다. 즉, "세상을 살다 보면 이런저런 풍파를 만날 수 있다. 그러므로 어떤 역경이 닥치더라도 일희일비(一喜一悲)하지 말고 초연한 마음을 가지라." 이 말은 곧 처음에 세운 목표를 포기하지 말고 담담하게 밀고 나가라는 말이 아닐까? 더 쉽게 말하자면, 잘된다고 촐랑대지 말고 안된다고 기죽지 말라는 뜻일 것이다.

무엇이든지 단번에 손쉽게 이룰 수 있는 일은 없다. 그러므로 부단한 노력을 기울여야 한다. 그 과정에서 시행착오도 있고 실패도 있기 마련이다. 그러다 그만두면 그걸로 끝이다. 곧 중도하차가 되는 것이다. 그러나 자기가 무엇인가를 꼭 해야만 하겠다는 의지가 뚜렷한 사람은 시련이 왔다고 해서 결코 좌절하거나 포기하지 않는다. 쉬운 말로는 '돌파력' 또는 '굳은 의지'라고도 할 수 있겠다.

가장 극한 상황에서도 자기의 목표를 포기하지 않은 사람의 대표적인 예는 아마도 빅터 프랭클이 아닐까 싶다. 나는 그의 책 〈죽음의 수용소에서〉를 다섯 차례 읽었다. 그의 이야기를 잠시 해보자.

  1905년 빈에서 태어난 빅터 프랭클은 빈 대학에서 의학박사와 철학박사 학위를 받았다. 그는 1944년, 40세의 나이에 유대인이라는 이유로 아우슈비츠 수용소로 끌려갔다. 유럽 각지에서 모인 1,500명이 탄 기차에는 부와 지위를 불문하고 강제로 징집된 유대인들이 가득했다. 그들은 군수 공장으로 향하기를 희망했지만, 그들의 기차가 멈춘 곳은 다름 아닌 아우슈비츠였다. 주변 사람들이 모두 죽어서 밖으로 질질 끌려 나가는 상황 속에서도 빅터 프랭클이 생존할 수 있었던 비결은 어디에 있었을까? 그는 그곳에 도착하자마자 거의 완성 단계까지 이르렀던 로고테라피 원고를 강제로 빼앗겼다. 그것은 자기가 십여 년 이상 공을 들인 결과물이었다. 그러므로 그는 무슨 수를 써서라도 끝까지 살아남아서 그 원고를 완성해 책으로 세상에 내야만 했다. 그의 회고담을 들어본다.

  "나는 아우슈비츠에 처음 끌려갔을 때 출판하려고 집필 중이던 원고를 압수당했다. 원고를 새로 쓰고 싶다는 강렬한 열망이 가혹한 환경에서도 나를 살아남도록 했던 것은 분명하다. 바바리아 수용소에서 발진티푸스에 걸려 고열에 시달리고 있을 때, 나중에 원고를 다시 쓸 때 도움이 되도록 나는 작은 종이조각에 수없이 많은 메모를 했다. 강제수용소의 어두운 막사 안에서 잃어버린 원고를 다시 쓰는 작업은 내가 죽음의 위험을 극복하는 과정에 큰 도움을 주었다."

  불과 220쪽의 두껍지도 않은 이 책에는 참고할 만한 글이 참으로 많다. 그중 한 가지 내가 '정말 그렇겠다.'라고 고개가 끄덕여지는 대목이 있어 소개할까 한다. 처음 글은 빅터 프랭클이 직접 한 말이고, 나중 글은 수용소 주치의로부터 들은 말이다.

"인간은 어떤 상황에도 적응할 수 있다. 늦가을에 샤워를 하고 추운 밖에 있어도 감기에 걸리지 않고, 며칠씩 잠을 자지 않아도 죽지 않는다. 의학 교과서는 완전히 틀렸다."

"1944년 성탄절부터 1945년 새해에 이르기까지 일주일간 사망률이 급격히 증가한 적이 있었다. 그런데 그 원인은 가혹해진 노동조건, 식량 사정 악화, 기후변화, 새로운 전염병 때문이 아니었다. 그것은 많은 수감자들이 이번 성탄절에는 집에 갈 수 있을 것이라는 막연한 희망을 품고 있었기 때문이었다. 그 시간이 다가오는데도 희망적인 소식이 들리지 않자 그들은 용기를 잃었고, 절망감이 그들을 덮쳤다. 이것이 그들의 저항력에 나쁜 영향을 끼쳤고, 결국에는 그중 많은 숫자가 사망하기에 이른 것이다."

물론 나중에 그들의 사망원인은 발진티푸스에 의한 사망으로 결론지어졌다. 그렇지만 그 원인을 따지고 보면, 희망의 상실 ⋯➝ 좌절과 낙담 ⋯➝ 저항력 약화 ⋯➝ 발진티푸스 발병 ⋯➝ 죽음이라는 공식이 성립하는 것이다. 나는 이 책의 결론을 다음 세 줄로 요약하고자 한다.

"철조망 너머의 푸른 들판을 상상하며 꿈을 꾸는 사람은 살아남고, 현실 세계에서 수용소 내부의 절망적인 장면만을 보는 사람은 죽는다."

남을 지적하거나 비난하지 말라

인간관계론 분야에서 거의 바이블처럼 통용되는 책이 하나 있다. 2019년에 나와서 25년이 지난 오늘까지도 그 분야 베스트셀러의 자리를 차지하고 있는 데일 카네기의 〈데일 카네기 인간관계론〉이라는 책이다. 전 세계적으로 아마도 수천만 명이 이 책을 읽지 않았을까 싶다.

데일 카네기(1888~1955)는 미국 미주리주 출생으로, 대학을 졸업 후 세일즈맨을 하며 사회생활을 시작하였다. 1912년 YMCA에서 성인을 대상으로 하는 대화 및 연설 기술을 강연하면서부터 이름이 알려지게 되었다. 참가자들의 실천 사례를 중심으로 한 강좌를 개설하여 선풍적인 인기를 끌었고, 지금은 전 세계 100개의 나라에 그의 강좌가 개설되어 있다.

〈데일 카네기 인간관계론〉을 나는 지금껏 수 차례 읽었는데, 그의 철학의 핵심은, "세상에는 많은 능력이 존재하지만, 그중에서도 사람을 사귀고 친구로 만드는 능력이야말로 가장 위대한 능력이다."라는 것이다. 그런데 그의 책에서 내가 가장 강조하고 싶은 것 딱 하나, 즉 "다른 사람을 비난하지 말라, 또는 다른 사람의 잘못을 지적하지 말라, 더 나아가서는 다른 사람을 가르치려고 하지 말라."는 것이다.

데일 카네기는 자신의 저서 제1장 '꿀을 얻으려면 벌통을 걷어차지 말라'를 통하여, 왜 이 덕목이 그의 책 중에서도 제일 앞부분에 나와야 하는지를 몇 가지 사례를 들어 설명한다. 그는 뉴욕의 중범죄자 수용소인 싱싱교도소의 루이스 로웨스 소장과 여러 차례 서신을 교환하였는데, 자기가 받은 서신의 핵심 내용을 이렇게 요약하고 있다.

"어떤 악당이라도 심지어 쌍권총 크롤리나 알 카포네조차도 자신들이 한 행동을 잘못되었다고 생각하지 않는다. 싱싱에 있는 범죄자 중 자신을 나쁜 놈이라고 생각하는 사람은 거의 없다. 그들이 펴는 논리는, 이 사회가 잘못되었기 때문에 자기들이 어쩔 수 없이 방아쇠를 당겼고, 도끼를 휘둘렀으며, 난도질할 수밖에 없었다는 것이다. 심지어 자기들은 잘못된 사회 제도의 희생양이라고 주장하기도 한다. 이들은 오류투성이인 나름의 논리를 동원해서 자신들의 반사회적 행동의 정당성을 설명한다. 백이면 백 어떤 범죄자와 면담을 해보아도, 하나같이 자기들이 어쩔 수 없이 죽였으며, 그때 그들이 운 나쁘게 거기에 있었던 것뿐이고, 따라서 자신들은 감옥에 있어야 할 존재가 아니라고 말한다."

자, 이것이 20년 동안 그 악명높은 교도소에서 소장을 역임한 사람의 고백이라면, 우리들은 어떻게 해야 할까? 무엇보다도 다른 사람의 행위를 비난하지 말아야 한다는 것이다. 비난을 하거나 지적하더라도 상대방이 상처를 입거나 반감을 갖지 않도록 세심한 배려와 주의가 필요하다는 말이다. 다른 한편으로는 상대가 감화받을 수 있도록 자신이 솔선수범하여 모범적인 행동을 보여야 한다. 바로 앞에 세워두고, "너는 이것이 나쁘고, 저것이 나쁘다."는 식의 행동은 절대로 해서는 안된다는 말이다.

고난을 이기는 힘: 가족-건강-믿음

어려울 때 가장 큰 힘이 되어주는 것은 역시 가족이다. 어렸을 때, 뚝섬 공장에서 밤일이 끝나고 금호동에 오면 밤 11시가 넘곤 하였다. 한겨울 금호동 삼거리에는 국화빵 장수가 있었다. 지금의 붕어빵과 똑같은 것인데 크기는 붕어빵의 1/3 정도쯤 되었던 것으로 기억한다. 그걸 한 봉지 사서 품속에 꼭 끌어안고 산 중턱 우리 집에 오면 늙은 아버지가 계셨다.

국화빵 봉지를 안고 오면 아버지가 무척이나 좋아하셨던 기억이 난다. 일요일에 내가 쉬고 있을 때 아버지가 지게를 지고 연탄을 나를 때면 나도 새끼에 두 개씩을 끼어서 함께 나르곤 했다. 아버지와의 결속력은 이렇게 가난할 때 고생을 하면서 더 단단해졌다. 내가 어른이 되어보니, 집안이 편안하고 부족함이 없을 때는 부자간에 결속력이 생기지 않는다는 것을 깨달았다. 끈끈하게 연결되어 있지 않아도 피차 아쉬운 것이 없기 때문이다. 그러니 서로 애틋한 마음이 생길 이유도 별로 없는 것이다.

나는 아내를 아주 많이 사랑한다. 대중가요의 노랫말처럼 "두 번 다시 태어나도 당신만을 사랑하리라"가 진정한 나의 고백이다. 왜? 그 힘든 시기를 아내는 나와 함께 하였기 때문이다. 아내는 멋을 부릴 줄도 오락을 즐길 줄도 모른다. 그저 하나밖에 없는 아들 잘 되라고, 사업 잘 되라고 날마다 기도하는 사람이다. 취미가 있다면 새로운 요리를 배우는 것, 그리고 꽃과 나무를 가꾸는 것 정도이다. 아들도 자신의 앞날을 위하여 얼마나 열심히 노력하는가? 그야말로 하루 24시간이 모자랄 정도이다. 아내와 아들, 그리고 나, 이렇게 세 명을 나는 발이 세 개 있는 '솥'이라고 생각한다. 셋 중에 누가 기우뚱거리거나 휘청대면 곧바로 옆에서 부축해 주는 삼위일체가 곧 우리 가족이다. 건강과 믿음은 별도의 장에서 설명하고자 한다.

(15) 하나님 – 예수 그리스도, 어떻게 믿을 것인가?

내가 기독교를 믿게 된 과정

나는 결혼할 때까지도 교회를 다니지 않았다. 내가 사우디를 떠나던 1981년 10월에 나는 아내에게, "만약 교회를 나가면 나와 이혼하는 줄 알라."면서 경고하고 떠난 사람이다. 내가 교회를 그렇게까지나 싫어했던 이유는 다름 아닌 열일곱 살 때의 기억 때문이다.

큰형이 차린 시대전파사라는 전축가게에서 일할 때의 일이다. 그때 나는 가게에서 판매도 하고 수금도 하고, 수리도 하고, 그야말로 온갖 일을 다 하고 있었다. 하루는 청량리 근처 제기동의 어떤 집에 수금을 갈 일이 있었다. 물어물어 주소지를 찾아가니 집에는 아무도 없었다. 대문을 한참 두드리니 옆집에서 어떤 아주머니 한 분이 나와, "저기 개천 옆 교회에 있을 텐데."라고 한다. 그 당시 청량리 근처 제기동은 거의 다가 판잣집이었다. 그 앞은 온통 논과 밭이었다.

교회에 가보니 난장판도 그런 난장판이 없었다. 70~80명쯤 모였는데, 북치고 소리지르며 울고불고 완전히 미친 사람들의 모임 같았다. 사람들이 손을 치켜들고 소리소리 지르며 엉엉 울기까지 했다. 심령부흥회였다. 그런데 그런 부흥회라는 것을 알 턱이 없는 어린 나의 눈에 비친 그 광경은 한마디로 '충격'이었다. 조금 있다가 전축을 산 아주머니가 나왔는데 얼굴이 온통 눈물 콧물 범벅이었다. 그래서 나는, "아하, 교회에 다니면 다 이렇게 미치는구나."하는 생각을 갖게 되었다.

그런데 아내는 내가 사우디에 가고 아들과 둘이서 지내다 보니 어딘가에 의지할 곳이 필요했던 모양이었다. 옆집을 따라서 강남의 영동호텔 바로 뒤에 있는 영동중앙교회라는 곳을 다니기 시작하였단다.

내가 사우디 생활 5년을 다 마치고 오자 하루는 아내가 교회를 함께 가자고 하는 것이 아닌가. 5년 동안 아내와 떨어져 있었던 '원죄'가 있던지라 별다른 거부감 없이 아내와 함께 교회를 갔다. 그런데 생전 처음 보는 사람들이 막 교회 앞까지 나와서 우리를 반겨주는 것이 아닌가. 지금 생각하니 돌아가면서 성도들을 반겨주는 '안내 위원들'이었다. 귀엽다면서 아들을 쓰다듬어 주기도 한다. 그때부터 어쩌면 교회가 좋은 곳인지도 모르겠다는 생각을 갖게 되었다. 그다음부터는 교회에서 시키는 족족 다했다. 성가대도 하고 전도회에도 가입하여 함께 활동했다. 목사님이 성경공부반을 운영하신다고 하여 거기도 등록했다.

영동중앙교회는 그때 막 설립자이신 백상근 목사님이 은퇴하시고 미국에서 새로 오신 전동운 목사님이 맡아서 의욕적으로 교회를 운영하기 시작할 때였다. 전 목사님은 성경집중 교육을 위하여 전도자반을 개설하였다. 열두 명을 뽑아서 목사님이 직접 6개월간 성경을 가르치는 집중교육 코스였다. 그때는 막 미국회사에 취직이 되어서 펄펄 날아다닐 때였다. 나는 매주 화요일 저녁에 회사 일이 끝나면 곧장 교회로 직행하였다. 목사님의 교육이 끝나면 밤 10시가 넘었다. 그래도 힘든 줄을 몰랐다.

영동중앙교회는 주일 저녁 예배가 아주 좋았다. 매주 저녁마다 외부에서 유명 인사들을 모셔다가 저녁 예배를 보도록 하였다. 그때 오셨던 강사로 지금도 기억에 남는 분들은 과학기술부 장관을 하셨던 정근모 장로님, 밥퍼 목사로 유명한 최일도 목사님 등등이었다. 그렇게 5년을 다녔으니 나의 믿음과 성경 지식은 그야말로 일취월장하였다.

영동중앙교회는 백상근 원로 목사님이 이북에서 피란 오신 후 모은 재산 모두를 천마산 자락에 땅을 사서 거기에 '베델기도원'이라는 기도 처소를 만들어 놓으셨다. 해마다 여름 휴가철이 되면 그곳에서 3박4일 동안 전 교인이 부흥회를 가졌다. 기도원 숙소에서도 자고, 우리 같은 경우는 텐트를 치고 3박4일을 지냈다. 그야말로 성령이 충만하던 시기였다.

기도원에 부흥강사가 오면 마지막 밤에는 성도들이 다 모여서 진짜 뜨겁게 기도했다. 거기에 원로 목사님과 부흥사 목사님이 돌아다니면서 머리에 얹고 기도를 하면 어떤 여자들은 벌떡벌떡 넘어지곤 하였다. 그런데 나는 그런 경험을 한 번도 해 본 적이 없다. 그냥 언제나 정신이 말짱한 것이다. 한편으로는 미안하기도 했지만, 또 한편으로는 그렇게 벌떡벌떡 자빠지는 사람들이 이상하게 생각되기도 하였다. 낮에는 아이들을 데리고 그 앞의 냇가에 가서 고기도 잡고 물놀이도 하면서 재미있게 지냈다. 밤에 교회의 행사가 모두 끝나고 나면 옆 텐트에서 놀러 와서 밤이 깊도록 이런저런 이야기를 하기도 했다. 참으로 재미있게 믿음 생활을 하던 때였다.

성경과 예수 그리스도를 부정하는 사람들

내가 케임브리지 대학 도서관을 방문했을 때, 먼발치에서 본 스티븐 호킹은 〈위대한 설계〉라는 책에서 "우주는 중력법칙과 양자이론에 따라 무(無)에서 자연 발생했다. 우주는 빅뱅에서 출발했고, 빅뱅은 신에 의해서가 아니라, 중력법칙에 의해서 만물을 스스로 창조했다."라고 썼다. 〈코스모스〉를 쓴 칼 세이건도 끝까지 신을 부정했다고 전해진다.

이처럼, 종교 특히 기독교를 부정하는 학자들의 이론과 책은 넘쳐난다. 기독교를 부정하는 책 중에서도 단연 으뜸은 리처드 도킨스의 〈만들어진 신〉과 크리스토퍼 히친스의 〈신은 위대하지 않다〉가 아닐까 싶다. 도킨스 책의 핵심 내용을 한 번 살펴보자.

보스턴 심신의학연구소의 심장학자 허버트 벤슨 박사는 템플턴 재단에서 지원받은 240만 달러를 가지고 '중보기도의 효과'를 연구하였다. 연구진은 병원 여섯 곳에서 1,802명의 환자를 조사했다. 모두 심장우회동맥술을 받은 환자들이었다. 환자들은 세 집단으로 나뉘었다. 첫 번째 집단은 기도를 받았지만 그 사실을 모르도록 했다. 두 번째 집단(대조집단)은 기도를 받지 않았고 그 사실을 모르도록 했다. 세 번째 집단은 기도도 받았고 그 사실도 알도록 했다.

연구는 첫 번째 집단과 두 번째 집단을 비교하여 중보기도가 효과가 있는지를 검증한다. 세 번째 집단은 자신을 위해 누군가가 기도한다는 사실을 알았을 때 심신에 효과가 나타나는지를 밝히는 데 활용될 것이었다. 기도자들은 미네소타 주, 테네시 주, 미주리 주에 있는 세 교회에서 기도를 올렸다. 모두 병원들과 멀리 떨어진 곳이었다. 기도자들에게는 기도 대상 환자들의 첫 번째 이름과 성의 첫 글자만 알려주었다. 실험은 가능한 한 표준화되어야 하기에, 기도자들이 기도문에, "수술이 성공하고 합병증 없이 빠르게 회복되도록"이라는 구절을 넣도록 했다.

2006년 4월, 〈미국 심장학회지〉에 발표된 연구 결과는 명쾌했다. 기도를 받은 환자들과 그렇지 않은 환자들 사이에 아무런 차이도 없었다.

— 리처드 도킨스 〈만들어진 신〉

크리스토퍼 히친스의 책에는 종교, 특히 기독교를 부정하는 사례가 더 많이, 그것도 아주 신랄하게 나온다. 그는 이렇게 썼다.

신이 자신의 모양을 본떠 인간을 창조한 것이 아니다. 진실은 그 반대임이 분명하다. 그렇게 해야 신과 종교가 그토록 많은 이유, 서로 다른 종교를 믿는 사람들은 물론 같은 종교를 믿는 사람끼리도 서로를 죽이는 이유를 쉽게 설명할 수가 있다. 지금도 사방에서 일어나고 있는 이런 일들이 옛날부터 문명의 발달을 지연시켰다.

— 크리스토퍼 히친스 〈신은 위대하지 않다〉

예수를 믿으면 수명이 5년 연장된다

그러나 이와 상반된 연구 결과도 있다. 대표적인 경우가 미국 심장 전문의 미텔 W. 크루코프 교수의 연구이다.

"그는 환자를 위해 기도를 해주면 회복 과정을 93%까지 증대시킨다는 사실을 발견했다. 심장 전문의인 이 학자는 15년 전부터 폐쇄된 심장 관상혈관을 다시 여는 과정에서 환자의 회복 속도와 신앙의 영향 관계를 과학적으로 연구해 왔다. 크루코프 교수가 2005년 6월 10일에서 12일까지 함부르크에서 열린 회의에서 발표한 바에 따르면, 그는 150명의 환자로 이루어진 실험 집단을 연구했다. 그는 환자를 30명씩 나누어 표준치료 집단, 긴장완화연습 집단, 접촉치료 집단, 기도후원 집단 등으로 나누고, 기도를 하기 위해 환자들의 이름과 나이를 미국 침례교단과 유대교와 이슬람교와 가톨릭 수녀들에게 알려주었다. 가장 훌륭한 결과는 기도를 받은 그룹에서 입증되었다. 이 환자들은 다른 환자들보다 합병증 발생률도 낮았고, 회복 기간 역시도 대폭 단축되었다. 그 이후에 그는 표본을 750명까지 늘려서 다시 조사를 진행하였다. 그 결과 역시도 마찬가지였다."

몇 년 전, 미국에서 흑인 여성들을 상대로 한 조사가 있었다. 미국 듀크대 메디컬 센터의 해롤드 쾨니그 교수는 노스캐롤라이나주 더햄 지역의 노인 4,000명을 상대로 6년간 실시한 임상 관찰 기록을 토대로 최근 이와 같은 결론을 내렸다고 유에스에이투데이지가 보도했다. 이에 따르면 종교 생활을 전혀 하지 않는 노인들은 한 달에 한 번

이상 기도나 명상을 하는 노인들보다 사망 확률이 50% 정도 더 높은 것으로 밝혀졌다. 쾨니그 교수는 "기도하는 사람들은 스트레스를 덜 받기 때문인 것 같다."며 "기독교가 아닌 다른 종교의 기도와 명상도 건강에 도움이 된다."고 설명했다. 스트레스를 받으면 혈압 상승, 면역력 저하 등 신체에 다양한 이상이 생기는 데 기도 등은 스트레스를 유발하는 호르몬의 생성을 낮춘다는 것. 종교 생활이 건강에 도움이 된다는 학설은 이전에도 몇 차례 제기된 바 있다.

위의 내용이 너무 추상적이라면 많은 사람이 직접 본 것을 이야기하면 훨씬 더 믿음이 가지 않을까? 캐나다의 몬트리올을 가면 요셉 성당이라는 커다란 성당이 있다. 돔의 높이가 97m로 로마의 베드로 대성당에 이어 세계에서 두 번째로 큰 성당이라고 한다. 성 요셉 성당은 기적의 신비를 간직하고 있는 곳이다. 한국인 관광객들에게도 잘 알려진 이 성당의 내부 몇 층 높이의 벽면에 잔뜩 걸려있는 목발을 보라. 목발을 짚고 온 사람들이 치유의 은사로 목발을 내버리고 걸어서 성당을 나간 산 증거란다. 나도 그 옛날 그곳에서 그 장면을 목격하고는 '기적'이 실제로 존재한다는 사실에 경외감을 느낀 적이 있다.

나는 이런 이유로 예수를 믿는다

나 역시도 30대 초반까지만 해도 기독교를 부정하였다. 심지어는, "교회에 가면 이혼한다."고도 했던 사람이다. 그런데 교회를 다니다 보니, "아하, 내가 왜 진즉 예수를 믿지 않았을까?"라는 후회를 하게 되었다. 특히 20대~30대 초반까지 품었던 답답함이 그때부터 서서히 해소되었다. 그 답답함이란 바로 이런 것이었다.

문학작품을 읽다 보면 거의 절반이 기독교와 관련되어 있다. 기독교 사상이 책의 여기저기에 나오는 것이다. 심지어 앙드레 지드의 〈좁은 문〉은 책 제목 자체가 성경 구절이다.

"좁은 문으로 들어가라 멸망으로 인도하는 문은 크고
그 길이 넓어 그리로 들어가는 자가 많고,
생명으로 인도하는 문은 좁고 길이 협착하여 찾는 자가 적음이라."
- 마태복음 7:13~14

러시아 작품들은 기독교를 모르면 거의 이해가 되질 않는다. 톨스토이의 단편 〈가난한 사람들〉, 〈사람은 무엇으로 사는가〉 같은 작품들은 그야말로 성경을 풀어서 설명해 놓은 것 같다는 생각이 들 정도이다. 몇 년 전 세계를 휩쓴 영화 〈레 미제라블〉도 기독교 사상을 모르면 이해가 되지 않는다. 단테의 신곡은 천국과 지옥의 관광안내서가 아닌가? 브론테 자매의 〈제인 에어〉와 〈폭풍의 언덕〉은 또 어떤가? 그 밖에 〈테스〉 〈크리스마스 캐럴〉 〈죄와 벌〉 〈파우스트〉 〈데미안〉 등등, 그야말로 서구 문학은 성경을 모르면 내용의 절반밖에는 이해할 수가 없다.

음악은 또 어떤가? 성악은 모두가 다 교회음악에서 시작된 것이다. 유명한 연극과 오페라도 다 기독교 사상을 배경으로 만들어진 것들이다. 유명 관광지도 다 기독교 유적들이다. 물론 이슬람교 유적지(타지 마할)도 있고 불교 유적지(앙코르 와트)도 있다. 나의 주장은, 기독교 지식이 없으면 이 지구상의 지식 중 절반은 그냥 모르는 채로 넘어가게 된다는 것이다.

위에서 예를 든 리처드 도킨스나 그리스토퍼 히친스의 주장과는 반대로 기독교가 인류 문명에 얼마나 선한 영향력을 많이 끼쳤는지를 입증하는 예는 그야말로 무궁무진하다. 그 표현의 극치는 바로 찬송가 중 304장, '그 크신 하나님의 사랑'이다.

"하늘을 두루마리 삼고 바다를 먹물 삼아도, 그 크신 하나님의 사랑 다 기록할 수 없겠네."

옛날에는 무엇을 기록할 때 기다란 두루마리에 썼다. 그러니까 위 가사는, "하늘같이 큰 두루마리 종이에 바다만큼 많은 양의 먹물을 붓으로 찍어 글을 써도 하나님의 사랑을 다 기록하지는 못한다. 하나님의 사랑은 그 정도로 무궁무진하다."는 뜻이리라. 나는 문학작품 중에서도 이만큼 과장된 표현을 본 적이 없지만, 어쨌든 결론은 하나님의 사랑은 무한하다는 것이다.

하나님의 사랑을 많이 받은 나라 중에 우리 대한민국을 빼놓을 수 없다. 그런데 거기에 일등 공신들이 다 천주교를 포함한 기독교인들이었다. 아주 쉬운 예로, 우리나라의 개화에 지대한 공헌을 한 사람들 모두가 서양 선교사들 아니었는가? 세브란스라는 사업가의 희사로 지금의 세브란스 병원이, 스크랜턴 여사의 도움으로 지금의 이화여자대학교가 존재하는 것이다. 닥터 홀 가족의 희생 덕분에 우리가 결핵이라는 질병에서 해방되었고, 언더우드 선교사와 아펜젤러 선교사의 도움으로 배재학당과 연세대학교 같은 교육기관들이 탄생할 수 있었다. 우리나라가 이렇게 부강하게 된 것도 따지고 보면 모두 1950년 한국전쟁 당시 기독교 신앙을 가졌던 미군들이 곳곳에 천막 교회를 세우고 아이들을 가르쳤기 때문 아니었던가.

기독교 또는 예수 그리스도를 부정하는 사람들과 논쟁이 벌어지면 나는 그들에게 아주 쉬운 예로 설명한다. 지금은 없어졌지만, 10여 년 전까지만 해도 지하철을 타면 구걸하는 사람들이 많이 돌아다녔다. 그들은 바구니를 들고 이 칸 저 칸을 다니며 동정을 구한다. 그런데 그들이 구걸하면서 한결같이 들려주는 음악은 백이면 백, 모두 다 '찬송가' 일색이다. 기독교가 그렇게 해악만 끼친다면 찬송가 대신 '목포의 눈물'이나 '비나리는 고모령'을 틀어 주어야 하지 않나? 왜 이미자의 '동백아가씨'나 나훈아의 '고향역'이 아닌가? 윤수일의 '아파트'를 부르면 서울 사람들의 동정심을 더 많이 끌어낼 수 있을 터인데…….

그들도 알고 있었던 것이다. 예수 그리스도를 믿는 기독교인이 너그럽다는 사실을 말이다. 종교란 무엇인가? 이타심을 갖고 이웃을 위해 희생하자는 것이 아닌가. 측은지심을 갖고 다른 사람들을 동정 어린 눈으로 보며, 세상을 좀 더 선하게 만들자는 것이 아닌가 말이다. 나는 기독교의 핵심 사상이 바로 다음 한 구절이라고 생각한다.

"네 이웃을 네 몸과 같이 사랑하라."

그러므로 나의 주장은, 성경에 뱀과 사람이 대화했다거나, 물이 포도주로 변했다거나, 또는 큰 물고기의 배 안에서 사흘을 살다가 나왔다는 이야기 같은 자잘한 구절에 너무 집착할 필요가 없다는 말이다. 하나님이 나일강물을 피로 변하게 했으면 어떻고, 예수님이 바다를 걸었으면 또 어떤가? 성탄절이 북유럽 신화에서 차용되었다 한들 그게 무슨 대수인가? 많이 배운 사람들이 특히 이런 부분에 민감하다. 그것이 지식인들이 기독교를 쉽게 받아들이지 못하는 주된 이유이기도 하다. 그러나 나는 그러한 자질구레한 것들을 뛰어넘자고 주장한다. 그런 것들보다는 '선한 사마리아인의 비유' 같은 교훈이 더욱 소중하지 않을까? 믿음, 소망, 사랑, 중에 제일은 사랑이라는 가르침이 더 값어치 있지 않느냐는 말이다.

내 믿음의 전성기: 예닮교회 청년부장 5년

2000년을 전후하여 서울 동소문동의 예닮교회라는 곳에서 청년부장으로 5년 동안을 봉사한 적이 있었다. 그때가 내 믿음의 전성기였다. 회사는 IMF외환위기를 겪은 후라 침체 일로에 있었지만, 반대로 나의 신앙에 대한 열정만큼은 가장 뜨거울 때였다.

내가 처음 청년부장을 맡을 때는 예닮교회에서 1기 담임이던 김호식 목사님이 막 사임하시고, 그 후임으로 김창주 목사님이 부목사에서 담임목사로 바톤을 이어받았을 때였다. 김창주 목사님은 영국과 미국에서 공부한 후 신학박사 학위를 받은 분인데, 그 몇 년 후에는 아내와 함께 교회의 담임 목사직을 사임하고 아프리카의 마다가스카르에 가서 10년 동안 남편은 복음선교를, 아내는 의료선교를 하다가 오신 신앙 가족이다.

논현동의 영동중앙교회에서 신앙의 기초를 탄탄히 세워가던 중, 내가 미국회사를 그만두고 세종대학교 계열회사로 옮기게 되었다. 때마침 아파트 분양에 당첨되어서 동소문동의 44평짜리 한신아파트로 이사하게 되었다. 차가 한 대이다 보니 아내와 내가 동소문동에서부터 논현동까지 다니기가 힘들었다. 그래서 옮긴 곳이 바로 아파트 단지 밑에 있는 예닮교회였다.

내가 처음 청년부를 맡을 때는 회원이 30명가량 되었다. 그것을 나와 아내가 그야말로 죽기 살기로 매달렸다. 청년들과 함께 뜨겁게 찬양하며 예배를 드렸고, 예배가 끝나면 함께 차도 마시러 갔다. 청년들은 남녀 비율이 반반 정도였는데, 아내가 옆에서 지극정성으로 챙겨주니, 여자 자매들은 아내를 '어머니'라면서 따랐다. 겨울수련회와 여름수련회로 전국을 다녔다. 전라도로 강원도로, 강화도로 충청도로, 청년들의 수련회가 있는 곳이면 어디든지 우리 부부도 있었다. 청년부 찬양팀과 군부대 위문도 많이 다녔다. 맹호부대로 불리는 가평의 수도기계화사단에서는 사단장님도 함께 예배를 보았다. 강원도 전방 포병부대도 여러 군데를 다녔다. 또 수시로 이런저런 기도 모임을 가졌다. 청년들의 졸업식이나 학교 행사에도 빠짐없이 참석했다.

나는 매주 수요일마다 기도회를 주관하였다. 밤 9시부터 시작하는 청년 기도회는 청년 한 명 한 명 각자의 기도 제목을 놓고 기도하다 보면 밤 12시가 다 되어서 끝날 때도 있었다. 다행히도 그 주변에는 대학들이 바글바글했다. 한성대, 성신여대, 성균관대, 고려대, 국민대, 서경대 등등, 그러니 대학생들 사이에 소문이 퍼져서 자꾸만 우리 교회로 몰려들기 시작하였다.

매년 바뀌는 임원단도 그야말로 지극정성으로 대접했다. 지금 생각해도 어떻게 그렇게까지 했을까? 라는 의문이 들 정도이다. 싱싱한 회를 떠 와서 대접을 하기도 했고, 패밀리 식당을 예약해서 파티를 열어 주기도 했다. 찬양팀이 악기를 산다고 하면 1백만 원, 2백만 원도 희사하였다.

수요일에는 직장 내에 있는 세종호텔 교회에서 성가대를 하고, 주일에는 세종대학교 교회에서 성가대를 했다. 아침 8시부터 교수 학생들과 찬양 연습을 한 후 9시에 예배를 보고, 10시에는 부랴부랴 동소문동의 예닮교회로 와서 11시 예배를 보고, 청년들과 함께 지내다 보면 오후 4시가 되어야 끝이 났다. 청년부가 부흥하는 현장을 직접 체험하니 힘들다는 생각도 들지 않았다. 예닮교회 청년부는 계속 늘어나서 5년 후에는 120명으로 부흥하였다.

청년부가 부흥하자 교회에서는 지하 1층에 지상 5층의 교육관을 건축하기로 결정하였다. 부지는 장로님이 기증하셨기에 건축비만 마련하면 되는 일이었다. 나는 그때 마침 갖고 있던 부동산이 팔려서 1,300만 원을 헌금하였다. 20년도 지난 옛날의 돈이니 월급쟁이로서는 상당히 많은 금액이다. 또 세종대학 교회, 세종호텔 교회, 예닮교회에 꼬박꼬박 헌금하였다. 십일조와 감사헌금, 또 이런저런 절기 헌금 등을 모두 합치면 십일조가 아니라 십이조(20%) 정도 될 것이다.

요즘 나는 솔직히 단돈 만 원도 아쉽다. 여기 가평의 교회에 제대로 헌금해 본 때가 언제인지도 아득하다. 거의 공짜로 다닌다는 표현이 적절하리라. 그러나 나는 떳떳하다. 과거의 그런 일로 위안을 삼기 때문이다. 내가 헌금한 돈으로 예닮교회의 교육관을 짓고 거기서 서울의 청년들이 공짜로 그 시설을 이용하고 있지 않은가. 나도 머지 않아 다시 사업이 잘되어서 여기 가평교회에도 많은 돈을 낼 때가 올 것이다.

그 모두가 아득한 옛날 내가 30대 후반 때, 미국 뉴욕 한인교회에서 장로님께서 나에게 베푸신 대로 그대로 따라 하는 것일 뿐이다. 장로님 내외도 언제 다시 볼지 모르는 우리 일행에게 그렇게 과한 대접을 해주지 않으셨던가. 단지 같은 믿음을 가지고 있다는 사실 하나로 말이다.

교회만 열심히 나가도 인생의 절반은 성공한다

내가 처음 가평에 와보니 술을 먹는 사람들이 많았다. 농사 일을 하는 사람들은 저녁이면 술을 한 잔씩 하고 잠자리에 드는 경우가 꽤 있다. 농사란 새벽 일찍부터 해 넘어갈 때까지 일해야 한다. 여름이면 아침 5시부터 저녁 6시까지다.

이사 온 지 몇 달 지나지 않았을 때였으니까 아마도 10월 경이 아니었나 싶다. 우리 동네에는 군부대가 있었다. 지금은 다 없어졌지만, 그 옛날 1970년대까지만 해도 5군단이라던가? 하여튼 이런저런 부대들이 굉장히 많이 있었다고도 한다. 더 먼 옛날 6.25 전쟁 때는 우리 동네의 군부대가 원래 미군 부대가 있던 자리라고도 했다.

내가 처음 이사왔을 때 만해도 일주일이면 서너 번씩 사격장에서 총 쏘는 소리가 나곤 했다. 우리집에서 직선거리로 1km 정도에 사격장이 있었는데, 언제부터인가 폐쇄되었다면서 더 이상 사격 소리가 들리지 않았다. 또 처음 이사왔을 때는 새벽마다 군인들이 우리집 앞을 군가를 부르면서 구보를 하기도 했다. 지금은 모두 없어지고 그냥 비어있는 상태로 있다.

나는 저녁 무렵이면 집을 나와 군부대를 한 바퀴 도는 산책을 하곤 했다. 그러면 대략 40분이 걸린다. 그런데 우리집에서 서너 집 떨어진 곳에 구멍가게가 하나 있었다. 지금도 명맥은 유지하고 있다. 동네 사람들은 저녁이면 그곳에서 모여 술을 먹는다. 하루는 내가 산책을 마치고 구멍가게 앞을 지나치는데, 안에서 사람들이 나를 보고는 부른다.

"어이, 작가 선생님, 이리 오세요. 한잔 하셔."

그 사람들은 이사 온 지 얼마 되지 않았어도 내가 출판사를 하며 작가라는 것도 알고 있었다. 권하는데 그냥 지나치기도 무엇하여 가게 안으로 들어갔다. 보니 조그만 냄비에 생선과 김치를 넣고 끓인 안주에 소주를 먹고 있었다. 항상 모이는 인원은 다섯 명이었는데, 네 명은 나보다 두세 살이 어리고, 한 명은 두 살이 많았다. 옆에는 빈 소주병들이 바닥에 나 뒹굴고 있었다. 나는 엉겁결에 함께 어울려 두어 잔을 먹었다. 그다음부터는 그곳을 지나칠 때 불러도 가지 않았다. 그렇게 그들은 날마다 술을 먹었다. 그런데 술에 이기는 장사가 어디 있나? 그들은 4~5년 전에 모두 죽었다. 나보다도 서너 살씩 어린 나이인데도 말이다.

나는 지금도 그걸 후회한다. 즉, 내가 교회를 열심히 다니면서도 그들을 교회로 이끌지 못했다는 사실을 말이다. 만약에 그들이 나와 함께 교회에만 갔더라도 술을 끊게 되었을 것이요, 그랬더라면 지금도 건강하게 함께 지낼 수 있을 것이다.

교회 목사님의 설교를 자꾸 듣고 성경도 계속 친해지다 보면 술을 마시던 사람도 술을 끊게 되고, 또 교회 친구들과 어울려 지내다 보면 삶이 좀 더 건전한 쪽으로 발전하게 마련이다. 왜? 성경에 씌어 있는 말씀이 그렇기 때문이다. 날마다 자신이 무언가 잘못을 저지르지는 않았는지를 반성하기 때문에 해서는 안 될 일이 무언지를 알게 된다는 말이다.

나는 날마다 새벽기도를 나간다. 벌써 30년째 된 습관이다. 물론 1년 365일을 하루도 빠짐없이 나가는 건 아니다. 장거리 운전을 하기로 되어 있는 날은 일부러 새벽기도를 빠진다. 잠이 부족하여 졸음운전을 해서는 안되기 때문이다. 분당에 있을 때는 보통 5~6명이 새벽기도에 나왔다. 그런데 어느 날인가는 목사님과 목사님의 딸, 그리고 나밖에 없는 날도 있었다. 당시 목사님의 딸은 중학교에 다니고 있었는데, 만약에 나까지 안 나가면 목사님이 딸과 둘이서만 새벽기도를 해야 하지 않는가? 그래서 그때 나는 그야말로 죽기 살기로 새벽기도를 나간 적도 있다.

여기 내가 다니는 가평교회는 보통 주일 11시 예배에 400명 정도가 모인다. 7시 30분 1부, 9시 2부, 영유아유치부, 아동부, 중고등부, 청년부까지 모두 합하면 500명이 되지 않을까 싶다. 여기는 새벽기도에도 항상 30명 내외가 모인다. 그래서 내가 기를 쓰고 나갈 필요는 없지만, 그래도 나는 특별한 일이 없으면 그냥 나간다. 그것이 습관이 되었기 때문이다.

나는 새벽기도에 가서도 무슨 특별한 기도를 하지도 않는다. 항상 하던 대로 좋은 며느리 만나게 해달라는 기도와 사업의 어려움 잘 극복하게 해달라는 정도이다. 며느리를 위한 기도도 아주 평범하다. ① 마음씨가 착한 아이 ② 믿음이 좋은 아이 ③ 성격이 명랑한 아이 ④

가정교육을 잘 받은 아이 ⑤ 시부모를 공경하는 아이, 이것이 전부다. 좋은 학교를 나왔다거나 돈이 많은 집안 출신이라거나 미모가 뛰어나다거나, 그런 걸 구하지 않는다.

나는 새벽기도를 열심히 나가면 하나님이 엄청난 무엇인가를 준다고 생각하지는 않는다. 내가 새벽기도의 효과 또는 능력이라고 믿는 것은 아주 평범한 것이다. 새벽기도를 하면 아침에 정신이 맑으므로 이런저런 생각이 떠오르게 마련이다. 그때 머릿속에 번쩍 떠오르는 생각이 곧 새벽기도의 능력이다. "아, 오늘은 누구에게 안부 전화를 해야겠구나." 또는 "엊그제 그 친구에게 내가 너무 무례한 말을 했구나, 오늘 만나면 사과해야지." 바로 이런 것들이 새벽기도가 주는 은혜라고 생각한다. 물론 목사님의 설교 말씀을 20분 듣는 것은 또 다른 보너스이긴 하다.

교회를 30대 중반부터 다녔으니까 벌써 40년이다. 여기 가평에 와서도 기타를 들고 찬양팀도 했고 대장의 역할도 맡아서 했다. 구역장도 여러 번 했고, 이런저런 전도회의 회장도 했다. 이제는 나이가 많아 명예 집사로 물러앉았지만 그래도 교회에 충성하는 마음만큼은 절대로 뒤지지 않는다. 눈을 쓴다거나 교회 청소를 하는 일에도 빠지지 않는다. 교회의 식구들 모두와 잘 지낸다. 모두로부터 환영받고 존경받으며 산다는 것이야말로 큰 복이 아닌가. 나는 10년 넘게 십일조를 내지 못하고 살고 있지만 여전히 떳떳하다. 언젠가는 밀린 것 이상으로 더 많이 '바칠' 날이 올 것을 믿기 때문이다.

새벽기도의 효과

20여 년 동안 새벽기도를 계속 나갔다. 어떤 사람들은 새벽기도라는 게 우리나라에만 있는 독특한 신앙방식이라고 한다. 아마도 그 말이 맞을 것이다. 그 옛날 우리 어머니들이 새벽마다 정한수 떠 놓고 100일 치성을 드리던 것이나, 요즘 교회에서 40일을 작정하고 특별 새벽기도를 하는 것이나 그 형식은 비슷하기 때문이다.

"갈 때 성황님께 비는 것 잊어버렷디요?"
"난 또 큰 변이나 났다구!"
"그럼 큰 변이 아니구요. 성황님께 치성 안드렸다간 큰 변 나는 줄 모르우?"

- 정비석 〈성황당〉

아무튼 내가 믿는 새벽기도의 효과란 이런 것이다. 나는 얼마 전까지만 해도 이 책을 쓸 생각을 전혀 하지 못했다. 그러던 어느 날, 아마도 2024년 10월 말경이었을 것이다. 그날 이런 생각이 아주 강렬하게 드는 것이었다. 출판사업을 시작한 지 18년이란 세월이 지났는데, 남들은 무슨 무슨 사업을 벌여 불과 3년 만에 연 매출 1천억 원을 달성하였느니, 종업원이 100명이 넘느니 어쩌니 하는데, 나는 도대체 이게 무언가? 1997년 IMF외환위기 사태 때부터 계산하면 장장 27년을 나처럼 이렇게 오랜 기간 가시밭길을 걸어온 사람이 또 있을까? 그리고 그런 속에서도 끈질기게 버티어 온 사람이 있을까? 그렇다면 이걸 책으로 써보면 어떨까?

그로부터 얼마 간을 더 고민하던 끝에 마침내 2024년 12월부터 이

책의 집필에 착수하게 된 것이다. 4개월을 그야말로 미친 듯이 썼다. 이제 후회는 없다. 나는 내가 하고 싶은 일을 했으니까.

만일 새벽기도에서 그렇게 번득이는 영감이 떠오르지 않았더라면 나는 이 책을 쓰지 못하였을 것이다. 한 사람의 일생을 일목요연하게 정리한다는 게 어디 쉬운 일인가? 그리고 그렇게 정리하여 발표한 사람이 과연 몇 명이나 되는가 말이다. 물론 다른 한 편으로는 부끄러운 과거까지도 모두 털어놓는 '고백록'인 셈이니 두려운 마음도 있다. 사람들로부터 비웃음을 당하지나 않을까? 하는 두려움 말이다. 그래도 모든 걸 다 하나님께 맡기자는 생각이다.

"아무것도 염려하지 말고 오직 모든 일에 기도와 간구로,
너희 구할 것을 감사함으로 하나님께 아뢰라.
그리하면 모든 지각에 뛰어난 하나님의 평강이
그리스도 예수 안에서 너희 마음과 생각을 지키시리라."

— 빌립보서 4:6~8

(16) 나는 100살까지 살기로 했다

닦고, 조이고, 기름치자

내가 1사단 의무 중대에 배치되어 수송부 행정병으로 보직을 받았을 때, 수송부 입구에는 이런 구호가 붙어 있었다.

"닦고, 조이고, 기름치자."

와! 이건 그야말로 명언 중의 명언 아닌가? 우리 몸 관리에 꼭 필요한 핵심 사항을 단 세 단어로 완성한 것이다. 그렇다. 우리 몸은 항상 닦고 기름치고 조여야 한다. 닦는다는 것은 두말할 필요 없이 몸을 청결한 상태로 유지한다는 것이다. 조인다는 말은 운동으로 몸이 최적의 상태가 되어 있도록 만든다는 말이다. 몸에 기름을 친다는 말은 영양 섭취를 충분히 하여 언제 어떤 상황에서도 몸이 100% 제 기능을 발휘하도록 만든다는 말이다.

나는 날마다 탁구를 친다. 경기도 대회에도 선수로 두 번이나 나갔다. 남들은 혹시 내가 엄청나게 탁구를 잘 쳐서 가평군 대표 선수로 출전했나보다고 생각하겠지만 사실은 그렇지 않다. 14년 전에 처음으로 탁구장엘 등록하였다. 그리고 얼마 지나지 않았는데, 하루는 탁구반 친구가, "경기도 대회에 함께 나갈래요?"하며 동참을 제안하였다. 듣고 보니, 이번 경기도 대회가 시흥에서 열리는데, 거기에 60대가 세 명 나가야 하는데 두 명밖에 없단다. 한 명이 부족하니 함께 가자고 한 것이었다. 그때는 가평군에 탁구반이 생긴 지 얼마 지나지 않았을 때라서 전체 회원이 50명도 채 안 되었다. 지금 같으면 어림도 없다. 지금은 가평군에 등록된 회원 수만도 500명이 넘는다. 어쨌든 경기도 대회를 내리 두 번이나 나갔다.

　월요일부터 토요일까지는 체육관에서 오전에 탁구를 친다. 여기 탁구장은 국제대회를 열어도 전혀 손색이 없을 정도로 크고도 넓다. 탁구 테이블 24대를 모두 펴놓고 이런저런 체육대회를 할 때면, 내가 마치 올림픽에라도 나온 선수가 아닌가 하는 착각이 들 정도이다.

　일주일에 하루나 이틀은 헬스장에서 체력 단련을 한다. 이곳 가평군 헬스장은 가히 대한민국 최고 수준의 시설이다. 게다가 인원도 많지 않다. 그냥 주차장에 차를 대고 올라가면 된다. 서울 같으면 운동하러 가도, 지하 주차장에 차를 대고 엘리베이터를 타고 올라가서 자리가 있나 없나를 살펴야 하지만 여기는 거침이 없다. 자리는 항상 비어있는 데다가 사람도 그다지 많지 않다. 군청에서 관리를 해주기 때문에 모든 기구가 그야말로 반질반질하게 윤이 난다. 나는 수시로 종합운동장을 뛰기도 하고 동네를 걷기도 한다. 무엇보다도 제일 좋은 점은 어디를 가도 사람이 많지 않다는 것이다. 너무 없어서 사람이 그리운 것도 아니고, 그렇다고 사람들이 많아서 기다린다거나 짜증이 나는 일도 없다.

또 봄부터 가을까지는 마당 일을 한다. 2주에 한 번씩은 잔디를 깎는다. 봄에는 여러 가지 꽃도 사다 심는다. 그 일은 주로 아내가 하지만 나도 철 따라 이런저런 꽃을 감상하는 재미가 쏠쏠하다. 상추, 쑥갓, 감자, 토마토, 오이, 배추 등등을 심으며 자라나는 모습을 지켜보는 것도 즐겁다. 또 매달 돌아가면서 정원수를 손질한다. 5월에 주목 세 그루를 다듬어주었다면, 6월에는 담장 양옆의 회양목을 깎아주고, 7월에는 작은 동산의 나무들을 잘라주고, 8월에는 철쭉을 모두 잘라주는 식이다.

나는 가평에 이사 온 지 어언 17년이 되었지만, 단 한 번도 몸이 아파서 병원에 가본 기억이 없다. 코로나가 온 나라를 집어삼키며 난리를 쳤지만, 나는 그때도 아무 이상이 없었다. 남들은 이런저런 약을 시간 챙겨서 먹는다지만, 나는 아무 약도 먹는 것이 없다.

섭생: 어떻게 먹어야 하나?
① 하라 하치부: 항상 배고픈 듯 먹는다:
세계적인 장수마을인 오키나와의 노인들은 하라하치부(腹八分)라는 말을 즐겨 쓴다고 한다. 이 말은 원래 학을 관찰한 옛 사람들이, "학은 위장의 80%만을 채운다."는 사실을 확인하고, 그 후로 그런 식습관을 정립한 데서 나온 말이라고 한다. 오키나와 사람들에게 이는 평생 실천해야 할 원칙이며, 일종의 건강 신념으로 100세 넘도록 건강하게 살 수 있게 하는 비결이기도 하다. 배가 부르기 전에 숟가락을 내려놓

는 것은 하나의 습관이다. 처음이 어렵다.

② **하루 두 번만 먹는다**:
하루 세 번씩 꼬박꼬박 먹어야 할 때가 있다. 한창 성장기나 직장 일과 사업으로 바쁠 때인 50대 후반까지가 그런 경우이다. 그러나 60대가 되면 먹는 양을 줄여야 한다. 나는 하루 두 번이 적당하다고 생각한다. 그것도 꼭 아침은 거른다거나, 아니면 저녁을 적게 먹는다는 따위의 원칙이 있는 게 아니다. 그냥 배고프면 먹고 배가 조금 채워졌다 싶으면 그만 먹는다. 아침을 거를 때도 있고 어떤 날은 저녁에 죽을 먹고 자기도 한다. 그래도 우리가 하루 섭취하는 칼로리의 양은 넘쳐난다는 것이 나의 생각이다.

③ **아무 음식이나 가리지 않고 다 먹는다**:
나는 아내가 해주는 음식이면 무엇이든지 먹는다. 나에게 주어진 음식은 조금도 남기지 않고 다 먹는다. 또 가족 중 누가 먹다 남긴 음식도 모두 내 차지다. 다행스럽게도 아내가 요리에 관심이 많아 항상 음식에 신경을 많이 쓰고 맛있는 음식을 시시때때로 해준다. 나는 아내가 해주는 음식은 단 한 번도, "맛이 없다." 또는 "좀 이상하다." 따위의 음식 타박을 해본 기억이 없다.

④ **과일, 특히 사과를 빼놓지 않고 먹는다**:
나는 1950년 10월 생이다. 만 나이로 치면 지금이 2025년 3월이니까 74세 하고도 5개월인 셈이다. 나는 30대 때부터 지금껏 아침에 사과

를 거의 거른 적이 없다. 그래서 그런지 사람들이, 특히 여자들이 날 보면, "웬 피부가 그렇게도 좋으냐?"며 비결을 물어 오곤 한다. 나는 특히 과일을 좋아한다. 어떤 날은 집에 손님들이 왔다 가고 나면 대접하려고 썰어 놓은 과일이 한 접시 그대로 남겨지는 경우가 있다. 그럴 때면 나는 그 자리에서 그걸 다 먹어 치운다. 그야말로 '과일 킬러'인 셈이다.

⑤ 몸이 조금 이상하다 싶으면, 굶는다:

나는 금식도 건강의 한 비결이라고 생각한다. 그래서 배가 조금 더부룩하다 싶으면 그날은 그냥 굶는다. 그러고 나면 그다음 날은 말짱하다. 내가 물론 건강 전문가는 아니지만, 조물주가 태초에 인간을 만들 때 건강하게 살도록 만들어 놓았다고 생각한다.

⑥ 육식, 야채, 해물, 가릴 것 없다:

예전에 어떤 박사님은 늘 채소만 먹어야 한다고 했다. 어떤 사람들은 무슨 음식에는 무엇이 들어있어 해롭고, 무슨 고기는 기름이 많아 해롭고 등등의 타박을 하며 음식을 가려 먹는다. 그럴 필요 없다. 무엇이든지 감사한 마음으로 즐겁게 먹으면 되는 것이다. 이 음식이 내 입에 들어올 때까지 얼마나 많은 손을 거쳤을까를 생각하면 저절로 감사한 마음이 들기 마련이다.

술은 좋은가? 나쁜가?

술은 좋다, 나쁘다, 먹지 말아야 한다, 등등의 논란이 그치지 않는다.

이 지구상이 범죄의 80%는 술로부터 비롯된다. 주변을 둘러보면 '술김에 때렸다.'거나 '술에 취해서 그런 짓을 저질렀다.'는 등의 폴리스 스토리가 널려있다. 그런 면에서 보면 술은 나쁘다고 할 수 있다. 반면에, 어느 잔치 자리나 술이 빠지지 않는 것을 보면 술은 좋은 음식임이 분명하다. 실제로 술을 한잔하면 마음속에 꼭꼭 숨겨두었던 말도 서슴없이 나온다. 솔직한 자아가 노출되는 것이다. 그래서 상대방과 더 깊이 있는 대화를 나누게 되고 더 친밀하게 된다. 나도 술을 먹고 택시를 타면 요금보다 더 많이 주었던 기억이 여러 번 있다.

나는 술이 대체로 좋다고 생각하는 쪽이다. 단지 그것을 마시는 우리의 태도와 습관이 문제일 뿐이다. 술은 인류와 함께 시작된 것이다. 그 옛날 2천 년, 3천 년 전에 만들어진 토기에서도 술을 먹는 그림이 나온다. 아마도 인간이 지구상에서 처음 생활을 시작할 때 땅에 떨어진 과일에서 저절로 발효된 물을 먹은 것이 술로 발전하지 않았을까, 하는 생각을 해본다. 중국의 진수(233~297)가 편찬한 〈삼국지〉 '위지 동이전'에 따르면 부여는 12월에 영고, 고구려는 10월에 동맹, 동예는 10월에 무천이라는 제천(祭天)의식을 거행했는데, 이때 "춤추고 노래하며 술 마시고 즐겼다."라는 기록이 나온다.

몇 년 전에는 코미디언 엄용수 씨가 가평의 막걸리 축제에 사회자로 왔다. 그가 하는 말이, 자기네는 가끔 술이 얼근해지면 송해 형님네 집을 쳐들어간단다. 그러면 밤 열 시부터 시작하여 새벽 두세 시가 되면 그때부터는 형님께서 귀한 양주를 대접하신단다. 송해 님은 생전에 술을 참 좋아하셨던 걸로 기억된다. 그러면서도 돌아가시는 날까지도 아주 건강하게 살다가 깨끗하게 돌아가셨다. 거의 말년까지 전국노래자랑의 사회를 맡아서 했던 걸로 기억한다. 엄용수 씨는 송해 형님이 돌아가시면 자기가 전국노래자랑의 다음 사회자로 1순위라고 큰소리를 쳤지만, 나중에 보니 다른 사람이었다. 물론 송해 님처럼 그렇게 타고난 체력의 소유자도 있다. 술에 유달리 강한 사람 말이다. 그러나 보통의 경우는 술을 많이 먹으면 이런저런 증세가 나타나고 결국은 일찍 사망한다.

유럽 여행을 가보면 와이너리 관광이 필수코스처럼 되어 있다. 그곳을 견학해 보면, 유럽 사람들이 얼마나 포도주 제조에 정성을 쏟는지, 그야말로 눈물이 날 지경이다. 우리나라 막걸리 공장이라고 왜 그들만큼의 정성을 쏟지 않겠는가. 어릴 때는 집에서 동동주를 담가 먹었다. 아랫목 따뜻한 곳에 술 단지를 이불로 꽁꽁 싸놓고 기다렸던 기억이 난다. 그만큼 동서양을 막론하고 술은 인류의 생활에 밀접한 관계를 맺고 발전하여 온 것은 엄연한 역사적 사실이다. 동서양의 문학작품 속에도 술 이야기가 얼마나 많던가. 문제는 그것을 대하는 우리의 태도일 뿐이다.

나는 요즘 술을 거의 먹지 않는다. 아내가 원체 술 먹는 것을 싫어하기 때문이다. 몇 년 전까지만 해도 포도주를 한 달에 두 병 정도씩 먹었는데, 요즘은 그것도 한 달에 한 병으로 줄였다. 그러니까 일주일에 딱 한 번, 포도주를 한잔 먹는 셈이다. 사실상 집에서는 거의 안 먹는다고 보아야 한다. 그래도 고등학교 동창이나 대학 동창들을 만날 때면 즐겁게 한잔씩 한다. 요즘은 모임이 거의 점심 때이므로, 대낮에 술을 마셔보아야 얼마나 많이 마시겠는가.

체중 조절: 배가 나오는 것은 죄악이다

내가 30대 중반이었던 1980년대에 처음 미국을 가보고 놀란 것이, 모두 뚱뚱하다는 사실이었다. 그야말로 '모든 사람들'이었다. 요즘은 우리나라 사람들도 배가 나오고 뚱뚱한 사람이 많지만, 1980년대에는 그런 사람들이 거의 없었다. 그럴 때 그렇게나 뚱뚱한 사람들이 뒤뚱거리며 뉴욕 시내를 빠르게 걸어 다니는 광경은 참으로 신기했다. 미국회사에 다닐 때 바이어 중에 30대 초반의 아주 예쁜 아가씨가 있었다. 정말 호리호리하고 영화배우 못지않게 예쁜 아가씨였다. 그 아가씨가 한국에 와서 우리 부서를 방문할 때면, 회사 남자들이 일부러 우리 사무실을 기웃거리곤 할 정도였다. 출장 때 미국 친구들에게 일부러 물었다.

"레이첼도 이다음에 결혼하면 뚱뚱해지나?"

"그럼 당연하지. 10년만 있어봐. 이렇게 되지."

"오-마이 갓!"

내가 오산의 성호국민학교 1~2학년 때인 1957~58년 당시 교장선생님은 황덕규라는 분이었다. 그때 아이들은 이런 노래를 불렀다.

"덕규 덕규"

"황덕규"

"뭐먹고"

"살쪘냐?"

"쇠부랄 먹고"

"살쪘지."

아이들은 교장선생님이 배가 나온 것을 보고 그런 노래를 지어 불렀던 것이다. 네 명이 가면 두 명은 '덕규 덕규'하고 선창한다. 그러면 나머지 두 명이, '황덕규'로 받아주는 식이다. 그분이 우리에게 특별히 무엇을 나쁘게 하신 것도 아니다. 배 나온 사람이 거의 없던 시절인 지라 아마도 그런 반감이 아이들에게 있지 않았나 하고 생각해 본다. 지금은 우리나라에도 과체중과 비만이 문제가 사회문제가 되고 있다.

나는 '음식은 부족하게, 운동은 과하게'를 생활신조로 살고 있다. 체중계를 놓고 일주일에 한 번씩은 몸무게를 잰다. 키가 군대 갈 때는 167cm이었는데, 지금은 늙어서인지 165cm로 쪼그라들었다. 그러므로 나의 적정 몸무게는 여기서 10을 뺀 55kg이 되어야 한다. 그러나 그럴 경우, 너무 말라보여서 좋지 않다. 지금 내 체중은 63kg이다. 나는 목표를 60kg으로 잡고 3년 안으로 이 목표를 달성할 계획이다.

운전: 70년 무사고가 목표다

가평 교회에 공수부대 원사 출신인 친구가 있다. 나보다 한 살 아래인데 그와 나와는 여러 가지가 잘 맞아 수시로 만난다. 그는 공수부대 의무대에서 원사로 있다가 제대하여 가평교회에서 장로로 오랫동안 봉사하였다.

그와 내가 만나는 장소의 그의 농장이다. 말이 거창해서 농장이지 그냥 300평 정도의 밭이다. 거기에 원두막을 하나 지어 놓았는데, 이게 그 옛날 우리들이 시골 살 때 나무로 얼기설기 지은 원두막과는 차원이 다르다. 쇠 파이프로 지어서 튼튼할 뿐 아니라 꽤 넓어서 네 명이 앉아서 이야기해도 충분하다. 사방이 나무로 울창한 데다가 앞에는 개울까지 흐르고 있으니 그야말로 신선놀음이 따로 없다. 겨울이면 비닐하우스로 자리를 옮긴다. 그곳에 난로를 하나 틀어 놓으면 대화방으로는 그 이상 좋을 수가 없다. 그런데 하루는 이 친구가 이렇게 말하는 것이었다.

"남자는 자기가 운전하여 다니고 싶은 곳 마음대로 다닐 때까지가 살아있는 것이다."

햐~, 나는 그 말이야말로 명언 중의 명언이라고 생각한다. 그 말을 뒤집어 보면, 아들이나 딸이나, 며느리나 손자에게 운전해달라고 하여 여기저기를 가면, 그때는 그의 인생이 끝난 것이라는 말이다. 물론 서울같이 대중교통과 지하철이 잘되어 있어서 그걸 타고 다녀도 되는 지역은 별개로 해야 할 것이다. 그러나 가평만 하더라도 대중교통을 이용하기가 쉽지 않으니 그 말이 더 실감 나는 것이다.

나는 1980년에 운전면허를 땄으니 45년이 되었다. 45년간 무사고도 쉬운 일은 아니다. 중간에 음주 운전에 걸려 한 번 면허가 취소된 적이 있긴 하지만, 그건 '사고'가 아닌 '일탈'이라고 보아야 할 것이다. 어쨌든 앞으로도 항상 조심조심하여 앞으로도 25년을 더 무사고로 운전하며 100세까지 살려고 한다. 주변에 처 이모부 윤경빈 님(전 광복회 회장)은 95세가 넘도록 운전하셨다. 그러다 100살(1919년 ~ 2019년)을 채우고 돌아가셨으니, 나도 그분처럼 100세 가까이 운전하고 살다 죽으면 좋겠다.

내가 오랫동안 운전을 해보니 아주 기본적인 몇 가지만 지키면 사고를 '거의' 예방할 수 있겠다는 생각이 들었다. 그것들은 다음과 같이 누구나 다 아는 아주 기본적인 상식이다.

① 차간 거리를 충분히 벌인다:

차간 거리를 충분히 길게 하면 거의 모든 추돌사고를 사전에 방지할 수 있다. 옛날에 세종서적에서 근무할 때 어떤 친구는, 자기는 전속력으로 달리다가 앞차 바로 앞에서 끽~ 하는 소리를 내며 멈추어야만 운전하는 묘미를 느낀다고 했다. 80억 인구 중에 별별 사람이 없을까? 그러면 십중팔구 사고가 따라다닐 수밖에 없다.

② 항상 차에 관심을 갖는다:

그 옛날 둔촌아파트에 살 때인 1980년대에는 날이면 날마다 왁스 칠을 해서 차를 반짝거리도록 닦았다. 그러나 지금은 곳곳에 세차장이 있어서 그럴 필요가 없다. 나는 일주일에 두 차례 정도 세차한다. 차를 닦으면서 차와 대화하는 것이다.

"나를 안전하게 태워다 주어서 고마워. 앞으로도 잘 부탁해."

5,000km마다 한 번씩 엔진오일을 바꾸어주고 2년에 한 번씩 타이어를 두 개 교체한다. 또 수시로 차에 이상은 없는지를 유심히 관찰한다. 이것이 내가 주장하는 '무생물과의 대화'이다. 그렇게 관심을 갖다 보면 정말로 차도 나에게 최선을 다한다는 느낌을 받을 때가 많다.

③ 장거리 운전 전에는 몸을 피곤하게 하지 않는다:

졸음운전을 방지하기 위함이다. 가령 파주 창고를 갈 계획이 있으면 나는 일부러 그날 아침은 새벽기도를 쉰다. 사고 중 상당히 많은 횟수가 졸음운전으로 인한 것임을 알기 때문이다. 그 전날 밤늦게까지 일하지도 않는다.

④ **사고의 80%는 주차장에서 일어난다:**
이 점을 명심하면 어떻게 해야 할까? 주차장에서 차를 대고 뺄 때 조심조심해야 하지 않겠는가? 요즘은 살짝만 닿아도 다 보험처리다. 그 옛날 같으면 그냥 왁스로 문질러 닦으면 될 것도, 다 보험처리를 하여 사고 부분을 새로 교체한다. 어쩌겠는가? 세태가 그러한 것을. 그러니 우리가 할 수 있는 일은 조심, 또 조심뿐이다.

⑤ **나머지의 또 80%는 교차로에서 일어난다:**
그러므로 특히 사거리나 횡단보도에서 주의하자. 조심 운전하는 것 말고 더 좋은 방법은 없다.

⑥ **차는 8년 이상 타지 않는다:**
8년이면 보통 16만km 정도를 탄다. 요즘 차들은 원체 성능이 좋아 8년을 타도 멀쩡하지만, 그래도 그만큼 탔으면 새 차로 바꾸어야 한다. 그래야 불의의 사고를 사전에 방지할 수 있고, 갑작스러운 고장으로 인한 고생도 줄일 수 있다.

⑦ **늙을수록 작은 차로 옮겨 타라:**
늙으면 여러 가지 신체 기능이 약해지기 마련이다. 실제로 주차장에 차를 세우다 보면 그런 걸 느낀다. 거리 감각이 예전만 못한 것이다. 그렇기에 나이가 많아질수록 작은 차를 타서, 순발력이 떨어지는 문제를 보완해야 한다. 나는 지금 2018년식 소나타를 타고 있는데, 올해 쯤 1,600cc 코나 하이브리드로 바꿀 작정이다.

대인관계, 어떻게 해야 할까?

내가 읽은 수천 권의 책 중에서 그야말로 '으뜸'으로 꼽는 책이 있다. 350페이지로 별로 두껍지도 않은 〈아웃라이어〉라는 책으로 김영사에서 2009년에 나온 책이다. 그 책의 프롤로그에는 미국 펜실베이니어의 작은 부락인 '로제토 마을' 이야기가 있다.

이탈리아 아펜니노 산맥 근처에 로제토라는 마을이 있었다. 그 사람들이 살기 어려워지자 1880년부터 스무 명, 서른 명씩 미국으로 집단 이주를 시작했다. 그리하여 형성된 마을이 펜실베이니아 벵고어 근처의 로제토 마을이다.

그런데 놀라운 사실은 2천 명밖에 되지 않는 마을 사람 중, 심장병에 걸려 죽는 사람들의 비율이 다른 미국 지역의 1/3도 되지 않는다는 사실이다. 그들은 날마다 술을 퍼먹고 음식도 전혀 가리지 않고 먹는다. 담배도 골초가 부지기수이다. 그래도 그들 중 암에 걸려 죽는 사람도, 궤양에 걸려 죽는 사람도 없다. 그들은 모두 그냥 제 수명을 다할 때까지 즐겁고 건강하게 살다가 죽는 것이다.

의학자들은 당연히 이런 마을 사람들에게 무언가 특별한 비법이 있을 것이라고 생각하고 연구를 시작했다. 그런데 그들이 연구에서 밝혀낸 것은, 전통적인 일반 의학 상식을 뛰어넘었다.

그들은 자기네들의 고향마을인 이탈리아의 로제토 마을을 본떠서 동네의 한복판에 공회당을 지었다. 그리고 공회당을 중심으로 이런저런 모임을 자주 가졌다. 2천 명이 사는 마을에 공식적인 모임이 스무 개나 되었다. 연구진이 지켜본 바에 의하면, 그들은 집 앞을 지나가는 사람들에게 이런저런 농담을 걸어왔고, 또 지나가는 사람들은 거기에 일일이 답해 주었다. 또 그들의 생활 방식은 3대가 한집안에서 사는 대가족 제도였다. 돈이 없이 달랑 몸만 온 사람들이니 당연히 육체적인 노동에 종사하는 사람들이 많았다. 돈이 없으니 먹는 것도 이것저것 가릴 처지가 못 되었다. 그들은 이탈리아에서 즐겨 먹던 올리브유 대신 돼지기름을 식용으로 썼다. 빵도 싸구려 조악한 빵을 먹었고, 햄, 소시지, 피자 등, 무엇이든 닥치는 대로 먹었다. 술도 가리지 않았고, 담배도 골초가 수두룩했다.

연구진이 장기간에 걸친 조사연구 끝에 내린 결론은, "그들의 장수 비결은 소통에 있다."는 것이었다. 그들의 장수 비결은 ① 3대가 모여 산다. ② 대화의 장이 많다. ③ 육체노동을 한다. 이 세 가지로 압축될 수 있을 것이다. 이것은 그때까지도 우리가 금과옥조처럼 떠받들고 있던 장수 규칙, 즉, 어떤 유전자를 갖고 태어나느냐, 식습관, 운동, 적절한 의료 시스템 등등의 규칙을 일시에 허무는 사건이었다.

나도 될 수 있으면 다양한 친구들과 많은 대화를 나누려고 노력한다. 교회의 친구들이 있고, 고등학교 동창, 대학 동창들이 있다. 탁구장의 친구들, 헬스장의 친구들, 고향 친구와 군대 동기까지, 게다가 여기에 사회에서 이런저런 인연으로 만난 친구들도 있다. 또 아내의 모임에 합류하다 보면 그들의 남편들과도 친해지게 마련이다.

로제토 마을의 사례처럼, 이웃과 소통하며 사는 삶이야말로 삶을 더욱 풍요롭게 만들 뿐만 아니라, 장수의 비결이 되기도 하는 것이다.

잠을 잘 잔다

사람의 건강에 관하여 그야말로 촌철살인(寸鐵殺人)의 경지에 가까운 말이 하나 있다. '건강한 사람이란 잘 먹고, 잘 자고, 잘 싸는 사람'이란 말이 바로 그것이다. 그렇다. 이 세 가지만 지키면 건강에는 문제가 없다.

며칠 전 신문에는 한국인의 '수면의 질'에 대한 기사가 났다. 세계 최대 가구업체 이케아에서 세계인들의 수면 상태를 조사했단다. 가구업체니까 침대를 팔려면 그런 조사를 해야 하는 모양이다. 그런데 거기에는, 한국인 중에 수면의 질이 좋다고 응답한 비율이 겨우 17%란다. 전 세계 평균은 67%인데 한국인은 17%로 조사 대상국 중에서 꼴찌란다.

아마도 내가 서울에서 계속 있었다면 지금쯤 여러 가지 합병증에 걸려있을 것이다. 나는 특히 소음에 민감한 편이다. 그래서 조금이라도 시끄러우면 잠을 자지 못한다. 분당의 고속도로 옆 65평 아파트에 살 때는 하루 수만 대가 다니는 차 소음 때문에 심지어 드레스 실에 들어가서 잠을 자기도 했다. 거기가 제일 조용했기 때문이다.

그런데 여기는 밤 8시만 되면 집 앞뒤로 다니는 차가 하나도 없다. 동네 주민들이 모두 일찍 잠자리에 들기 때문이다. 9시부터 11시까지 책을 읽다가 잠을 자면 새벽 1시쯤 깬다. 다시 2시간 책을 읽고 5시에 일어나 교회 새벽기도에 간다. 6시 30분에 집에 와서 9시까지 다시 잠을 잔다. 오전에 출판 조금 일을 하고 탁구장이나 헬스장에서 운동하고 1시에 온다. 오후에 다시 출판일을 한다. 이런 일상이 18년째 계속되고 있다. "잠이 보약"이라는 말은 맞는 말이다.

착하게 살려고 노력한다

다른 사람들로부터 욕을 먹지 않고 손가락질을 받지 않으며 살려면 어떻게 해야 하나? 우선 성격적으로 원만해야 한다. 너무 자기 고집만 내세우면 안 된다는 말이다. 또 자기 이익에만 집착하는 모양도 보기 좋지 않다. 그러나 주변을 둘러보면 의외로 그런 사람들이 자주 눈에 뜨인다. 자기 이익은 절대 양보하지 않는 사람들, 쉽게 말해서, "네 것도 내 것이고 내 것도 내 것이다."를 생활신조로 삼고 살아가는 그야말로 '악착같은' 사람들 말이다. 그런 사람들을 만나면 숨이 막힌다.

그러면 어떻게 해야 하나? 결론부터 말하자면 지식을 많이 쌓아야 한다. 특히 인문학 서적을 많이 읽어야 한다. 위에서 언급한 '수불석권' 즉, 책을 많이 읽자는 내용과 겹치는 면이 있긴 하지만, 좋은 책을 많이 읽다 보면 점차 선한 사람이 된다는 게 내 지론이다. 왜 그럴까? 그것은 인류 문명사를 알아가면 갈수록 우리 인간들이 점점 더 선한 방향으로 발전해 왔다는 사실을 깨닫기 때문이다.

〈빈서판〉이라는 책으로 유명한 스티븐 핑커 하버드대 교수의 역작 〈우리 본성의 선한 천사〉에 이런 경향이 아주 잘 나와 있다. 무려 1,400쪽이 넘는 벽돌 책이지만, 거기에는 그야말로 우리들의 무지를 깨우쳐 줄 지식이 무궁무진하다.

인류 역사상 최대 멸절자(집단) 순위

조정 순위	이름/집단/국가	세기	조정 사망자 수	원래 사망자 수	원 순위
1위	안녹산의 난	8세기	4억 3천만	3,600만	4위
2위	몽골의 정복 전쟁	13세기	2억 8천만	4,000만	2위

조정 순위	이름/집단/국가	세기	조정 사망자 수	원래 사망자 수	원 순위
3위	중동 노예무역	7~19세기	1억 3천만	1,900만	9위
4위	명나라의 몰락	17세기	1억 1천만	2,500만	5위
5위	로마의 몰락	3~5세기	1억 5백만	800만	15위
6위	티무르 렌크	14~15세기	1억	1,700만	11위
7위	아메리카 원주민 절멸	15~19세기	9,200만	2,000만	7위
8위	대서양 노예무역	15~19세기	9,300만	1,800만	8위
9위	제2차 세계대전	20세기	5,500만	5,500만	1위
10위	태평천국의 난	19세기	4,000만	2,000만	6위
11위	마우쩌둥의 박해	20세기	4,000만	4,000만	2위
12위	영국령 인도의 기근	19세기	3,500만	1,700만	12위
13위	30년 종교전쟁	17세기	3,200만	700만	17위
14위	러시아의 혼란기	16~17세기	2,300만	500만	18위
15위	스탈린의 학정	20세기	2,000만	2,000만	8위
16위	제1차 세계대전	20세기	1,500만	1,500만	13위
17위	프랑스 종교전쟁	16세기	1,400만	300만	21위
18위	콩고 내전	19~20세기	1,200만	800만	16위
19위	나폴레옹 전쟁	19세기	1,100만	400만	19위
20위	러시아 내전	20세기	900만	900만	14위
21위	중국 국공내전	20세기	300만	300만	20위

위의 표는 지금까지 인류역사상 가장 많은 학살 또는 인명의 손

실을 2000년 현재의 시점으로 환산하여 표시한 것이다. 예를 들어, AD1년의 인구가 1억 명이었는데, 그때 어떤 사건으로 1만 명이 죽었다고 했을 때, 그것을 2000년의 인구 70억 명으로 환산하면 1만 x 70배, 즉, 70만 명이 '환산 숫자'가 되는 것이다. 표에 1위로 등장하는 '안록산의 난'은 우리가 잘 아는 당나라 현종의 애첩 양귀비로 인한 내란이었다. 실제로 그 당시 죽은 사람의 숫자는 3,600만 명이지만, 그것을 2000년의 인구로 환산하여 계산한 숫자는 4억 3천만 명이다. 지구 인구의 무려 6.14%가 그 난리 하나로 절멸하였다는 말이다.

그런데 위 표의 환산 숫자를 자세히 보면, 현대로 접근할수록 대량학살의 규모가 줄어들었다는 사실을 발견하게 된다. 즉, 3~15세기의 학살보다 16~20세기의 학살 숫자가 현저히 감소한 것이다. 이것이 바로 세월이 가면 갈수록, 그리고 인류가 계몽되면 될수록 점점 더 선한 본성을 갖게 된다는 스티븐 핑커 교수의 주장이다.

그러므로 우리들도 선한 본성을 꾸준히 연마하여야 한다. 꽃을 감상하거나 반려동물을 키우는 행위도 그런 성품을 함양하는 데에 도움이 된다. 좋은 음악을 듣고 다른 사람들의 아픔에 공감하는 것도 선한 본성을 함양시키는 방법이다. 다른 사람들을 연민의 눈으로 바라보는 것도 마찬가지다. 누구보다도 나 자신이 먼저 "착하게 살자."라는 말을 날마다 되새기면서 살다 보면 사회가 한층 밝아진다는 말이다.

나는 "모든 사람은 다 선하다."라는 신조를 가슴에 품고 산다. 또 "모든 사람은 다 나의 친구다."라는 생각으로 사람들을 상대한다. 아래위 열 살 정도의 차이라면 남자건 여자건 모두 다 친구가 아닌가?

기껏 오래 살아보았자 100년인데, 그 짧은 세월 동안 굳이 나이를 내세울 것도 없고, 남녀를 가릴 필요도 없다고 본다.

좋은 음악을 듣는다

음악은 우리의 정신을 맑게 해준다. 특히 클래식 음악의 경우는 더욱 그렇다. 나는 음악을 들을 때 한 곡을 여러 연주자 또는 여러 가수의 버전으로 듣는다. 가령 예를 들면, 모차르트 3번 바이올린 협주곡을 한수진의 연주로도 듣고 사라 장의 연주로도 듣는다. 또 사라사테의 지고이네르바이젠을 신지아의 연주로도 듣고 클라라 지미 강의 연주로도 듣는다. 그러다 보면 그 미묘한 차이를 느낄 수가 있다.

바흐, 하이든, 슈베르트 등 수많은 음악가 중 베토벤을 최고로 꼽는 이유는 무엇일까? 우리는 우선 그의 작품의 폭이 엄청나게 넓다는 데에 놀란다. '로망스'처럼 감미로운 음악이 있는가 하면, 9번 교향곡 '합창'처럼 웅장함의 극치를 달리는 곡도 있다. 그의 천재성을 확인하고 싶다면 월광소나타 하나만 찬찬히 음미하면서 들어보아도 충분하다. 1악장에서는 고요한 밤하늘에 달이 천천히 흘러가는 듯한 선율이 나오다가 3악장으로 가서는 마치 먹구름이 낀 밤하늘 속에서 언뜻언뜻 달빛이 비치는 듯한 역동적인 선율이 흘러나오지 않던가.

노래를 하는 사람들은 또 어떤가? 유튜브에 '베토벤 시카고 9번'이라고 치면 1시간 20분짜리 미국 시카고 심포니 오케스트라의 베토벤 9번 연주 실황이 나온다. 무대 뒤로 죽 늘어선 50여 명의 합창단원들이 순서가 돌아올 때까지 꼿꼿이 서서 기다리다가 마침내 합창을 하면서 전체 연주가 끝난다는 건 정말로 놀라운 일이다. 그들은 단지

10분의 합창을 위하여 1시간 이상을 그냥 미동도 없이 서서 기다리는 것이다. 나는 그것이 바로 프로의 품격이라고 생각한다.

가요도 마찬가지이다. '눈이 나리네' 같은 곡을 아다모의 샹송 이외에, 이숙의 노래로도, 루비나의 노래로도, 이선희의 노래로도 듣다 보면, 음악감상의 폭을 넓힐 수가 있다. 좋은 영화와 좋은 연극을 보는 것도 우리의 정신건강에 꼭 필요한 일이다.

어린아이처럼 생각하고 행동한다

주변을 보면 늙은 사람들 대다수는 아주 근엄하게 행동한다. 특히 공직 생활을 오래 한 사람들의 경우가 그렇다. 당연히 그들은 '꼰대' 취급을 받는다. 그러나 간혹 아주 젊게 생각하고 행동하려고 하는 사람들이 있다. 옷도 젊은이처럼 입고 말도 젊은이처럼 한다. 지금은 100세 시대이다. 나는 젊게 행동하는 것이 옳다고 생각한다.

〈심리학과 노화〉라는 잡지에는 최근 이런 기사가 실렸다. 독일 노년학 연구센터에서 독일 거주 40세 이상 성인 5천 명을 추적 조사하여 '노령화 실태 연구' 결과를 발표했다. 그 연구 결과에 따르면, 자신을 '젊다'고 생각하고 젊게 살려고 노력하는 사람들은 실제로 신체적인 노화도 더디게 진행되고, 반대로 '늙었다'고 자주 생각하는 사람일수록 노화가 더 빨리 진행되었다는 것이다.

젊게 살려면 어떻게 해야 할까? 정답은 '어린아이가 되는 것'이다. 어린아이의 특징이 무엇인가? 천방지축, 좌충우돌, 예측 불가한 것이 특징 아닌가? 항상 꿈을 꾸며 꿈속에 사는 것 아닌가? 나는 동요를 즐겨 부른다. 겨울에는 '겨울나무'를 자주 흥얼거리곤 한다.

나무야 나무야 겨울나무야
눈 쌓인 응달에 외로이 서서
아무도 찾지 않는 추운 겨울을
바람 따라 휘파람만 불고 있느냐~

이 노래를 부르다 보면 바람이 몰아치는 산비탈에 서 있는 나무들이 생각난다. 나뭇잎은 다 떨어지고, 가지만 앙상하게 남아서 몰아치는 서북풍을 온몸으로 받아내는 겨울나무들, 그 나무들은 누구를 기다리고 있을까? 아! 얼마나 쓸쓸할까?

책을 마치며……

희망, 희망, 희망만이 살 길이다
사람에게 한평생 내리막길만 계속될 수는 없다. 사업을 시작한 이래 나는 깊은 수렁에 빠진 적도, 바닥까지 추락한 적도 있었지만 그래도 아직 이렇게 굳건히 버티고 있다. 나는 "골이 깊으면 산이 높다."라는 말을 확실하게 믿는다. 영어의 "No pain, No gain."도 같은 뜻이리라.
 그러나 한편으로는, 책 제목을 〈삼세번〉에 부제목은 "한평생 누구에게나 세 번의 기적이 있다."라고 해놓고는 진정한 의미의 세 번째 기적을 내세우지 못한다는 점이 영 마음에 걸렸었다. 그러나 절판되었던 도서가 어느날 유튜브의 힘을 입어 다시 베스트셀러에 오른 일, 여행 분야에서 베스트셀러가 두 번이나 나온 일, 전자출판 우수 출판사로 표창을 받은 일, 등등은 분명 세 번째 기적의 시작이었다. 그리고 무엇보다 깜깜한 절망의 순간에 기적적인 투자를 받았던 일은 세 번째 기적의 완성이라고 보아도 무방할 것이다. 그리고 지금까지 건강하게 살아서 사랑하는 사람들과 함께하고 있다는 것까지! 나는 이것을 정말로 하나님의 은혜요, 기적이라고 믿는다.

나는 어려울 때면 성경을 읽는다. 내가 지금껏 읽은 수천 권의 책 중에서 열 차례 이상 읽은 책은 딱 하나, 〈성경〉 뿐이다. 성경의 욥기를 보면 친구들이 극한 상황에 빠진 욥을 조롱하며 비웃는다. "차라리 하나님을 원망하고 죽으라."고까지 악담을 퍼붓는다. 그래도 욥은 하나님을 원망하지 않았다. 오히려 자기를 조롱하는 세 친구 앞에서 그는 하나님을 찬양한다.

"그러나 내가 가는 길을 그가 아시나니
그가 나를 단련하신 후에는 내가 순금같이 되어 나오리라."

- 욥기 23장 10절

〈천로역정〉의 저자 존 번연도, 〈지선아 사랑해〉의 저자 이지선 씨도 모두 역경을 극복하고 우뚝 섰다. 그런 사람들의 이름만 나열해도 이 책 100권도 모자란다. 나의 고난은 '고난'이란 말을 붙이기조차 부끄럽다. 그런 사람들의 고난 언저리에도 가지 못하기 때문이다.

최근 뮤지컬 〈명성황후〉의 제작자인 윤호진 님의 이야기를 들었다. 〈명성황후〉가 공연 30주년을 맞이했단다. 비록 내 소설 〈여우사냥〉을 원작으로 한 건 아니고 이문열 님의 작품을 소재로 했지만, 뭐 아무려면 어떠하랴. 그렇게 감동적인 연극을 만들어 30년 동안 누적 관객

200만 명을 넘긴다는 게 어디 쉬운 일인가? 그런데 그렇게 화려하게만 보이는 그도, "그 옛날 공연 실패로 빚더미에 올라앉아 있을 때, 죽음을 생각한 적도 여러 번 있었다."라고 고백하지 않는가.

나 역시도 죽을 만큼 힘들 때에는, 내 가슴 속에는 언제나 '희망'이 자리 잡고 있다는 사실을 잊지 않았다. 머지않은 장래에 내 사업이 빛을 본다는 희망, 그러면 아내와 한 달간 세계 일주 여행을 떠난다는 희망, 훌륭한 며느리를 맞이한다는 희망, 손자 손녀를 본다는 희망……

영국의 시인 셜리(Percy Bysshe Shelley 1792 ~ 1822)는 우리에게 희망을 잃지 말라며 자신의 시를 이렇게 마무리하였다.

"……겨울이 오면 봄 또한 멀지 않으리. If Winter comes, can Spring be far behind?"

― 펄시 셜리 '서풍에 부치는 시' 종장 부

publisher   instagram

삼세번
"한 평생 누구에게나 세 번의 기적이 있다"

초판 발행 2025년 4월 10일
지은이 다니엘 최
펴낸이 최대석
펴낸곳 행복우물
출판등록 307-2007-14호
등록일 2006년 10월 27일
주소 a1. 서울특별시 종로구 종로1길 50 더케이트원타워 B동 위워크 2층
　　　a2. 경기도 가평군 경반안로 115
전화 031-581-0491
전자우편 book@happypress.co.kr
　　　　　danielcds@naver.com
정가 16,500원
ISBN 979-11-94192-26-8

ⓒ 2025 다니엘 최

* 이 책은 저작권법에 따라 보호받는 저작물이므로 무단 전재와 복제를 금합니다.